1 Gambia
2 Guinea-Bissau
3 Sierra Leone
4 Äquat.-Guinea
5 Kongo-Brazzaville
6 Burundi
7 Ruanda

C·H·Beck
PAPERBACK

Asfa-Wossen Asserate – äthiopischer Prinz und promovierter Historiker, Unternehmensberater und erfolgreicher Buchautor – bietet in 101 Fragen und Antworten fundiertes Wissen, manch ungewöhnliche Perspektive und nicht selten provozierende Analysen der Geschichte, Gesellschaft, Wirtschaft, Kulturen und Religionen Afrikas: Weshalb sind wir alle Afrikaner? Was ist das «Herz der Finsternis»? Welche Bedeutung hat Voodoo in Afrika? Was bedeutet die Arbeit des Internationalen Währungsfonds für die afrikanischen Staaten? Ist die Beschneidung von Frauen ein typisch afrikanischer Brauch? Sind afrikanische Staaten korrupter als europäische? Welche Rolle spielen Kindersoldaten in Afrika? Welchen Einfluss hat China auf die afrikanische Wirtschaft? Welche Besonderheiten bietet die afrikanische Küche? Welche Auswirkung hat die Klimaveränderung auf Afrika? Was verdanken wir Afrika?

Mit seiner engagierten und mutigen Einführung macht Asfa-Wossen Asserate neugierig auf Afrika und weist interessante Wege zum besseren Verständnis dieses Kontinents.

Asfa-Wossen Asserate – Großneffe des letzten Kaisers von Äthiopien und damit ein *Prinz aus dem Hause David* (2007), Fachmann für alle Fragen des guten Stils, wie er unter anderem in seinem Bestseller *Manieren* (2003) unter Beweis gestellt hat, Träger des *Adelbert-von-Chamisso-Preises* (2004) und ausgezeichnet mit dem Walter-Scheel-Preis für Entwicklung (verliehen 2011 vom Bundesministerium für wirtschaftliche Zusammenarbeit) – ist ein profilierter Kenner afrikanischer Geschichte, Kultur, Wirtschaft und Politik, zudem Unternehmensberater für Afrika und den Mittleren Osten. Im Verlag C.H.Beck ist von demselben Autor ferner lieferbar: *Deutsche Tugenden. Von Anmut bis Weltschmerz* (^{2}2013).

Asfa-Wossen Asserate

Afrika
Die 101 wichtigsten Fragen und Antworten

C.H.Beck

Die erste Auflage dieses Buches erschien 2010.

Mit einer Karte auf dem vorderen und hinteren Vorsatz nach einer
Karte im Text (© Peter Palm, Berlin).

Mit 10 Abbildungen und Vignetten

© Vignetten und Abbildungen: akg-images: Kultur, Religion;
akg-images/Oliver Martel: Familie; akg-images/africanpictures:
Gesellschaft, Politik, Geographie und Natur, Ausblick; Alinari
Archives/Bridgeman Art Library: Geschichte; Alinari Archives/
TopFoto: Personen; Getty Images/Jim Frazier: Wirtschaft

Originalausgabe
2., überarbeitete, aktualisierte und mit einem
Nachwort versehene Auflage. 2018
© Verlag C.H.Beck oHG, München 2010
Satz: Fotosatz Amann GmbH & Co. KG, Memmingen
Druck und Bindung: Druckerei C.H.Beck, Nördlingen
Umschlagentwurf: malsyteufel, Willich
Umschlagmotiv: Junge Frau aus Safo Nassarawa, Niger,
© Giacomo Pirozzi/Panos Pictures
Autorenfoto auf der Umschlagrückseite: © Gaby Gerster/laif
Printed in Germany
ISBN 978 3 406 72194 6

www.chbeck.de

Inhalt

Geschichte 11
1. Woher kommt der Begriff Afrika? 11
2. Welche Wissenschaften befassen sich mit der Erforschung Afrikas? 12
3. Weshalb sind wir alle Afrikaner? 13
4. Warum sollten wir nicht von einem «Schwarzen Kontinent» sprechen? 14
5. Welche Bedeutung hatte Ägypten in der Antike? 15
6. Inwieweit war Afrika in die Geschichte der Kreuzzüge verstrickt? 18
7. Weshalb wurde Afrika kolonialisiert? 21
8. Gab es jemals Kannibalismus in Afrika? 23
9. Welche Dimensionen hatte der Sklavenhandel mit Schwarzafrikanern? 25
10. Wie entstand der Maghreb? 27
11. Was geschah im Herero-Krieg? 30
12. Was waren die Burenkriege? 31
13. Was hatte Feldmarschall Rommel in Afrika verloren? 35
14. Wie erlangten die afrikanischen Staaten ihre Unabhängigkeit? 35
15. Wie versuchen die Afrikaner, die Erfahrung des Kolonialismus zu verarbeiten? 37
16. Worin liegen die Besonderheiten der äthiopischen Monarchie? 40

Personen 41
17. Wie heißen die ältesten bekannten Afrikanerinnen? 41
18. Was hat Leni Riefenstahl mit Afrika zu tun? 42
19. Worin lag die Bedeutung Albert Schweitzers für Afrika? 44

20. Welche Bedeutung hatte Gamal Abdel Nasser für Afrika? 45
21. Wie war Kaiser Haile Selassie mit der Königin von Saba verwandt? 48
22. Weshalb saß Nelson Mandela 27 Jahre im Gefängnis? 49
23. Wofür wurde Desmond Tutu mit dem Friedensnobelpreis ausgezeichnet? 51
24. War Kofi Annan ein guter Generalsekretär der Vereinten Nationen? 53

Kultur 55
25. Was war das ägyptische Totenbuch? 55
26. Was ist das «Herz der Finsternis»? 56
27. Ist es normal, wenn man in Marrakesch «Stimmen hört»? 57
28. Welche Besonderheiten hat die afrikanische Küche? 58
29. Wie verbreitet sind TV und Handy in Afrika? 59
30. Welchen Stellenwert hat das Theater in Afrika? 61
31. Welches sind die wichtigsten Bekleidungsformen in Afrika? 62
32. Warum spielt der Tanz in Afrika eine so große Rolle? 64
33. Welche Bedeutung hat der Körperschmuck in Afrika? 65
34. Welcher Voraussetzungen bedarf es, in Afrika eine Universität zu besuchen? 66
35. Liest man Harry Potter auch in Afrika? 67
36. Welche Musik spielt man in Afrika? 68
37. Ist afrikanische Kunst primitiv? 69
38. Welche Bedeutung hatte die «Negerplastik» für die europäische Kunst? 71
39. Gibt es eine eigene afrikanische Literatur? 73
40. Gibt es eine spezifisch afrikanische Malerei? 75
41. Welche Bedeutung haben Mythen für die afrikanische Kultur? 77

Religion 79
- 42. Seit wann gibt es das Christentum in Afrika? 79
- 43. Welche Religionen sind in Afrika auf dem Vormarsch? 81
- 44. Wie tolerant sind die verschiedenen Religionsgruppen im Umgang miteinander? 83
- 45. Wie verbreitet sind Magie und Zauberei in Afrika? 85
- 46. Welchen Stellenwert hat der Ahnenkult im Leben eines Afrikaners? 86
- 47. Ist Rastafari ein Gott? 87
- 48. Gibt es eine jüdische Geschichte in Afrika? 89
- 49. Welche Bedeutung haben Voodoo und Candomblé in Afrika? 90

Familie 92
- 50. Wie patriarchalisch ist die afrikanische Gesellschaft? 92
- 51. Wie viele Kinder hat eine afrikanische Familie? 94
- 52. Gibt es Altenheime in Afrika? 96
- 53. Welche Familienfeste feiert man in Afrika? 97

Gesellschaft 98
- 54. Leben die Buschmänner heute noch wie in der Steinzeit? 98
- 55. Leben die Pygmäen im Einklang mit der Natur? 99
- 56. Ist die Beschneidung von Frauen ein typisch afrikanischer Brauch? 101
- 57. Welche Rolle spielen die innere und die äußere Identität der Afrikaner für das Zusammenleben der Gesellschaft? 101
- 58. Womit verbringen afrikanische Jugendliche ihre Wochenenden? 103
- 59. Gehen afrikanische Kinder gerne in die Schule? 104
- 60. Gibt es heute noch Sklaverei in Afrika? 106
- 61. Gibt es eine traditionelle afrikanische Medizin? 108
- 62. Wie verläuft die Ausbreitung von AIDS in Afrika? 110
- 63. Welche Bedeutung hat Malaria heute noch in Afrika? 113

64. Hat Afrika ein Drogenproblem? 114
65. Welche Sportarten sind in Afrika besonders beliebt? 115
66. Welche Bedeutung hatte die Fußballweltmeisterschaft 2010 für Südafrika im Besonderen und für Afrika im Allgemeinen? 116

Politik 119
67. Warum ist Afrika arm? 119
68. Um welche Ziele wurde der Biafrakrieg geführt? 121
69. Was ist Apartheid? 123
70. Wie ist die Stellung der Frau in der Politik afrikanischer Staaten? 125
71. Stellt Terrorismus eine Bedrohung für Afrika dar? 127
72. Ist Afrika ein kriegerischer Kontinent? 130
73. Gibt es eine Tradition des Völkermords in Afrika? 132
74. War es eine gute Idee von Gaddafi, einen panafrikanischen Staat gründen zu wollen? 133
75. Welche Entwicklungshilfe für afrikanische Staaten ist sinnvoll? 136
76. Sind afrikanische Staaten korrupter als europäische Staaten? 138
77. Welche Rolle spielte Afrika im Kalten Krieg? 140
78. Welche Rolle spielen Kindersoldaten in den heutigen bewaffneten Konflikten in Afrika? 143
79. Was hat es mit dem Begriff «Arabischer Frühling» auf sich? 144
80. Worum geht es bei der Diskussion um ein Flüchtlingsabkommen mit Libyen? 146
81. Wie ist es um die Menschenrechte in Afrika bestellt? 148
82. Welchen Einfluss haben die ehemaligen Kolonialmächte heute in Afrika? 151
83. Aus welchen Krisengebieten kommen die meisten afrikanischen Flüchtlinge? 153

Wirtschaft 154

84. Wie versucht Afrika, das Hungerproblem zu lösen? 154
85. Welche Rolle spielt die Kernenergie in Afrika? 155
86. Welche Bedeutung haben die Bodenschätze in Afrika? 157
87. Wie hoch ist der technische Entwicklungsstand Afrikas? 159
88. Welche Rolle spielt der Tourismus für Afrika? 161
89. Wie sieht die wirtschaftliche Zusammenarbeit in Afrika aus? 163
90. Was bedeutet die Arbeit des Internationalen Währungsfonds für Afrika? 164
91. Welchen Einfluss hat China auf die afrikanische Wirtschaft? 167
92. Profitiert Afrika von der Globalisierung? 169

Geographie und Natur 170

93. Warum war es so schwer, die Quellen des Nils zu entdecken? 170
94. Warum darf die Serengeti nicht sterben? 172
95. Wie sind die Nationalparks in Afrika entstanden? 174
96. Welche Klimazonen hat Afrika? 175
97. Welche Bedeutung hat der Umweltschutz in Afrika? 178
98. Welche Auswirkung hat die Klimaveränderung auf Afrika? 180
99. Welche Probleme hat Afrika mit dem Artenschutzabkommen? 182

Ausblick 184

100. Welche Probleme muss Afrika vordringlich lösen? 184
101. Was verdanken wir Afrika? 185

Nachwort 188

Geschichte

1. Woher kommt der Begriff Afrika? Der Name Afrika stammt aus dem Lateinischen. Im Jahre 146 v. Chr. eroberten die Römer im Dritten Punischen Krieg (149–146 v. Chr.) die Stadt Karthago, nahe dem heutigen Tunis, und gründeten bald darauf die Provinz Africa. Warum die Römer ihre neue Provinz *Africa* nannten, bleibt allerdings unklar:

Phönizische Siedler, die Punier, die aus Tyros im heutigen Libanon nach Nordafrika eingewandert waren, hatten 814 v. Chr. Karthago gegründet. Die Römer aber bezeichneten den Bewohner ihrer neugegründeten Provinz als *Afer* und die Bewohnerin als *Afra* nach dem Namen des Volkes, das um Karthago lebte: den *Afri*. Die Afri – so die einhellige Forschungsmeinung – waren ein Berberstamm, der am Fluss Bagradas im heutigen Tunesien lebte. Im Verhältnis zu den Afri bildeten die Phönizier vermutlich die Oberschicht Karthagos. Sprachwissenschaftler wollen in dem Wort ‹Afer› den phönizischen Ausdruck für Staub erkennen und spekulieren, dass darin eine respektlose Bezeichnung der Phönizier für das von ihnen beherrschte Volk verborgen sei. In Äthiopien übrigens, im Grenzgebiet mit Eritrea und Dschibuti, leben bis heute die nomadischen Danakil, die sich selbst *Afar* nennen. Eine Verbindung zu dem Volk, auf das einst die Römer trafen, ist allerdings kaum auszumachen. Manche Historiker mutmaßen, dass ein Zusammenhang zwischen *Afer* und *Ophir* bestehe, dem sagenhaften Land der Bibel, aus dem König Salomo seine Goldschätze bezog. Wie dem auch sei: Im Laufe der Zeit wurde der Provinzname *Africa* von den Römern auf ganz Nordafrika und schließlich auf den gesamten Kontinent übertragen.

Hatten als Erste die Griechen den Kontinent als *Einheit* wahrgenommen und ihn *Libyae* genannt – lange bevor die Römer Afrika als Kontinent auffassten –, so identifizierten sich die Bewohner Afrikas mit ihren Clans und ihren Sprachgemeinschaften; als Einheit aber nahmen sie ihren Erdteil kaum wahr. Die Afrikaner waren in ihrer Selbstwahrnehmung zunächst einmal *Menschen*. Deshalb nannten sich die Völker in ihren jeweiligen Sprachen *Bantu* oder *Khoi* oder benutzten entsprechende Begriffe, die ihr Menschsein herausstellten.

2. Welche Wissenschaften befassen sich mit der Erforschung Afrikas? Die erste wissenschaftliche Gesellschaft zur Erforschung Afrikas wurde am 9. Juni 1788 in London gegründet: die *African Association*. Das Innere des afrikanischen Kontinents war auf europäischen Landkarten zu dieser Zeit noch ein ausgedehnter weißer Fleck. «Diese Ignoranz muss als große Schande für das gegenwärtige Zeitalter betrachtet werden», heißt es in der Gründungsurkunde dieses Clubs, den zwölf englische Gentlemen ins Leben riefen.

Die African Association förderte Forschungsreisen zu den großen Flüssen Afrikas – dem Nil, dem Niger oder dem Kongo. Ihr Verlauf und ihre Quellen lagen bis dahin noch völlig im Dunkeln. Aus der African Association ging 1831 die *Royal Geographical Society* hervor, eine der weltweit größten Gelehrtengesellschaften für alle Fragen aus dem Bereich der Geographie.

Schon im 16. und 17. Jahrhundert begannen christliche Missionare, einzelne Sprachen des Kontinents zu studieren: Als bedeutendstes Werk dieser Missionssprachwissenschaften gilt die *Kikongo*-Grammatik – die Grammatik einer Bantusprache – von Giacinto Brusciotto aus dem Jahr 1659. Athanasius Kircher übersetzte 1636 ein koptisch-arabisches Wörterbuch ins Lateinische, und der Erfurter Hiob Ludolf veröffentlichte 1698 in Frankfurt am Main ein amharisch-lateinisches Wörterbuch sowie eine Grammatik zur alten äthiopischen Kirchensprache *Ge'ez*; damit wurde Letzterer zum Begründer der Äthiopistik in Europa, die sich ursprünglich vor allem mit der antiken christlichen Kultur Äthiopiens befasste. Doch schon Hiob Ludolf strebte auch eine umfassende Darstellung der verschiedenen Völker und Kulturen der äthiopischen Region an. Insgesamt werden in Äthiopien und Eritrea über 70 Sprachen gesprochen.

Deutschsprachige Missionare und Wissenschaftler dominierten im 19. Jahrhundert die sprachwissenschaftliche Afrikaforschung. Zwei Theologen waren auch die ersten Professoren für Afrikanistik in Deutschland: Carl Meinhof seit 1909 am Hamburger Kolonialinstitut und Diedrich Westermann seit 1909 am Seminar für orientalische Sprachen in Berlin. Ein fast 200-jähriges Forschungsinteresse und ein ganz breites Erkenntnisinteresse im Hinblick auf Afrika pflegt man an der Johann Wolfgang Goethe-Universität in Frankfurt am Main; der Naturwissenschaftler Eduard Rüppell (1794–1884) sowie der Ethnologe Leo Frobenius (1873–1938) legten dafür die

Grundlagen. Auch an der Universität Wien blickt die Afrikanistik auf eine große Tradition zurück, die 1873 mit dem Ägyptologen Leo Reinisch einsetzte.

Die Erforschung Afrikas orientierte sich lange an den kolonialen oder missionarischen Interessen der Europäer. Heute gehören zu den Forschungsschwerpunkten die Beschreibung noch wenig bekannter, oft vom Aussterben bedrohter afrikanischer Sprachen sowie der Sprachvergleich, der zu einem besseren Einblick in die historischen Sprachzusammenhänge verhelfen soll und damit zu einer besseren Kategorisierung der Sprachen. Im deutschsprachigen Raum finden sich heute Institute und Studiengänge für Afrikanistik, Afrikakunde, Afrikastudien, Afrikanische Sprach- und Literaturwissenschaften sowie für viele andere Disziplinen mit einem Afrikabezug beispielsweise in Basel, Bayreuth, Berlin, Frankfurt am Main, Hamburg, Köln, Leipzig, Mainz, München und Wien. An einigen Lehrstühlen hat man vor allem die mündlichen Überlieferungen der afrikanischen Völker, ihre Mythen, Sagen, Märchen und Erzählungen, als großen Kulturschatz entdeckt, zum Forschungsschwerpunkt erkoren und arbeitet nun an ihrer Sammlung und Dokumentation.

Seit den Anfängen der Afrikaforschung ist die interdisziplinäre Zusammenarbeit verschiedener Wissenschaftszweige von besonderer Bedeutung. Afrika ist ein Kontinent, der in zahlreichen wissenschaftlichen Disziplinen einen hohen Stellenwert einnimmt. Unter den geisteswissenschaftlichen Fächern sind es neben anderen die Archäologie, Ethnologie, Geschichte, Islamwissenschaften, Linguistik, Literaturwissenschaften, Kunst-, Medien- und Musikwissenschaften; hinzu kommen Fächer wie Politik-, Rechts- und Religionswissenschaften, Soziologie und Wirtschaftswissenschaften. Eine bedeutende Rolle spielt Afrika aber auch in naturwissenschaftlichen Fächern wie Botanik, Geologie, Medizin, Paläontologie und Zoologie.

3. Weshalb sind wir alle Afrikaner? Genetiker und Molekularbiologen in Berkeley sammelten und untersuchten die DNS von Menschen auf der ganzen Welt. Sie stellten fest, dass die Variabilität innerhalb Afrikas bei Weitem am größten ist, und kamen zu dem Schluss, dass die Vorfahren aller Menschen ursprünglich aus Afrika stammten. Die Forscher konzentrierten sich auf Vererbungsmerkmale, die von der Mutter an ihre Kinder weitergegeben werden, so dass Journalisten den Begriff «afrikanische Eva» für die Mutter der Menschheit prägten.

Die folgenden Diskussionen machten deutlich, dass es einer Modifizierung der anfänglichen Analyse bedurfte; generell blieben die Ergebnisse jedoch konstant und wurden durch andere Studien bekräftigt. Auch genetische Untersuchungen männlicher Vererbungslinien erbrachten die gleichen Resultate: Der Ursprung von Homo sapiens und mithin aller heutigen Menschen ist – nach einer bereits Millionen Jahre währenden und sich in Afrika vollziehenden Vorgeschichte – möglicherweise bereits vor 315 000 Jahren auf diesem Kontinent zu konstatieren. Jüngste archäologische Ausgrabungen haben die sterblichen Überreste von Menschen zutage gefördert, die physisch nicht von modernen Menschen zu unterscheiden sind und in Äthiopien schon vor 160 000 Jahren lebten.

Diese Geschichte der Ausbreitung des Menschen wird heute von vielen Wissenschaftszweigen bestätigt: Von Afrika aus verbreiteten sich die Menschen schließlich über die ganze Welt. Sie passten sich den unterschiedlichen klimatischen Bedingungen der verschiedenen Weltgegenden an und entwickelten ihre regionalen Eigenheiten. Hauptmotor der unglaublich raschen Evolution der Menschheit aber war und ist der fortwährende Austausch und Dialog zwischen den sich unterschiedlich entwickelnden Kulturen. Manche Sozialwissenschaftler gehen sogar so weit, unsere Spezies nicht als ‹Homo sapiens›, sondern als ‹Homo migrans› (umherziehender Mensch) zu bezeichnen, denn die Begegnung unterschiedlicher Kulturen durch verschieden motivierte Wanderungen Einzelner oder ganzer Gruppen ist das entscheidende Merkmal der kulturellen Entwicklung der Menschen.

4. Warum sollten wir nicht von einem «Schwarzen Kontinent» sprechen? Afrika ist ein bunter, lebendiger Kontinent. Kulturell gesehen gibt es in Afrika die größte Vielfalt von Menschen auf unserer Erde. Es wäre zu einseitig, vom «Schwarzen Kontinent» zu sprechen. Der polnische Journalist Ryszard Kapuscinski (geb. 1932), einer der ganz großen westlichen Afrikakorrespondenten, der mehr als 40 Jahre lang aus den verschiedenen Ländern Afrikas berichtete, schreibt: «Dieser Kontinent ist zu groß, als dass man ihn beschreiben könnte. Er ist ein regelrechter Ozean, ein eigener Planet, ein vielfältiger, reicher Kosmos. Wir sprechen nur der Einfachheit, der Bequemlichkeit halber von Afrika. In Wirklichkeit gibt es dieses Afrika gar nicht, außer als geographischen Begriff. Afrika, das sind Tausende von Situationen. Verschiedenste, unterschiedlichste, völlig gegensätzliche Situationen. Jemand sagt: ‹Dort herrscht Krieg.› Und er hat recht. Ein anderer sagt: ‹Dort ist es friedlich.› Und er hat auch recht. Denn alles hängt davon ab – wo und wann.»

Manche beziehen den Begriff «Schwarzer Kontinent» auf die Hautfarbe der Bewohner. Doch sind bei Weitem nicht alle Afrikaner dunkelhäutig: Viele Nordafrikaner und auch Südafrikaner haben eine helle Haut. Für wen das eine Rolle spielt und wer vielleicht sogar eine höhere Kultur mit einer hellen Hautfarbe verbindet, sei an wissenschaftliche Erkenntnisse erinnert: Auch die Vorfahren der europäischen Kultur waren dunkelhäutig. «Die weiße Haut entstand lange nach der Ankunft des modernen Menschen in Europa», sagen amerikanische Genetiker nach neuesten Forschungen. Höhlenmaler, Steinzeitjäger und wahrscheinlich auch die Pfahlbauer am Bodensee müssen wir uns dunkelhäutig vorstellen. Erst in der Jungsteinzeit, vor etwa 6000 Jahren, «verblasste» die europäische Bevölkerung.

5. Welche Bedeutung hatte Ägypten in der Antike? An den Ufern des Nils entwickelte sich in der Antike eine der ältesten und bedeutendsten Hochkulturen der Erde. Die Ägypter haben eine ganze Reihe zivilisatorischer Glanzleistungen hervorgebracht: Mit den Hieroglyphen, den Heiligen Zeichen, ersannen sie eine der frühesten Schriften, die über 3000 Jahre in Gebrauch blieb. Ihre hochentwickelte Bau- und Ingenieurskunst lässt uns noch heute über ihre architektonischen Wunderwerke wie die Pyramiden staunen. Diese Bauten basieren auf ausgefeilten mathematischen Kenntnissen. Zudem verfügten die Ägypter über erstaunliches astronomisches Wissen, und sie führten einen der ersten alltagstauglichen Kalender ein. Die ganz eigene Ausprägung der ägyptischen Kultur in Kunst, Architektur und Religion fasziniert bis heute unzählige Menschen.

Die Errungenschaften der Ägypter hatten einen großen Einfluss auf die Nachbarvölker und auf spätere Kulturen. Der altägyptische Kalender liegt dem julianischen zugrunde. Die ägyptische Medizin war bei den Griechen hoch angesehen; und auch die Grundlagen der

Geschichte

Büste der Nofretete,
Gemahlin des Pharaos
Echnaton, bemalter
Kalkstein und Gips,
um 1340 v. Chr.,
Bode-Museum, Berlin

Mathematik, wie die Trigonometrie, lernten die Griechen von den Ägyptern. Spekulationen ranken sich darum, wie weit die ägyptische Religion, insbesondere die Phase des strengen Monotheismus – d. h. der Verehrung nur eines Gottes – unter Pharao Echnaton im 13. Jahrhundert v. Chr. die Geschichte des Alten Testaments beeinflusste.

In der griechisch-römischen Antike galt Ägypten als die Urheimat der Weisheit, die von dort über Mose in der Bibel und über Orpheus, Pythagoras, Platon und andere griechische Ägyptenreisende Eingang in die abendländische Tradition fand. Manche spekulieren gar, dass die griechische Kultur letztlich aus Ägypten gekommen sei, was freilich kulturgeschichtlich bedenklich ist. Sicher sind jedoch Elemente ägyptischer Kultur – wie menschengestaltige Skulpturen – in die griechische übernommen worden.

Der Anfang der ägyptischen Geschichte wird in den Legenden als die «Regierungszeit der Götter» bezeichnet. Dieses ‹Goldene Zeitalter› Tep-Zepi wurde, wie uns etwa der Turiner Königspapyrus berichtet, vom Gott Ptah errichtet. Er ist der Schöpfergott, der den Legenden zufolge 9000 Jahre über Ägypten herrschte.

Den Beginn der historischen Zeit in Ägypten markiert die Bildung eines gesamtägyptischen Königtums um 3100 v. Chr. Seit dieser Zeit sind schriftliche Überlieferungen erhalten. Ursprünglich bestand das Alte Ägypten aus zwei Ländern: Ober- und Unterägypten. Archäologische Funde in Unterägypten reichen bis in das 6. Jahrtausend v. Chr. zurück. Sie belegen eine enge Verbindung mit Vorderasien, vor allem mit der sumerischen Kultur Mesopotamiens im heutigen Irak. Die Funde in Oberägypten dagegen zeigen eine enge Verbindung mit afrikanischen Kulturen – vor allem mit den nubisch-sudanesischen Völkern sowie mit Äthiopien, dem Quellgebiet des Blauen Nils. Seit jeher war der Nil die Lebensader Ägyptens. Der Fluss prägte die Kultur und das Leben der Menschen.

Am Oberlauf des Nils bildete sich mit Nubien ein zweites, afrikanisch geprägtes Machtzentrum. Über viele Jahrhunderte stützte sich das Pharaonenreich der Ägypter wirtschaftlich auf die Ausbeutung der sagenhaft reichen nubischen Goldvorkommen. Im Verlauf des 8. Jahrhunderts v. Chr. dehnten die Nubier ihren Einfluss immer weiter nach Norden aus, und von ca. 715 bis 664 regierte eine nubische Dynastie über ganz Ägypten. Unter ihr erlebte die alte ägyptische Kultur eine Art Renaissance: Die glorreiche Vergangenheit wurde wiederentdeckt. In vielen Lebensbereichen orientierte man sich an Vorbildern aus früheren Epochen.

Zu Beginn seiner Geschichte ist Ägypten deutlich nach Süden, nach Afrika, orientiert. Der Handel mit innerafrikanischen Produkten ist schon im Alten Reich (ca. 2700 bis um 2200 v. Chr.) nachweisbar. Nach der Herrschaft der Nubier über ganz Ägypten kommt es jedoch zu einem Bruch. Die nachfolgende Dynastie ist libyschen Ursprungs und orientiert sich nahezu ausschließlich hin zur Mittelmeerwelt. Alle wichtigen Zentren liegen jetzt in der Nähe des Nildeltas. Oberägypten wird Provinz.

Nach den Libyern herrschen Perser über Ägypten. 332 v. Chr. erobert schließlich der Makedone Alexander der Große das Reich am Nil und gründet dort die Weltstadt Alexandria. Nach dessen Tod wird Ägypten von Alexanders General Ptolemaios verwaltet, der sich bald selbst Pharao nennt und die Dynastie der Ptolemäer gründet.

Von nun an gehört Ägypten zu den hellenistischen Reichen des Mittelmeerraums, beherrscht von einer griechischen Oberschicht. Aus dieser Zeit stammen auch die meisten Berichte der griechischen Historiker über Ägypten. Sie prägen unser Bild von Ägypten als einer eher vorderasiatisch-griechischen denn afrikanischen Kultur. Nach der Niederlage Kleopatras VII. und ihres Gatten Marcus Antonius gegen die Flotte Octavians – des nachmaligen Augustus – in der Seeschlacht bei Actium (31 v. Chr.) nahm sich die letzte Ptolemäerin das Leben; Ägypten wurde zur Kornkammer des römischen Imperiums.

6. Inwieweit war Afrika in die Geschichte der Kreuzzüge verstrickt? Die Geschichte der Kreuzzüge ist die Geschichte des Versuchs christlicher Heere, Jerusalem zurückzuerobern, das 638 von den Truppen des Kalifen Omar eingenommen worden war. Für die Christen war Jerusalem – der Zentralort des Leidens, Sterbens und der Auferstehung Jesu – eine Stätte von großer Heilswirkung für all jene, die dorthin eine Wallfahrt unternahmen. Dass gerade diese Stadt von Muslimen beherrscht wurde, empfanden Führer der Christenheit als schwer erträglich. Diese Wahrnehmung verstärkte sich unter dem Eindruck militärischer Erfolge der Seldschuken, eines türkischen Volksstamms, der zwischen 1071 und 1078 Jerusalem, Antiochia und Anatolien einnahm. Denn mit der Besetzung Jerusalems durch die Seldschuken war die christliche Pilgerfahrt in die Heilige Stadt nicht mehr uneingeschränkt möglich, wie dies noch zuvor unter den Arabern der Fall gewesen war.

Als Byzanz 1095 von den Seldschuken bedroht wurde, bat der byzantinische Kaiser Alexius Papst Urban II., beim Schutz Konstantinopels mitzuwirken. Damals gelang es dem Papst, zum Kreuzzug aufzurufen. Er stellte den Teilnehmern die Vergebung ihrer Sünden, die Erlangung des ewigen Lebens und reiche Beute im Heiligen Land in Aussicht – insbesondere letzterer Aspekt schien vielen Rittern reizvoll. Wie viele an diesem ersten Kreuzzug – einem wenig christlichen Unternehmen – teilnahmen, ist nicht mehr sicher zu sagen; die Legenden übertreiben maßlos, aber eine Truppenstärke von 50 000 bis 60 000 Mann scheint gesichert. Als die Kreuzfahrer 1099 vor Jerusalem standen, hatte sich ihre Stärke auf nur mehr 14 000 kampffähige Männer reduziert. Ihnen gelang es trotz dieser erheblichen Schwächung, Jerusalem zu erobern, und sie richteten ein Blutbad an. Der

Tag der Eroberung Jerusalems kostete Tausende das Leben, der Chronist Fulcher von Chartres spricht von 10 000 Hingemetzelten. Auf ihrem Weg von Europa nach Jerusalem gründete Gottfried von Bouillon, der 1099 zum *Verteidiger des heiligen Grabes (advocatus sancti sepulchri)* ernannt wurde, mehrere Kreuzfahrerstaaten, unter anderem Edessa, Klein-Armenien, Antiochia, die Grafschaft Tripolis und das Königreich Jerusalem, mit dessen Krone sich Gottfrieds Bruder, Balduin I. von Boulogne, am Weihnachtstag des Jahres 1100 in der Geburtskirche zu Bethlehem krönen ließ.

Die Neuordnung des Nahen Ostens durch die Kreuzritter wurde von den umliegenden arabischen Staaten wie dem Emirat von Syrien, dem Kalifat von Kairo – und damit wären wir in Afrika – und nicht zuletzt vom Sultanat der Seldschuken kritisch beäugt. Die Kreuzfahrerstaaten schwächten sich in der Folgezeit wechselseitig, während die Muslime zu Allianzen zusammenfanden und militärisch erfolgreich agierten, was zu neuen Kreuzzügen führte; bis 1270 wurden insgesamt sieben Kreuzzüge durchgeführt. Der Fall Edessas führte zum zweiten Kreuzzug (1147–1148), der jedoch scheiterte und den muslimischen Staaten Auftrieb gab. Einer ihrer wichtigsten Führer war Salah al-Din al-Ayubi (hier rührt auch der Name Ayyubiden her) oder kurz: Saladin. Salah al-Din diente in der Armee des syrischen Herrschers Nur al-Din und half den ägyptischen Fatimiden 1164 und 1169, die Angriffe der Kreuzritter abzuwehren. 1171 wurde Salah al-Din zum Oberkommandeur der syrischen Streitkräfte und zum Wesir von Ägypten ernannt, obwohl Ägypten formell immer noch unter der Herrschaft des fatimidischen Kalifats stand. Im gleichen Jahr stürzte er die fatimidische Herrschaft und vereinigte Ägypten mit dem abbasidischen Kalifat in Bagdad. Seine Weigerung, Nur al-Dins Befehlen nachzukommen, drohte, in einen offenen Konflikt zwischen beiden Lagern auszuarten. Nach Nur al-Dins überraschendem Tod eroberte Salah al-Din Syrien und Teile des heutigen Irak. Sein Einfluss reichte von Mosul bis nach Aleppo und Kairo. Nach seinem erfolgreichen Eroberungszug verbündeten sich auch andere arabische Armeen mit Salah al-Din und fielen gemeinsam 1187 in Jerusalem ein.

Dies führte zum dritten Kreuzzug um die Rückeroberung Jerusalems. Trotz massiver Verluste auf Seiten Salah al-Dins gelang es den Christen nicht, Jerusalem einzunehmen. 1192 kam es zu einem Verständigungsfrieden zwischen Salah al-Din und König Richard I. Löwenherz aus England, dessen Verhandlungen den Christen Gebiete an der palästinensischen Küste verschafften, Jerusalem allerdings in der Obhut der Muslime ließen, aber immerhin Christen wieder den Zugang ermöglichten. Ein Jahr später starb Salah al-Din.

Der vierte Kreuzzug von 1202 bis 1204 erreichte niemals das Heilige Land. Der von Papst Innozenz III. ausgerufene Kreuzzug wurde von venezianischen Dogen aus machtpolitischen Gründen nach Konstantinopel umgeleitet. 1218 hatte ein christliches Heer auf Geheiß des Papstes die ägyptische Hafenstadt Damiette im Nildelta eingenommen, von wo aus dann Kairo erobert werden sollte. Dieses Vorhaben musste jedoch abgebrochen werden, nachdem die Verstärkung durch Kaiser Friedrich II. nicht eintraf. 1221 musste Damiette nach einer Niederlage der Kreuzfahrer bei al-Mansura wieder aufgegeben werden. Dies war das erste Mal, dass Kreuzritter ihren Fuß auf afrikanischen Boden setzten.

Der fünfte Kreuzzug verlief, ohne dass ein Tropfen Blut vergossen wurde: Kaiser Friedrich II. handelte mit dem ägyptischen Sultan al-Kamil die friedliche Übergabe Jerusalems, den freien Zugang für alle Muslime und einen zehnjährigen Waffenstillstand aus.

Nachdem 1244 Jerusalem von Muslimen neuerlich erobert worden war, rief Ludwig IX. – der Heilige –, König von Frankreich, zum sechsten Kreuzzug (1248–1254) auf, der nach Ägypten führte. Sein Angriff auf Damiette, das kurzzeitig eingenommen wurde, hatte insgesamt katastrophale Folgen: König und Kreuzfahrerheer gerieten in Gefangenschaft und erlangten nur nach Zahlung eines hohen Lösegeldes wieder die Freiheit. Doch noch ehe Ludwig die Freiheit wiedergewann, putschten mamelukische Offiziere den letzten selbständig regierenden Sultan aus der Familie Salah al-Dins, Turansah, vom Thron, und Ägypten versank jahrelang im Chaos und wurde außenpolitisch nachhaltig geschwächt.

1270 organisierte Ludwig IX. den siebten und letzten Kreuzzug; er sollte über Tunis führen und zielte auf die Bekehrung seines Sultans ab. Noch im gleichen Jahr aber starb Ludwig IX. vor Tunis, und das Unternehmen wurde abgebrochen. Danach gerieten die restlichen Kreuzfahrerbastionen in Syrien und Palästina unter Druck: Als letzte Kreuzfahrerfestung fiel Akko im Jahre 1291.

Wenn auch die bedeutenderen Spuren der Kreuzfahrer natürlich im Gebiet des Nahen Ostens zu sehen sind, so spielte Afrika gleichwohl politisch wie militärisch eine entscheidende Rolle in der langfristig erfolgreichen Abwehr christlicher Kreuzfahrer. In jedem Fall darf es heute als politisch wenig glücklich gelten, wenn im Umgang mit muslimischen Staaten – sei es in Afrika oder in Asien – mit dem Begriff des Kreuzzugs gearbeitet wird. Das Geschichtsbewusstsein in der muslimischen Welt ist stark, die Sensibilität groß.

7. Weshalb wurde Afrika kolonialisiert? Die Ersten, die Handelsniederlassungen auch im Inneren Afrikas errichteten, waren Araber. Von dort aus betrieben sie Handel mit Sklaven und Elfenbein. Seit dem 15. Jahrhundert errichteten Europäer, allen voran Portugiesen, Spanier und später auch Briten und Franzosen – ohne kleinere Länder wie Brandenburg, Schweden und Holland in diesem Kontext ganz unerwähnt zu lassen –, militärische Stützpunkte und Handelsniederlassungen auf vorgelagerten Inseln oder an der Küste Afrikas. Vorstöße ins Landesinnere unternahmen sie indes bis Mitte des 19. Jahrhunderts kaum. Eine Ausnahme bildeten die Portugiesen, die schon im 16. Jahrhundert entlang des Sambesi-Flusses ins Innere des Kontinents vordrangen. 1652 ließen sich niederländische Siedler im Kapland nieder, von wo sie jedoch nach der Besetzung durch die Engländer seit 1815 ins Landesinnere vertrieben wurden. Frankreich brachte nach der Entsendung seiner Soldaten nach Algier im Jahr 1830 bis 1847 Algerien weitestgehend unter seine Kontrolle.

Die Vorboten des Kolonialismus in Afrika waren Forscher, Abenteurer, Missionare und Händler. Mungo Park war 1795 einer der ersten europäischen Afrikaforscher, die in das Innere des Kontinents vordrangen. Neben Forschern waren es vor allem Händler, die in unbekannte Gebiete vorrückten, um neue wirtschaftliche Beziehungen aufzubauen und um sich Handelsmonopole oder zumindest wirtschaftlich bedeutende Vorrechte zu sichern. Als es in der zweiten Hälfte des 19. Jahrhunderts vermehrt zu wirtschaftlichen Interessenkonflikten zwischen den Händlern kam, drängten diese ihre Heimatländer, sie in Schutzabkommen einzubinden. So gerieten die europäischen Staaten, in denen ohnehin bereits ein ausgeprägter Nationalismus grassierte, auf indirektem Weg in einen Wettstreit um wirtschaftliche Dominanz in Afrika; in jedem Fall kann der Nationalismus als Katalysator der Kolonialisierung des

Kontinents im 19. Jahrhundert gelten. In ihrem Verlauf lässt sich rückblickend ein Aktion-Reaktion-Prinzip erkennen: Der Vorstoß der Franzosen vom Senegal nach Westafrika rief erst die Engländer, dann die Belgier auf den Plan, da die Engländer ihre Handelsinteressen am Unterlauf des Niger gefährdet sahen bzw. die Belgier ihre wirtschaftlichen Interessen im Kongobecken. Letzteres ist freilich nur *ein* Beispiel für den Konkurrenzkampf der Kolonialmächte.

Als Hauptakteure des europäischen Kolonialismus traten Großbritannien, Frankreich, Portugal, Belgien, Italien und das Deutsche Reich auf. Auch das Osmanische Reich unterhielt in Libyen eine Kolonie, jedoch wurde diese 1912 von Italien annektiert. Ferner trieb der technologische, militärische und medizinische Fortschritt die Kolonialisierung voran; zudem wurde der Kolonialismus durch die Zusammenarbeit der afrikanischen Handelspartner begünstigt. Letztere versprachen sich, abgesehen von eigenen wirtschaftlichen Vorteilen, auch die Festigung ihrer Machtposition gegenüber afrikanischen Konkurrenten bzw. Nachbarn. Das Bedürfnis der europäischen Mächte, neue Kolonien zu errichten, wurde schließlich so stark, dass am Ende des 19. Jahrhunderts ein wahrer Wettlauf um Kolonien konstatiert werden kann.

Um 1880 gewann das europäische Interesse an Afrika eine neue Qualität. 1881 besetzte Frankreich Tunesien, errichtete ein Protektorat über einen Teil des heutigen Kongo-Brazzaville und besetzte zehn Jahre später Guinea. Großbritannien zog im Jahr 1882 mit der Besetzung des nominell unter osmanischer Regentschaft stehenden Ägypten nach, das seinerseits über Teile des Sudan und Somalias herrschte. Italien hatte bereits 1870 Teile Eritreas besetzt und trieb die Besetzung 1882 weiter fort. Das Deutsche Kaiserreich erklärte Togo, Kamerun und Südwestafrika zum *Schutzgebiet des Deutschen Reiches*. Im Inneren Afrikas spitzte sich die Situation um das Kongobecken zu, nachdem Belgien, Frankreich, Portugal und England Besitzansprüche angemeldet hatten. Um den deutschen Anspruch als europäische Ordnungsmacht herauszustellen und um den kolonialen Drang der europäischen Mächte in geordnete Bahnen zu lenken, richtete Bismarck im November 1884 die *Kongokonferenz* in Berlin aus. Durch das Abschlussdokument der Konferenz, die sogenannte Kongoakte, wurden Besitzansprüche der Kolonialmächte geregelt und Afrika unter ihnen aufgeteilt. Unter anderem wurde den belgischen Besitzansprüchen im Kongobecken (Freistaat Leopold) und jenen Frankreichs in Zentralafrika Genüge getan. Zudem wurde allen Signatarstaaten – neben den etablierten Kolonialmächten auch den Vereinigten Staaten, Russland und Österreich-Ungarn – Handelsfreiheit in diesen Regionen gewährt. Die Flüsse Niger und Kongo wurden für den allgemeinen Schiffsverkehr freigegeben. Der Sklavenhandel indes wurde international verboten. Man einigte sich darauf, dass jene Macht das Recht auf Erwerb einer Kolonie haben sollte, welche das betreffende Gebiet tatsächlich als Erste in Besitz genommen hatte. Diese Regelung hatte freilich zur Folge, dass sich der Wettlauf um die Kolonien noch verschärfte. Dennoch kam es kaum zu nennenswerten Konfrontationen zwischen den Mächten. Der einzig wirkliche Krieg wurde zwischen Großbritannien und der südafrikanischen Burenrepublik ausgetragen – mit einem Höhepunkt zwischen 1899 und 1902.

Die Kolonialmächte veränderten das gesamte politische, wirtschaftliche und soziale System in Afrika. Dies geschah nicht nur infolge der von den Kolonialherren neu definierten Grenzen. Vielmehr wurden viele vorkoloniale politische wie auch administrative Strukturen beeinträchtigt oder abgeschafft, auch wenn Großbritannien das Prinzip der indirekten Herrschaft *(indirect rule)* verfolgte und die anderen Kolonialmächte sich eine volle Durchsetzung eigener Herrschaft kaum leisten konnten. Direkte Herrschaft versuchten vor allem Franzosen, Belgier und Portugiesen auszuüben.

Die wichtigsten Aufgaben aller Kolonialbeamten bestanden darin, finanzielle Ressourcen zur Aufrechterhaltung der kolonialen Verwaltung aufzutun und Ruhe und Ordnung zu gewährleisten, notfalls auch mit repressiven und willkürlichen Maßnahmen. Ferner wurde die wirtschaftliche Infrastruktur den Bedürfnissen der Kolonialherren angepasst, und zwar nicht selten unter Einsatz von Zwangsarbeitern. Zwangsarbeit wurde auch zur Schaffung von Eisenbahnnetzen geleistet, die den Transport von Rohstoffen vom Landesinneren bis zu den Hafenstädten ermöglichten, von wo aus die Reichtümer Afrikas in die Heimat der Kolonialherren verschifft wurden.

8. Gab es jemals Kannibalismus in Afrika? Die Antwort gestaltet sich weitaus schwieriger, als man vorderhand vermuten mag. Es gab in der Geschichte immer wieder Berichte über Kannibalismus – der

Fachbegriff lautet Anthropophagie – in den unterschiedlichsten Regionen der Welt. Noch im Jahr 2003 sorgte beispielsweise ein Dorf auf den Fidschiinseln für Aufsehen: Die Dorfbewohner entschuldigten sich bei den Nachfahren von Thomas Baker – einem Missionar, der 1876 von Bewohnern des Dorfes verzehrt worden war. Da die Bewohner glaubten, dass ihr Dorf seit diesem Zeitpunkt verflucht sei, luden sie die Nachfahren auf die Fidschiinseln ein, bekundeten ihr Bedauern und baten um Verzeihung durch eine Zeremonie. Über Gründe, warum der Missionar verzehrt worden war, herrscht jedoch Unklarheit. Weitere Berichte verweisen auf Kannibalismus bei den *Wari-Indianern* im Amazonas, bei Völkern in Neuguinea und auf den Salomoneninseln. In Afrika wird den *Niam Niam* – was in der Sprache der *Dinka* «große Fresser» heißt – Kannibalismus nachgesagt.

Das emotional aufgeladene Thema wird bis heute intensiv diskutiert und ist unabhängig von irgendeinem Kontinent zu erörtern. Fest steht indes, dass Kannibalismus in der Form regelmäßiger Nahrungsbeschaffung und regelmäßigen Verzehrs von Menschenfleisch kulturgeschichtlich ausgeschlossen werden kann. Obwohl das Auftreten von Kannibalismus über alle Kulturen hinweg als extrem selten angesehen wird, gibt es bestätigte Berichte von Kannibalismus in der Region Guanxi in China während der Kulturrevolution und sogar während des letzten Kongokonflikts. Aus den Berichten wurde indes nicht ersichtlich, ob es sich dabei um rituellen Kannibalismus oder um den Verzehr aus schierem Selbsterhaltungstrieb gehandelt hat. Die Existenz des rituellen Kannibalismus ist ein besonderes Phänomen, wenn auch ebenso umstritten. Man unterscheidet dabei zwei Formen von Kannibalismus: Der Endokannibalismus meint das Verspeisen des Fleisches von verstorbenen Verwandten bei Beerdigungszeremonien oder sexuellen Ritualen. Das Verzehren von Feinden wird als Exokannibalismus bezeichnet und findet in kathartischen – der spirituellen Reinigung dienenden – Ritualen Anwendung. Den *Maori*, den Ureinwohnern Neuseelands, wurden solche Riten unterstellt.

Der Begriff Kannibalismus beruht auf der spanischen Bezeichnung *Canibales* für eine Insel der Kleinen Antillen. Es wird berichtet, dass Christoph Kolumbus bei seiner zweiten Überfahrt nach Amerika im Jahr 1493 auf der Insel Canibales auf das Menschenfleisch verzehrende Volk der *Kariben* getroffen sei.

Heute wird der Vorwurf des Kannibalismus in der Forschung nicht zuletzt im Zusammenhang mit der Rechtfertigungsrhetorik kolonialer Missionierung und Unterdrückung betrachtet. Das noch zu Beginn des Kolonialismus vorherrschende, wenn auch nie unumstrittene Bild vom *noble savage*, was so viel wie ‹edler Wilder› bedeutet, wurde zunehmend verdunkelt. Als Symbol des Barbarischen entwickelte sich der Kannibalismus zu einer Determinanten des kulturell Anderen und bot somit *eine* Begründung für den kolonialen Expansionismus. Die Bestimmung des Anderen ging dabei zumeist einher mit der Diffamierung der Ureinwohner der zu unterwerfenden Region als eine mindere Form des Menschen. Bei der Eroberung des mittelamerikanischen Festlands durch den Spanier Hernan Cortez (1519–1540) diente die Kannibalismusthese zur moralischen Legitimierung des an den Indianern begangenen Völkermords.

Kannibalismus wurde vielerorts zum Mythos. Dieser Mythos hielt sich mit erstaunlicher Hartnäckigkeit bis weit ins 20. Jahrhundert. Viele Afrikaforscher trugen zu seiner Aufrechterhaltung bei. So berichtete Henry Morton Stanley über ein Gebiet im Kongo, in dem die dort ansässigen Eingeborenen die Missionare und Bischöfe als ‹Roastbeef› bezeichnet haben sollen. David Livingstone hingegen stellte fest, dass der Kannibalismusmythos auch unter den afrikanischen Sklaven selbst verbreitet war – wenn auch unter umgekehrten Vorzeichen: gingen doch viele von ihnen davon aus, dass sie im Suppentopf ihres weißen Herrn landen würden. Europäische Wissenschaftler waren bis in die fünfziger Jahre des letzten Jahrhunderts gar davon überzeugt, dass es einen ‹kannibalischen Äquatorialgürtel› gibt.

Als Tatsache mag festgehalten werden, dass es kaum eine wirksamere demagogische Methode gab und gibt, die Unterjochung von Völkern der Dritten Welt zu rechtfertigen, als sie durch den Kannibalismusvorwurf gewissermaßen ihres Menschseins zu entkleiden, um sie dann durch die «Segnungen westlicher Herrschaft» auf ein erträgliches moralisch-kulturelles Niveau zu heben.

9. Welche Dimensionen hatte der Sklavenhandel mit Schwarzafrikanern? In Afrika gab es die Sklaverei bereits vor der Ankunft der Europäer im 15. Jahrhundert und gibt es bis heute – etwa in Mauretanien. So brutal diese Sklaverei auch war und ist, so lag ihr doch selten die rassistische und menschenverachtende Ideologie zugrunde, die den transatlantischen Sklavenhandel auszeichnete. Was das Schicksal von Millionen von Afrikanern vom 16. bis ins 19. Jahrhundert bestimmen sollte, vollzog sich Tausende Kilometer entfernt vom afrikanischen Kontinent: Von Nord- bis Südamerika entstanden damals riesige Plantagen, wo vor allem Baumwolle, Tabak und Zuckerrohr angepflanzt wurden. Der Bedarf an Arbeitern stieg beständig. Die Ureinwohner dieser Gebiete konnten jedoch nicht in ausreichender Zahl als Arbeitskräfte herangezogen werden, da viele von ihnen entweder bereits Opfer eines Völkermords der Eroberer geworden oder aber durch die von Europäern eingeschleppten Krankheiten dahingerafft worden waren. Um dieses Arbeitskräftemangels Herr zu werden, wurde innerhalb weniger Jahre von europäischen, afrikanischen und arabischen Sklavenhändlern ein regelrechtes Netz gewoben. Im Folgenden wandelte sich das Bild vom Sklaven als einer billigen Arbeitskraft mit eingeschränkten oder gar keinen Rechten hin zum Menschen als Ware. Nachdem das portugiesische Monopol im Sklavenhandel gebrochen war, kämpften Spanier, Franzosen, Engländer, Holländer und eine Zeit lang auch Schweden, Dänen und Deutsche, aber auch Piraten um den Zugang zur ‹Ressource› Mensch. Die Europäer errichteten im Zuge dessen entlang der afrikanischen Küste Festungen, von wo aus sie den Handel betrieben. Diesen Festungen wurde eine Schutzfunktion für die Angehörigen der jeweiligen europäischen Nation zugeschrieben – doch galt der Schutz nicht vor möglichen Angriffen aus dem Hinterland, sondern vor Übergriffen anderer europäischer Kolonialmächte vom Meer aus. Die Spanier, die den Sklavenhandel bis ins 18. Jahrhundert als Staatsmonopol betrieben, führten in den Kolonien ein System der Einfuhrkontrolle ein und verkauften Rechte für den Sklavenhandel an andere Länder und private Händler. 1595 wurde erstmalig ein sogenannter *Asiento de Negro* verabschiedet, ein Vertrag, der die Rechte zum Verkauf von Sklaven regelte. Ein anderes Dokument, das die Unmenschlichkeit des Sklavenhandels bezeugt, stammt aus dem Jahr 1696. Dieses Dokument erlaubte der portugiesischen *Guinea-Kompagnie* ‹10 000 Tonnen Neger› pro Jahr einzuführen. Das Ausmaß des transatlantischen Sklavenhandels nahm solche Dimensionen an, dass im Jahr 1750 der Anteil der Sklaven an der Bevölkerung von South Carolina bei 61 Prozent lag.

Schätzungen, wie viele Afrikaner aus ihrer Heimat deportiert wurden, gehen weit auseinander; einige gehen von bis zu 50 Millionen Menschen aus, wobei der derzeitige Forschungsstand auf etwas mehr als 12 Millionen Menschen schließen lässt (David Eltis/David Richardson, Extending the Frontiers, Yale UP 2008). Es herrscht auch Unklarheit darüber, wie viele Afrikaner bei der Jagd auf sie, bei der Überfahrt in die neuen Kolonien und letztendlich in der Sklaverei ums Leben kamen. Die Bedürfnisse afrikanischer und europäischer Händler ergänzten sich indes: Während die transatlantischen Sklavenhändler eher Männer bevorzugten, hatten es die afrikanischen Händler auf Sklavinnen abgesehen: Zum einen war es weniger aufwendig, sie zu fangen und zu kontrollieren, zum andern – und wichtiger noch – ließ sich in polygamen Gesellschaften mit ihrer Hilfe die eigene Nachkommenschaft vergrößern, was unter Statusaspekten in einer patriarchalischen Welt von Bedeutung ist.

1833 wurde die Sklaverei in Großbritannien offiziell abgeschafft, in den USA wurde die Abschaffung während des Bürgerkriegs, in der Konföderation erst nach deren Niederlage 1865 durchgesetzt. Ein internationales Abkommen, das neben vielen anderen Punkten die Sklaverei verbot, war die von allen wichtigen Kolonialmächten unterzeichnete *Kongoakte* aus dem Jahr 1884. Obwohl sich die Kolonialmächte darin zum Verzicht auf Sklavenhandel verpflichteten, tolerierten sie die Praxis der Sklaverei weiterhin in ihren eigenen Kolonien. Mochte ein Grund dafür sein, dass sich eine gewisse Angst hielt, befreite Sklaven könnten sich gegen die Kolonialherren erheben, so war es doch vorrangig die Befürchtung, dass es andernfalls zu einem Zusammenbruch der heimischen Wirtschaft und damit zu Einnahmeverlusten kommen würde – dagegen aber gab es Widerstand in den Eliten der Kolonialmächte. In anderen Regionen gab es den Sklavenhandel bis weit ins 20. Jahrhundert hinein.

10. Wie entstand der Maghreb? Das Kerngebiet des heutigen Maghreb besteht aus den Ländern Algerien, Marokko und Tunesien, wobei Libyen und Mauretanien gelegentlich dazugerechnet werden. Das Wort Maghreb stammt aus dem Arabischen; es bedeutet ‹Westen› oder ‹Ort, an dem die Sonne untergeht› und bezeichnet jenes Gebiet, welches westlich der drei heiligen Stätten des Islams, Mekka, Medina und Jerusalem, liegt.

Die Geschichte dieser Region reicht bis ins 11. Jahrhundert v. Chr. zurück, als die Vorhut der Phönizier – eines semitischen Stammes – aus Tyros, einer Stadt im heutigen Libanon, Handelsstützpunkte in Nordafrika errichtete. Die Region gewann für den Handel im Mittelmeerbecken immer größere Bedeutung – eine Entwicklung, die schließlich in der Gründung der Handelsstadt Karthago (814/12 v. Chr.) gipfelte, die später den westlichen Mittelmeerraum beherrschte. Bis zur Eroberung durch die Araber im 7. Jahrhundert n. Chr. fiel die Region unter wechselnde Herrscher. Unter anderem wurde sie von Griechen und Römern beherrscht, bis Karthago 439 n. Chr. für über einhundert Jahre die Hauptstadt des Vandalenreichs wurde. Aus phönizischen und römischen Quellen weiß man, dass die Berber die älteste Bevölkerungsgruppe in dieser Region sind, und bis heute leben Berber in den Maghrebstaaten. In Marokko machen sie derzeit etwa 21 Prozent der Gesamtbevölkerung aus, während es in Algerien nur noch 15, in Libyen nur mehr 10 Prozent und in Tunesien sogar nur mehr etwa 1 Prozent der Bevölkerung sind. Bald nach dem Tod des Propheten Mohammed im Jahr 632 n. Chr. fielen omayyadische Kalifen in das Gebiet des heutigen Tunesien ein und gründeten Kairouan, das zur Hauptstadt der neuen Provinz *Ifriqiya* wurde. Ab 700 n. Chr. unterstand Nordafrika dem islamischen Kalifat in Damaskus. Von Nordafrika aus eroberten Muslime seit 711 n. Chr. große Teile Spaniens.

Durch die *Reconquista* – die Rückeroberung Spaniens durch Christen zwischen 722 und 1492 – wurden bis ins 16. Jahrhundert rund 1,5 Millionen Menschen aus Spanien nach Nordafrika vertrieben, hauptsächlich Muslime, aber auch zahlreiche Juden. Im 16. Jahrhundert fiel der Maghreb, mit Ausnahme von Marokko, das seit 1669 von der bis heute herrschenden Alawiden-Dynastie regiert wird, unter osmanische Herrschaft.

Das geschwächte Osmanische Reich überließ schließlich den Maghreb weitgehend sich selbst, was das Interesse der europäischen Kolonialmächte an dieser Region befeuerte: 1830 wurden die ersten französischen Truppen nach Algerien entsandt – das nördliche Algerien wurde 1848 sogar Teil des französischen «Mutterlands» –, und fortan sollte Algerien bis ins Jahr 1962 Teil des französischen Kolonialreiches bleiben. 1881 errichtete Frankreich über Tunesien ein Protektorat. Marokko wurde 1912 zwischen Frankreich und Spanien geteilt. Die libysche Region Tripolitana fiel im gleichen Jahr an Italien. Die Unabhängigkeitsbestrebungen in den Ländern des Maghreb und der Kampf der Araber und Berber gegen Ausbeutung und Unterdrückung führten in Algerien zu einem der blutigsten Kolonialkriege überhaupt. Neuere Forschungen gehen davon aus, dass etwa 425 000 Menschen in diesem Krieg ihr Leben verloren.

Trotz reicher Ölvorkommen in Libyen und Algerien fiel es beiden Staaten schwer, sich nach ihrer Unabhängigkeit in den fünfziger und sechziger Jahren wirtschaftlich vom Kolonialismus zu erholen. In Algerien kam es – nach der Staatsgründung 1962, inneren Kämpfen und einem Putsch, dessen militärischer Führer Houari Boumedienne (1927-1978) einen aufgeklärten, modernen sozialistischen Staat mit einer Art Präsidialdiktatur aufbauen wollte – schließlich in den achtziger Jahren zu erheblichen Spannungen, die in eine Demokratisierungsbewegung mündeten. Trotz eines gleichzeitigen ökonomischen Aufschwungs vermochte die Wirtschaft nicht, genügend Arbeitsplätze für die massiv wachsende Bevölkerung anzubieten. Soziale Unruhen waren die Folge, in deren Verlauf die *Islamische Heilsfront* (FIS) starken Zulauf erfuhr und 1991 auch die Wahlen gewonnen hätte, die aber angesichts dieses drohenden Ergebnisses abgebrochen wurden. Freiheit und Demokratie gingen in einem Putsch unter; die FIS wurde verboten, ihre Anhänger fühlten sich mit Recht um ihren Erfolg betrogen. An die Stelle des Protests trat Terror bzw. auf Seiten des Staatsapparates blutige Repression. Da Algerien zudem ein virulentes Minderheitenproblem hat – unter anderem mit den Berbern –, das der Staat ebenso wenig in den Griff bekommt wie das Problem des Islamismus, sind die Perspektiven dieses Landes umdüstert. In Libyen kam es 1969 zur *Grünen Revolution*, die sich unter anderem aus dem Unmut gegen das westlich orientierte Königshaus, ferner wegen starker sozialer Verwerfungen in der libyschen Gesellschaft sowie infolge eines sich immer stärker ausprägenden arabischen Nationalismus innerhalb der Bevölkerung entwickelte. Marokko ist heute wohl das Land im Maghreb, dessen Konsolidierung am weitesten fortgeschritten ist. Haupteinnahmequellen Marokkos wie auch Tunesiens sind der Export von Mineralien sowie der Tourismus.

11. Was geschah im Herero-Krieg? Als die ersten Deutschen im Jahre 1842 Windhoek, die heutige Hauptstadt Namibias, erreichten, war dieses Gebiet hauptsächlich von den Stämmen der *Nama* und der *Herero* besiedelt. Der deutsche Kaufmann Adolf von Lüderitz war der Erste, der 1883 durch Kauf Land von den Nama erworben hatte. Ein Gebiet, das immerhin 300 Kilometer Küste umfasste und 35 Kilometer tief ins Landesinnere reichte. Als Deutsch-Südwestafrika wurde dieses Territorium 1884 zum Schutzgebiet des Deutschen Reiches erklärt, und 1892 wurde eine Region von der Fläche des heutigen Namibia von deutschen Kolonisten annektiert. Herero und Nama wurden in die Abhängigkeit von den deutschen Kolonialherren getrieben. Sie dienten den Deutschen als billige Arbeitskräfte in Industrie und Landwirtschaft; soweit Herero und Nama noch Eigentümer von Viehherden blieben, gerieten sie immer wieder in Konflikt mit den Deutschen um nutzbares Weideland. Schließlich wurde die Lage der Herero so elend, dass sie am 12. Januar 1904 zum gewaltsamen Widerstand gegen ihre deutschen Unterdrücker übergingen. Sie überfielen abgelegene deutsche Farmen und töteten rund 120 Siedler. Ihre Wut richtete sich ausschließlich gegen deutsche Männer; Frauen und Kinder wurden verschont. Nachdem der Aufstand Monate angedauert hatte, trafen 14 000 deutsche Soldaten unter dem Befehl von General Lothar von Trotha in Deutsch-Südwestafrika ein. Die Soldaten umzingelten nach der Schlacht am Waterberg ein Herero-Lager und führten ihre Gefangenen – rund 8000 Männern sowie 16 000 Frauen und Kinder – in die Wüste und versperrten ihnen die Rückzugsrouten. So wurden 24 000 Gefangene unter unerträglichen Bedingungen interniert, und faktisch wurde damit ein Völkermord exekutiert.

Nach diesen Ereignissen erhoben sich die Nama, jedoch ohne nennenswerten Erfolg. 1905 wurden überlebende Herero und Nama in Arbeitslager deportiert. Eine Volkszählung 1911 ergab, dass von einstmals 100 000 Herero und Nama gerade einmal 25 000 überlebt hatten. Die Bitte um Entschuldigung an die Adresse der Herero durch die deutsche Bundesentwicklungsministerin Heidemarie Wieczorek-Zeul anlässlich des 100. Gedenktages des Herero-Aufstands im Jahr 2004 war eine schöne Geste, die noch glaubwürdiger gewesen wäre, wenn nicht die Bundesregierung – wie schon im Jahre 1998 – Entschädigungsforderungen der Herero eine Absage erteilt hätte. Immerhin wurde der Völkermord an den Herero 2015 endlich auch als Begriff zum öffentlichen Sprachgebrauch erhoben. Auch wird seither mit der namibischen Regierung wenn auch nicht über Entschädigungen, so doch über eine «Aussöhnung» verhandelt. Als Kompromiss wurden von der Bundesregierung allerdings lediglich Entwicklungsprojekte angeboten, die aus einem eigens für diesen Zweck einzurichtenden Fonds finanziert werden sollten. Seit 2017 führt ein Teil der Herero und Nama, der sich durch ihre von anderen Stämmen dominierte Regierung in den Gesprächen nicht repräsentiert fühlt, deshalb Klage auf Entschädigungszahlungen vor einem New Yorker Zivilgericht gegen Deutschland. Eine befriedigende Lösung der Entschädigungsfrage lässt somit leider auch heute noch auf sich warten.

12. Was waren die Burenkriege? Häufig wird in der Literatur nur auf den zweiten Burenkrieg (1899–1902) eingegangen, dabei gab es die ersten Auseinandersetzungen zwischen Buren und Briten bereits zwischen 1880 und 1881.Grundsätzlich sollte man freilich vielleicht besser vom Südafrikakrieg sprechen, da damals nicht nur Briten und Buren beteiligt waren und zu Schaden kamen. Um die Geschehnisse besser einordnen zu können, lohnt sich ein kurzer Blick in die Geschichte Südafrikas.

Die europäische Besiedelung Südafrikas begann am 6. April 1652, als Jan von Riebeeck mit seiner Frau und 90 weiteren Personen im Auftrag der niederländischen *Ostindien Handelskompanie* eine Versorgungsstation am Kap der Guten Hoffnung errichtete. Um diese Versorgungsstation entwickelte sich Kapstadt, das bis heute den Beinamen ‹Mother City› trägt. Die Siedlung ‹Fort de Goede Hoop› florierte und wurde zu einem strategisch wichtigen Wirtschaftszentrum. Der Bedarf an Arbeitskräften und Anbaugebieten nahm stetig zu. Es wurden Sklaven aus Java und Sumatra eingeführt. Die Sklavenhändler deckten den Bedarf an Arbeitskräften in Südafrika bis ins Jahr 1833. Zudem expandierte man vom Kap aus weiter nach Norden, um neue Anbauflächen und Weidegründe für die ständig wachsende Bevölkerung zu erschließen. Dabei kam es immer wieder zu Konflikten mit den dort lebenden *Khoikhoi* oder *Hottentotten,* wie die indigene Bevölkerung abschätzig von den Europäern genannt wurde. Nachdem es infolge blutiger Kriege zwischen Ureinwohnern

Geschichte

und den burischen Kolonisten auch in den Städten zu Konflikten zwischen der Bevölkerung und der korrupten, kurz vor dem Bankrott stehenden Kolonialverwaltung gekommen war, nutzten 1795 die Briten das politische Chaos und besetzten im Namen der britischen Krone die niederländische Kolonie. Nach mehreren Jahren unter britischer Herrschaft kam es 1835 plötzlich zu einem Exodus, in dem 10 000 Buren die Kapkolonien verließen und in den Norden und Nordosten zogen. Es gab viele Ursachen für den *Großen Treck* (1835–1841), wie diese Wanderung genannt wurde. Einer war der mangelnde Schutz, den die britischen Kolonialherren den Siedlern vor den Xhosa boten. Ein weiterer Grund war der *Slavery Abolition Act* von 1833, der die Sklaverei verbot und somit den burischen Farmern die ökonomische Grundlage entzog. Im Zuge des Großen Trecks kam es immer wieder zu blutigen Kämpfen um neues Siedlungsgebiet.

Im Jahr 1853 gründeten burische Siedler die Republik *Transvaal*. Heute umfasst das ehemalige Transvaal die südafrikanischen Provinzen Nord-West, Limpopo, Mpumalanga und Gauteng mit der Hauptstadt Pretoria. Pretoria wurde von einem der Mitbegründer der Republik Transvaal, Marthinus Wessel Pretorius, nach dessen Vater Andries Pretorius – einem der großen Anführer der *Voortrekker* in *Natal* – benannt. Die Republik Transvaal gab sich den Beinamen *Südafrikanische Republik*, die jedoch nicht mit der heute existierenden Republik zu verwechseln ist. 1854 rief auch der von den Buren gegründete *Oranje-Freistaat* seine Unabhängigkeit aus und entwickelte sich zu einer wirtschaftlich erfolgreichen, stabilen Republik. Das weitere Aufblühen der Republik Oranje-Freistaat wurde durch die Annexion Natals 1843 durch die Briten vorläufig unterbunden. Der burische Widerstand gegen diese Annexionen, die ebenso den Oranje-Freistaat wie die Republik Transvaal trafen, entlud sich am 16. Dezember 1880 gewalttätig. Die Republik Transvaal erklärte sich neuerlich für unabhängig. In der Folge überfiel die burische Armee britische Armeelager, und es kam zu blutigen Schlachten, so dass sich die britische Regierung unter William Gladstone gezwungen sah, am 3. August 1881 den Buren in Transvaal die Selbstverwaltung unter britischer Oberverwaltung zuzugestehen. Diese Periode wird als erster Burenkrieg bezeichnet. Im Jahr 1884 wurde Transvaal vollständig unabhängig.

Auch in anderen Regionen Südafrikas kam es zu heftigen Gefechten. Zu den größten kriegerischen Auseinandersetzungen gehört sicherlich die *Schlacht am Blood River,* in der 1838 die *Zulus,* die zuvor 600 Buren getötet hatten, vernichtend geschlagen wurden. Das Stammesgebiet der Zulus, das später zur Republik Natal gehören sollte, wurde vier Jahre später von den Briten annektiert. Als die Briten tiefer auf das Stammesgebiet der Zulus vordringen wollten, kam es zum *Anglo-Zulu-Krieg*. In einer der verheerendsten Schlachten der britischen Kolonialgeschichte stürmten 20 000 Zulus ein britisches Armeelager und töteten knapp 2000 britische Soldaten. Erst als die Briten ihre Truppenstärke beträchtlich erhöhten, gelang ihnen 1879 ein dauerhafter militärischer Erfolg.

Nach einer Zeit relativen Friedens brach 1899 der zweite Burenkrieg aus. Wie bei jedem Krieg lassen sich die Gründe nicht auf einen Faktor reduzieren. Gewiss war jedoch die Entdeckung von Gold- und Diamantenvorkommen in den burischen Republiken ein wirkungsmächtiger Grund, denn diese Bodenschätze lockten vermehrt britische Goldgräber in burisches Gebiet. Die Buren fühlten sich durch die Anwesenheit der Briten, die mittlerweile fast zwei Drittel der Bevölkerung ausmachten, bedroht und verweigerten den *Uitlanders* – niederländisch für Ausländer – politische und rechtliche Gleichstellung. Gerade der Präsident der Republik Transvaal, Paul Kruger, forcierte diese Politik. Auch die imperialistischen Bestrebungen des britischen Premierministers der Kapkolonien, Cecil Rhodes, spielten eine wichtige Rolle bei der Zuspitzung des Konflikts zwischen Briten und Buren. Rhodes' Plan sah nicht nur die Vereinigung der beiden burischen Republiken unter britischer Fahne vor, sondern auch die Ausdehnung des britischen Empires von Kairo bis ans Kap. Die burischen Republiken sollten zuerst von den Briten ‹eingekreist› werden, um dann ganz in britische Hand zu fallen. Hierzu ließ Rhodes 1885 das *Betschuanaland,* das heutige Botswana, einnehmen und später, 1889, das nach ihm benannte Rhodesien (heute Simbabwe und Sambia). 1895 unterstützte Rhodes den sogenannten Jameson-Raid, einen Putschversuch in Transvaal, der jedoch scheiterte. Die Situation wurde zudem dadurch verschärft, dass der deutsche Kaiser Wilhelm II. Präsident Kruger zur Abwendung des Putschversuchs gratulierte und die Briten ein Bündnis zwischen Deutschen und Buren fürchteten. In Transvaal gingen indessen die Repressionen gegen die

Geschichte 33

Uitlanders weiter; zusätzlich bildeten Oranje-Freistaat und Transvaal ein militärisches Bündnis. Der neue britische Gouverneur der Kapkolonie, Alfred Milner, und der britische Kolonialminister, Joseph Chamberlain, ließen die Truppenstärke in Südafrika von 12 000 auf 50 000 Mann erhöhen, wobei diese Zahl nicht vor 1900 erreicht wurde. Nach einer ergebnislosen Konferenz aller Konfliktparteien im Mai 1899 stellte Milner Präsident Kruger ein Ultimatum mit dem Ziel, die rechtliche und politische Gleichstellung der Uitlander zu gewährleisten. Im Gegenzug forderte Kruger den sofortigen Abzug der britischen Truppen im Grenzgebiet zu Transvaal. Nach Ablauf des Kruger-Ultimatums erklärten die Buren am 11. Oktober 1899 den Briten den Krieg. Nach Anfangserfolgen der Buren und dem Einmarsch in Natal und in der Kapkolonie traf die geplante Truppenverstärkung unter dem Befehl von Horatio Kitchner aus England ein. Innerhalb weniger Monate wendete sich nun das Blatt: Im März 1900 fiel zuerst Pretoria in die Hände der Briten und im Juni des gleichen Jahres dann Bloemfontein, die Hauptstadt von Oranje-Freistaat. Die Buren, die militärisch nichts mehr entgegenzusetzen hatten, gingen zum Guerillakampf über. Um der Lage Herr zu werden, befahl Kitchner, der mittlerweile Oberbefehlshaber der britischen Truppen in Südafrika war, seinen Truppen, sämtliche Farmen und die dazugehörigen Anbauflächen, die burischen Kriegern Unterschlupf und Versorgung boten, zu verbrennen – am Ende waren es rund 30 000 Güter. Diese «Politik der verbrannten Erde» löste einen gewaltigen Flüchtlingsstrom aus. Die Flüchtlinge wurden in Arbeitslagern interniert. Von diesen Lagern gab es etwa 50, und es wird vermutet, dass dort bis zu 160 000 Menschen interniert wurden, von denen 28 000 starben, wobei viele Frauen und vor allem Kinder unter den Toten waren. Es waren aber nicht nur Buren, die interniert wurden; man geht davon aus, dass auch 20 000 Schwarze den Tod in den Lagern fanden. Die burischen Führer – darunter der spätere und erste Premierminister der Südafrikanischen Union, Louis Botha – gelangten zu der Einsicht, den Frieden mit den Briten suchen zu müssen. Am 31. Mai 1902 kam es zum *Frieden von Vereeniging*, der das Ende des zweiten Burenkriegs besiegelte. Transvaal und Oranje-Freistaat blieben unter burischer Selbstverwaltung, jedoch unter britischer Oberhoheit; darüber hinaus wurde Afrikaans, die Sprache der Buren, offiziell als Amtssprache anerkannt.

13. Was hatte Feldmarschall Rommel in Afrika verloren? Im Zweiten Weltkrieg erlitten italienische Truppen, während sie versuchten, von Libyen nach Ägypten vorzustoßen, solch massive Verluste im Kampf gegen britische Truppen, dass Hitler im Januar 1941 die Aufstellung eines deutschen Afrikakorps befahl, um den italienischen Verbündeten zu helfen. Im Februar 1941 landete das Afrikakorps unter dem Befehlshaber General Erwin Rommel in Tripolis. Versorgungsengpässe waren schuld daran, dass das Deutsche Afrikakorps nach anfänglichen Erfolgen zurückgedrängt wurde. Hitler, der den Russlandfeldzug vorbereitete, verweigerte Rommel die nötige Ausrüstung. Nachdem sich die Versorgungslage Anfang 1942 verbessert hatte, konnte Rommel wieder zum Angriff übergehen. Bis Mitte des Jahres konnte der «Wüstenfuchs», wie er von seinen Soldaten genannt wurde, bis Al Alamein, ca. 100 Kilometer vor Alexandria, in Ägypten vordringen. Ein weiterer Vorstoß bis an den Sueskanal war jedoch aufgrund der immer länger werdenden Versorgungswege aus dem Hinterland an die Front zum Scheitern verurteilt. Einer Gegenoffensive der Briten unter Führung von Rommels entschiedenstem Widersacher, dem britischen General Bernard Montgomery, hatten die Deutschen nichts mehr entgegenzusetzen. Trotz des eindeutigen Befehls Hitlers, die Stellungen unter allen Umständen zu halten, trat das Deutsche Afrikakorps im November 1942 den Rückzug an. Als am 8. November amerikanische und weitere britische Truppen in Casablanca, Oran und Algier landeten, wurde die Situation immer aussichtsloser. Am 13. Mai 1943 kapitulierten die Reste des Afrikakorps bei Tunis. 270 000 deutsche und italienische Soldaten gerieten in Gefangenschaft. Rommel hatte zu dem Zeitpunkt bereits andere Aufgaben übernommen und führte den sogenannten Rommel-Stab, der sich mit einem möglichen Kriegsaustritt Italiens beschäftigte.

14. Wie erlangten die afrikanischen Staaten ihre Unabhängigkeit? Nach dem Zweiten Weltkrieg erhielten die Unabhängigkeitsbestrebungen innerhalb der afrikanischen Kolonien Aufwind. Dieses Phänomen hatte mehrere Ursachen: Als besonders wirkungsmächtig erwies sich in diesem Zusammenhang die Veränderung der internationalen Systeme der Nachkriegszeit. Der Druck auf die Kolonialmächte durch die zu Supermächten aufsteigenden USA und die Sowjetunion, die für die Dekolonisierung eintraten, erhöhte sich und forcierte die Entwicklung unabhängiger afrikanischer Staaten. Als weiterer externer Katalysator wirkte der Erfolg jener südamerikanischen, asiatischen und arabischen Länder, die ihre Unabhängigkeit bereits erlangt hatten und als selbstbewusste Akteure in den Vereinten Nationen auftraten. Doch auch innerhalb der Kolonien wuchs die Ablehnung der Kolonialmächte. So forderten viele Afrikaner, die im Zweiten Weltkrieg Seite an Seite mit den Kolonialherren in den afrikanischen und asiatischen Kriegsgebieten gekämpft hatten, nach dem Ende des Krieges die ihnen zustehende politische Anerkennung. Doch stattdessen versuchten die Kolonialmächte, die wirtschaftliche Ausbeutung der Kolonien während des Krieges, dann aber vor allem nach Kriegsende drastisch zu erhöhen. Gerade Frankreich und Großbritannien, die sich beide nur schwer von den wirtschaftlichen Folgen des Krieges erholten, erhofften, auf diese Weise zusätzliche Finanzmittel und Ressourcen für den Wiederaufbau ihrer Volkswirtschaften zu mobilisieren. Diese Vorgehensweise erscheint als Versuch einer «Zweiten Kolonialisierung», um sich dauerhaft den Zugriff auf die Ressourcen der ehemals Unterworfenen zu sichern; auch manche Form der Entwicklungshilfe lässt Aspekte erkennen, die diesem Konzept zu entsprechen scheinen.

Infolge des wachsenden Drucks gestand Großbritannien seinen Kolonien zunehmend größere Autonomie zu, während Frankreich eine Politik der ‹Anbindung ans Mutterland› verfolgte. Anders als von den Kolonialherren geplant, führten jedoch die Erfolge der Autonomiebestrebungen in den britischen Kolonien zur Gründung neuer Unabhängigkeitsbewegungen. Nicht zuletzt erleichterte die in den alten Kolonialgebieten neu erworbene Pressefreiheit die Mobilisierung breiter Bevölkerungsschichten. So sah sich Frankreich bereits während der Konferenz von Brazzaville im Jahr 1944 genötigt, Zugeständnisse an die Kolonien zu machen und ihnen die Entsendung gewählter Vertreter in die französische Nationalversammlung einzuräumen – wobei der Senegal bzw. die Quatre Communes (Dakar, Gorée, Saint-Louis und Rufisque) bereits in der zweiten Hälfte des 19. bzw. im frühen 20. Jahrhundert Vertreter hatten entsenden können. All die Zugeständnisse halfen jedoch nicht. 1956 und 1957 erlangten Sudan und Ghana als erste afrikanische Kolonien ihre volle Unabhängigkeit. Im Jahr 1960 wurden 17 afrikanische Staaten unabhängig, und diese Zahl sollte sich bis 1968 verdoppeln. Der Unabhängigkeitsprozess verlief meist unblutig, doch kam es beispielsweise in den portugiesischen Kolonien Mosambik und Angola wie auch in der britischen Kolonie Kenia zu heftigen Kämpfen. Kenia erlangte schließlich 1963 die Unabhängigkeit, während Angola erst 1975 unabhängig wurde, nachdem die portugiesische Diktatur beseitigt worden war. Rhodesien/Simbabwe und Namibia erstritten sich ihre Unabhängigkeit in jahrelangen blutigen Kämpfen 1980 bzw. 1990.

Einer der grausamsten Befreiungskriege wütete von 1954 bis 1962 in Algerien. Die *Algerische Befreiungsfront* (FLN) ging in den bewaffneten Widerstand, nachdem Frankreich sich weigerte, aus Algerien abzuziehen. Für diese Unnachgiebigkeit waren neben wirtschaftlichen Interessen vor allem die etwa 1 000 000 französischen Siedler der Grund, die immerhin 12 Prozent der damaligen Bevölkerung Algeriens ausmachten. Da die FLN von den bereits unabhängigen Staaten wie Tunesien unterstützt wurde, entsandte Frankreich rund 500 000 Soldaten nach Algerien; an der Seite dieser Truppen kämpften auch die Algerienfranzosen, die sogenannten *Pieds Noirs* (Schwarzfüße). Zwar wurde die FLN von den Franzosen in Algier zerschlagen, doch war es der Kolonialmacht nicht möglich, das Land zu befrieden. Nach einem Referendum in Frankreich im Jahr 1961, in dem 75 Prozent der Franzosen für die Unabhängigkeit Algeriens votierten, kam es neuerlich zu schweren Auseinandersetzungen in Algerien. Diesmal zwischen der Untergrundorganisation der französischen Siedler, der *Organisation Armée Secrète* (OAS), und der FLN. Nach langen Verhandlungen erkannte das französische Staatsoberhaupt, General Charles de Gaulle, die Unabhängigkeit Algeriens am 18. März 1962 im Abkommen von Evian an. Erst 1965 erhielt Algerien die volle Souveränität auch über die algerische Sahara, die bis dahin von den Franzosen für Atomtests genutzt worden war.

15. Wie versuchen die Afrikaner, die Erfahrung des Kolonialismus zu verarbeiten? Die erste intellektuelle Reaktion auf den Kolonialismus und die Dominanz des weißen Mannes in Afrika war die Philosophie der *Négritude* – wörtlich: Schwarz-Sein –, die sich hauptsächlich in den frankophonen Ländern Afrikas ausbreitete. Die Négritude-Bewegung richtete sich vor allem gegen die politische, soziale und – vorgebliche – moralische Dominanz des Westens. Die

Literatur der Négritude schuf den Mythos Afrika und ebnete den Weg für die Herausbildung einer schwarzen Identität und eines kollektiven Gedächtnisses. Die Philosophie der Négritude richtete sich nicht nur an Afrikaner, sondern auch an die afrikanische Diaspora. Als ihre geistigen Väter gelten der erste senegalesische Präsident Léopold Senghor und die beiden karibischen Autoren Aimé Césaire und Léon Damas. Aimé Césaires Werk «Discours sur le Colonialisme» ist den psychischen, sozialen und kulturellen Auswirkungen des Kolonialismus in Afrika gewidmet und stellt das Verhältnis zwischen Kolonialherren und Kolonialisierten auf eine Stufe mit dem der Nazis und ihrer Opfer.

Doch waren es nicht nur die Erfahrungen des Kolonialismus, die verarbeitet werden mussten, sondern auch jene der Dekolonialisierung. Ereignisse wie der Unabhängigkeitskrieg in Algerien oder der Mau-Mau-Aufstand (1952–1960) in Kenia gegen die britische Herrschaft forderten Tausende von Menschenleben und rissen tiefe Wunden in die Gesellschaft der betreffenden Länder. Der Mau-Mau-Aufstand wurde von Ngugi wa Thiong'o in seinem Buch «Der Fluss dazwischen» verarbeitet.

Der Algerienkonflikt war Hauptmotivation für die Arbeit einer der wohl bekanntesten Figuren im Kampf gegen den Kolonialismus, und zwar des afroamerikanischen Arztes und Schriftstellers Frantz Fanon (1925–1961). Sein Werk «Die Verdammten dieser Erde» wurde in jener Zeit überaus kontrovers diskutiert. Für die einen war es ein Aufruf zu Gewalt und schwarzem Rassismus, für die anderen ein epochales Werk auf dem Weg zur Freiheit. Für größte Aufregung sorgte ein viel zitiertes und aus dem Kontext gerissenes Zitat aus dem von Jean-Paul Sartre geschriebenen Vorwort: «Einen Europäer erschlagen, heißt zwei Fliegen auf einmal treffen [...]. Was übrigbleibt, ist ein toter Mensch und ein freier Mensch.» Fanons Buch behandelt im Wesentlichen die mentalen Auswirkungen jahrhundertelang andauernder kolonialer Gewalt auf die Unabhängigkeitsbewegungen in Afrika und die Gefahren, die diese Prozesse in sich bergen.

Aimé Césaires Werk hatte spürbaren Einfluss auf Frantz Fanons Arbeit. «Die Verdammten dieser Erde» wurde auch als kommunistisches Manifest der antikolonialen Bewegung beschrieben. Ohne Zweifel wurde Fanon stark von den europäischen wie auch den amerikanischen, zumeist linken intellektuellen Eliten rezipiert und inspirierte nicht zuletzt die Studentenbewegungen der sechziger Jahre des letzten Jahrhunderts.

«Die Verdammten dieser Erde» wurde wiederholt Gegenstand soziologischer Untersuchungen. Im Zuge der *Postcolonial Studies* gewinnt Fanon seit den neunziger Jahren neuerlich an Bedeutung. Postcolonial Studies sind zunächst einmal herrschaftskritischen Studien und gesellschaftlichen sowie geistigen Entwicklungen auf dem Gebiet ehemals von Kolonialmächten beherrschter Staaten gewidmet. Sie entstehen vermehrt in der Literaturwissenschaft, aber auch in Kultur-, Geschichts- und Politikwissenschaften. Ihre Autoren gehen der Frage nach, wie sich die Kolonialzeit auf die Kultur und die Identitätsbildung der ehemaligen Kolonialvölker ausgewirkt hat. Ein wichtiges Thema der Postcolonial Studies ist aber auch das Verhältnis der europäischen Staaten, vor allem Großbritanniens, zu ihren ehemaligen Kolonien. Quellen der Postcolonial Studies sind nicht ausschließlich Werke der postkolonialen Literatur; auch solche der Kolonialzeit selbst werden in die Forschung einbezogen. Ideengeschichtlich gehen die Postcolonial Studies auf die Werke von Aimé Césaire, Frantz Fanon und Edward Said zurück.

Eine eigene Form der Reaktion auf die Erfahrung der Kolonialherrschaft stellt der zeitweilige Erfolg von Sozialismus und Marxismus dar, die als politische Alternativen zu den Systemen der einstigen Hegemonialmächte gesehen wurden und in einigen afrikanischen Staaten in der postkolonialen Ära erfolgreich waren. Eine weitere Form der Verarbeitung des Kolonialismus findet nach wie vor auf politischer Ebene statt. So wird etwa in den Ländern des Maghreb seit der Unabhängigkeit versucht, koloniales Erbe im nationalen Kulturgut loszuwerden und sich auf die gemeinsamen arabischen Wurzeln zu besinnen. Dies geht oft mit einer künstlich forcierten Arabisierung der an sich ebenso arabisch wie auch berberisch und eben französisch bzw. italienisch geprägten Bevölkerung durch entsprechende Sprach- und Kulturpolitik einher. Nachdem diese Praktiken bereits früher – etwa unter Oberst Gaddafi in Libyen – massiv zur Anwendung gekommen waren, erleben sie spätestens seit dem arabischen Frühling neuen Aufschwung in der Region.

16. Worin liegen die Besonderheiten der äthiopischen Monarchie? Die äthiopische Monarchie gehört mit der japanischen zu den heute ältesten der Welt. Sie zeichnet sich durch manche Wesenszüge aus, die man aus Adelshäusern in Europa nicht kennt. Haile Selassie (1892–1975), der letzte äthiopische Kaiser, führte seine Abstammung sogar auf die Königin von Saba und den biblischen König David zurück – ein Umstand, der sogar in die äthiopische Verfassung Eingang fand.

Im Mittelalter wurden in Äthiopien alle männlichen Verwandten des Kaisers kurz vor seinem Ableben in Klöstern, Kirchen oder an isolierten Wohnorten in Gefangenschaft gehalten, um Konflikte in der Thronfolge zu vermeiden. Am Tage des Todes des alten Kaisers wurden dann adlige Gesandte ausgeschickt, um zumeist den ältesten Sohn oder den Kandidaten, den der verstorbene Kaiser erwählt hatte, oder gelegentlich auch ihren eigenen Kandidaten zu befreien.

Im Gegensatz zu europäischen Monarchien gab es für die äthiopischen Kaiser keine festgelegte Begräbnisstätte der Dynastie – ganz anders etwa die Kapuzinergruft der Habsburger in Wien. Sie wurden vielmehr in Kirchen begraben, die während ihrer Regentschaft gebaut worden waren, oder in Klöstern. Während der Krönung des neuen Kaisers musste ein Erzbischof zugegen sein. Die Erzbischöfe wurden von Alexandria aus, dem Sitz des orthodoxen Patriarchen, nach Äthiopien entsandt. Die Abwesenheit eines Bischofs beim Krönungsakt hat beispielsweise dazu geführt, dass Tekle Giyorgis II. (1868–1871) – mangels entsprechender Herrscherlegitimation – umstritten blieb und in der Folge von seinem Schwager Yohannis IV. (1872–1889) militärisch geschlagen und als Kaiser abgelöst wurde.

In Äthiopien hatte ferner jeder Bürger das Recht, seine Anliegen direkt dem Kaiser vorzutragen. Zweimal im Monat sollte der Kaiser Audienzen halten, um sich die Sorgen seiner Bürger anzuhören. Damit war es aber nicht getan. Jeder Untertan konnte sich zudem mit den Worten «Abet, Abet, Abet» an den Kaiser wenden und ihm sein Leid klagen. Der Kaiser war angehalten, ihm nach Kräften zu helfen. Zudem war er auch letzte Instanz in der Rechtsprechung. Hatte ein Rechtsstreit alle rechtlichen Instanzen durchlaufen und war es gleichwohl zu keiner Einigung gekommen, so hatten die Parteien das Recht, sich an den Kaiser zu wenden. Das Gericht, das vom Kaiser gehalten wurde, nannte sich *Chilot*. Zur Amtsmacht des Kaisers gehörte außerdem das Recht, gesprochene Urteile aufzuheben.

1936 tat Haile Selassie in einem äthiopischen Kloster in Jerusalem den Schwur, dass er, wenn sein Land von der Unterdrückung durch das faschistische Italien befreit werden sollte, alle seine Chilots stehend absolvieren werde, um den Namen Christi zu heiligen. Bis zum Ende seiner Regentschaft – auch als er bereits über achtzig Jahre alt war – hat er dieses Gelübde erfüllt.

Personen

17. Wie heißen die ältesten bekannten Afrikanerinnen? Die eine Dame, die hier gemeint ist, heißt Lucy und ist schon sehr, sehr lange tot. Sie lebte vor über 3 Millionen Jahren in der heutigen Region Afar in Äthiopien. Ihr Skelett wurde 1974 nahe Hadar von dem US-amerikanischen Paläoanthropologen Donald Johanson entdeckt. Schon im Jahr zuvor war Johanson als Teil einer Forschergruppe im sogenannten Afar-Dreieck auf Expedition gewesen. Damals fand er bereits Skelettreste von Oberschenkel und Schienbein, die anscheinend zusammenpassten und ein Knie bildeten. Der Fund legte die Vermutung nahe, dass die Knochen von einem aufrecht gehenden Primaten stammen müssten, der vor über 3 Millionen Jahren lebte. Diese Theorie hätte jedoch zur damaligen Zeit bei den meisten Experten nicht mehr als ein Kopfschütteln hervorgerufen. So kehrten Johanson und einige Kollegen ein Jahr später zurück nach Äthiopien mit dem Ziel, ein ganzes Skelett zu finden, um die These vom aufrecht gehenden Primaten zu beweisen. Am 24. November 1974 geschah, was sie kaum zu hoffen gewagt hatten: Johanson und sein Kollege Gray finden Knochen eines Arms und kurz darauf in der näheren Umgebung Fragmente von Hand, Wirbel, Rippen und Bruchstücke eines Schädels. Es handelt sich um das Skelett eines weiblichen Individuums; das verraten die Beckenknochen. Aufgrund der Zähne vermuten die Wissenschaftler, dass die Frau zwischen zwanzig und fünfundzwanzig Jahre alt war, als sie starb. Der Fund geht aus mehreren Gründen in die Geschichte ein: Knapp 40 Prozent des Skeletts sind erhalten; damit galt Lucy lange Zeit als das am vollständigsten erhaltene Exemplar eines Homininen, also eines frühen Vorfahren des heutigen Menschen. Lucys Hüft- und Beinstellung sind der unseren wesentlich ähnlicher als der von Schimpansen. Dadurch konnte bewiesen werden, dass sie und ihre Artgenossen als Erste unserer Vorfahren fähig waren, aufrecht zu gehen. So wurde Lucy sozusagen die Urmutter einer neuen Art von Homininen: Australopithecus afarensis, benannt nach dem Fundort in Afar. Ihren Namen verdankt Lucy übrigens dem berühmten Beatles-Song «Lucy in the sky with diamonds». Am Tag des Fundes wurde im Forschercamp ein Tonband mit diesem Lied in Endlosschleife gespielt.

Nun ist aber 1992 die Entdeckung – sagen wir – einer «Großtante» von Lucy bekannt geworden, die unter dem Namen *Ardi* für Schlagzeilen sorgte. Ardi war etwa 1,20 Meter groß und wog ungefähr 50 Kilogramm. Sie gehörte zur Vormenschenart Ardipithecus ramidus, wurde – wie Lucy – in Äthiopien gefunden und ist etwa 4,4 Millionen Jahre alt. Auch Ardi konnte bereits aufrecht gehen, kletterte aber auch noch auf Bäume, wofür es sehr hilfreich war, dass sie weiterhin mit den Füßen greifen konnte. Sie kommt den letzten gemeinsamen Ahnen von Menschen und Menschenaffen, deren Familie sich vor etwa 6 bis 7 Millionen Jahren aufspaltete, noch mal ein ganzes Stück näher als Lucy. Dass Ardis Reißzähne nicht lang und spitz waren, deutet darauf hin, dass in diesem Entwicklungsstadium des Frühmenschen die Durchsetzung des Individuums durch Aggression keine solch große Bedeutung mehr hatte wie noch bei den älteren Vorfahren der Menschen. Es bleibt zu hoffen, dass unsere eigene kulturelle Evolution diese hoffnungsvolle Entwicklung der Menschheit, die seit ein paar tausend Jahren zum Stillstand gekommen zu sein scheint, zu unser aller Wohl rasch und erfolgreich fortführen möge.

18. Was hat Leni Riefenstahl mit Afrika zu tun? Helene Bertha Amalie, kurz Leni, Riefenstahl war eine der umstrittensten Figuren in der Geschichte des deutschen Films. Wiewohl Regisseurin der bekanntesten NS-Propagandafilme «Triumph des Willens», «Sieg des Glaubens» und «Tag der Freiheit! – Unsere Wehrmacht» (sog. Reichsparteitagstrilogie), leugnete sie zeitlebens, die nationalsozialistische Ideologie in ihren Filmen bewusst verherrlicht zu haben. Riefenstahl sah sich selbst als politisch desinteressierte Ästhetin. Während sie in der Zeit vor und während des Nationalsozialismus große Erfolge als

Künstlerin feierte und mit vielen Auszeichnungen geehrt wurde, kehrte sich dies in der Nachkriegszeit um – sie war forthin mit dem Makel ihrer Aktivitäten während des NS-Regimes behaftet.

Mitte der fünfziger Jahre kommt die 1902 in Berlin geborene Leni Riefenstahl dann zum ersten Mal mit Afrika in Berührung. Inspiriert von Ernest Hemingways Roman «Die grünen Hügel Afrikas» setzt sie sich intensiver mit dem afrikanischen Kontinent auseinander und beschließt, sich an einem Filmprojekt in und über Afrika zu versuchen. 1956 reist sie zur Vorortrecherche nach Kenia und in den Sudan. Riefenstahl ist begeistert von den Menschen und Landschaften dieses Kontinents, doch in den Folgejahren scheitern diverse Filmprojekte an Problemen der Finanzierung. Die Faszination «Afrika» jedoch bleibt.

Als sie schließlich zufällig in einer Zeitschrift das Bild eines Kriegers der *Nuba*, einer sudanesischen Volksgruppe, entdeckt, bricht die fast Sechzigjährige erneut auf. Ihr Ziel: die Nuba finden und fotografieren. 1962 ist es tatsächlich so weit. Leni Riefenstahl begegnet einem der über einhundert in den Nubabergen im Sudan lebenden Stämme. Sie bleibt mehrere Wochen dort, lebt unter den Nuba und belichtet über 200 Filme. Von nun an kehrt sie alle zwei Jahre zu den Nuba zurück, lernt sogar deren Sprache und lebt jeweils für mehrere Wochen als Mitglied der Dorfgemeinschaft unter ihnen. 1969 veröffentlicht sie dann die ersten Bilder als Fotostrecke im *Stern* – ein durchschlagender Erfolg. Es ist der Startschuss für ihre vierte Karriere, diesmal als Fotografin. Riefenstahl reist immer wieder in den Sudan und veröffentlicht in den sechziger und frühen siebziger Jahren mehrere Bildbände mit ihren Afrikafotografien. Ihr Ansehen in Deutschland und den USA steigt wieder, ihre Arbeiten werden wiederholt ausgezeichnet. Für ihre Verdienste um den Sudan wird ihr 1973 dessen Staatsbürgerschaft verliehen, 1977 gar die höchste Ehrung des Landes. Dennoch wird ihr Werk weiterhin kritisch rezipiert. Die Darstellung der muskulösen, kraftvollen Körper der Nubakrieger erinnert an ihre frühen Filme. Sie fotografiert bewusst nur junge, starke Menschen, die alten, kranken und schwachen ignoriert sie. Riefenstahl selbst beteuert wieder, von ausschließlich künstlerischen und ästhetischen Motiven geleitet zu sein, doch Kritiker sehen immer wieder Parallelen zu den menschenverachtenden ästhetischen Idealen des Nationalsozialismus.

19. Worin lag die Bedeutung Albert Schweitzers für Afrika?

Albert Schweitzer ging als «Urwaldarzt» in die Geschichte ein. Er errichtete 1913 ein Krankenhaus in einer Missionsstation in Lambarene (Gabun). Damit legte er einen Grundstein für die moderne Entwicklungshilfe. Doch Schweitzer war nicht nur Arzt; er war auch Theologe, Philosoph, Orgelkünstler – und einer der bedeutendsten humanistischen Denker seiner Zeit. Für sein humanitäres Werk wurde er mit dem Friedensnobelpreis für das Jahr 1952 ausgezeichnet.

Albert Schweitzer wird 1875 im Elsass, damals Teil des deutschen Kaiserreichs, als Sohn eines Dorfpfarrers geboren. 1893 beginnt er in Straßburg das Studium der Theologie und Philosophie, außerdem studiert der hochmusikalische Schweitzer in Paris Orgel. An Pfingsten 1896 fasst er den Entschluss, sein Leben völlig der Nächstenliebe zu widmen und von seinem dreißigsten Lebensjahr an einen Beruf auszuüben, der unmittelbar den Menschen dient. Doch zunächst widmet er sich weiter seinen Studien, promoviert in beiden Fächern und wird 1902 nach seiner Habilitation Dozent für evangelische Theologie an der Universität Straßburg. Ab 1900 ist er ferner Vikar an der Kirche St. Nicolai, ebenfalls in Straßburg.

1905 verkündet er öffentlich, dass er beschlossen habe, Medizin zu studieren, um Arzt in Äquatorialafrika zu werden.

1913 ist es schließlich so weit: Albert Schweitzer bricht nach Afrika auf. Er ist 38 Jahre alt und dreifach promoviert sowie Professor der Theologie. Außerdem hat er sich als Orgelinterpret und Musikforscher einen Namen gemacht. Seit 1912 ist er mit Helene Bresslau verheiratet. Sie hat sich als Krankenschwester ausbilden lassen und begleitet ihren Mann. Am 16. April 1913 treffen Albert und Helene Schweitzer schließlich in dem kleinen Urwaldort Lambarene im westafrikanischen Gabun ein. Als Behandlungsraum dient anfangs ein alter Hühnerstall. Unterstützt wird Schweitzer neben seiner Frau nur von einem Einheimischen, der Französisch spricht und so auch als Dolmetscher fungiert. Schon bald sind täglich bis zu vierzig Patienten zu behandeln; eine Wellblechbaracke als neuer Behandlungsraum und mehrere Bambushütten für die Kranken entstehen.

1917 holt der Erste Weltkrieg Albert Schweitzer ein. Er und seine Frau, nach wie vor deutsche Staatsbürger, werden nach Frankreich in ein Gefangenenlager für zivile Internierte gebracht. Als sie ein Jahr später freikommen, kehren sie ins Elsass zurück. Schweitzer arbeitet als Arzt und Vikar, unternimmt Vortragsreisen und gibt Orgelkonzerte, um genügend Geld für eine Rückkehr nach Lambarene zu sammeln. Erst 1924 kann er schließlich nach Afrika zurückkehren, jedoch ohne seine an Tuberkulose erkrankte Frau Helene. Er findet die Missionsstation nahezu völlig zerstört vor. Doch davon lässt Albert Schweitzer sich nicht entmutigen. Er beginnt unbeirrt mit dem Wiederaufbau. Mit der Zeit wird sein Krankenhaus immer größer, einige Ärzte und Krankenschwestern unterstützen ihn mittlerweile vor Ort. Es entstehen ein eigenes Dorf für Leprakranke und immer weitere Unterkünfte für die Patienten. Das Besondere an Schweitzers Krankenhaus ist, dass er es den Menschen in Afrika und deren Gewohnheiten und Bräuchen anpasst. So leben in den meisten Fällen die Angehörigen der Kranken mit ihnen in den Hütten und helfen bei ihrer Versorgung und Pflege. Immer wieder muss Albert Schweitzer seinen Aufenthalt in Lambarene unterbrechen, um in Europa mit Konzerten, Buchveröffentlichungen und Vorträgen Geld für den Unterhalt des Hospitals zu verdienen. In den fünfziger Jahren wird ihm viel öffentliche Aufmerksamkeit zuteil, er erhält mehrere Auszeichnungen. Schweitzer engagiert sich öffentlich gegen die atomare Rüstung, für den Frieden und den Schutz der Umwelt. «Ehrfurcht vor dem Leben», das ist sein Motto.

Über ein Dutzend Mal reist er zurück nach Lambarene, seine Aufenthalte dauern zwischen wenigen Monaten und fast zehn Jahren. Im Laufe der Jahre können dank einer verbesserten Infrastruktur Kranke aus dem ganzen Land das Hospital erreichen. Neue Zugangsstraßen und ein Flughafen entstehen. Etliche Ärzte und Schwestern aus Europa nutzen ihre Ferien, um in Afrika unentgeltlich zu helfen. Albert Schweitzer stirbt am 4. September 1965 in Lambarene. Sein Krankenhaus gibt es noch immer. Heute werden dort pro Jahr mehrere Tausend Patienten versorgt.

20. Welche Bedeutung hatte Gamal Abdel Nasser für Afrika?
Gamal Abdel Nasser, ägyptischer Präsident von 1954 bis 1970, war ein Symbol der Unabhängigkeit sowie des Widerstands gegen europäischen Kolonialismus und westlichen Imperialismus. Diesen Status erlangte er nicht zuletzt in seiner Rolle als Anführer der panarabischen Bewegung, deren Ziel ein gemeinsames politisches Handeln der arabischen Staaten war, und als Pionier der Bewegung der Block-

Haile Selassie I.
(1892–1975), letzter
Kaiser von Äthiopien,
1930

freien Staaten *(Non-Aligned Movement)*, die sich zu Zeiten des Kalten Krieges keinem bestehenden Militärbündnis angeschlossen hatten. Das Hauptanliegen der Gründerväter der Blockfreien – Jawaharlal Nehru aus Indien, Präsident Sukarno aus Indonesien, Präsident Kwame Nkrumah aus Ghana, Präsident Tito aus Jugoslawien und Gamal Abdel Nasser – war es, nicht in die Wirren des Kalten Kriegs verstrickt zu werden oder als Spielball der Großmächte zu agieren. Heute sind alle afrikanischen Staaten Mitglied des Non-Aligned Movement, mit Ausnahme der Westsahara. Die Wirkungsmacht der panarabischen Bewegung war demgegenüber aus kulturellen und historischen Gründen in Nordafrika stärker.

Nach seiner Machtergreifung 1954 verhandelte Nasser erfolgreich mit Großbritannien über den Abzug der britischen Truppen vom Sueskanal – immerhin ein Kontingent von 80 000 Mann. Zudem weigerte sich Nasser, einem von den USA geführten Verteidigungsbündnis beizutreten. Für Aufsehen sorgte ferner, dass Nasser das

Waffenlieferungsmonopol der westlichen Mächte im Nahen Osten missachtete und Waffen aus der Tschechoslowakei bezog.

Die Gelder aus der «Nationalisierung» des Sueskanals verwendete Nasser, um den Bau des Assuan-Staudamms zu finanzieren, der den Nil in Südägypten zum sogenannten Nasser-See aufstaut, wovon Energie- und Landwirtschaft Ägyptens profitieren sollten. 1956 verstaatlichte Nasser den strategisch wichtigen Sueskanal, der bis dahin von einer Kanalgesellschaft verwaltet worden war, in der britische Vertreter die meisten Anteile hielten; dadurch wurde die Sueskrise ausgelöst. Großbritannien und Frankreich waren besorgt, da sie ihren Zugang zum Öl in dieser Region gefährdet sahen. Frankreich war zudem beunruhigt, da man dort vermutete, dass Nasser den algerischen Widerstand gegen Frankreich finanzierte. Israel wiederum fühlte sich durch den antiisraelischen Kurs Nassers und durch die ägyptische Aufrüstung bedroht; zudem verhängte Nasser ein Schifffahrtsverbot für israelische Schiffe im Sueskanal. Am 29. Oktober 1956 eskalierte die Situation, und es kam zum Krieg. Doch obwohl Großbritannien, Frankreich und Israel Ägypten militärisch besiegten, gelang es ihnen nicht, das Regime zu stürzen; ja, sie sahen sich sogar gezwungen, auf Druck der USA, die weder die Drittweltländer der Region im Kalten Krieg verprellen noch einen militärischen Konflikt mit der Sowjetunion wollten, die ihrerseits mit einer Intervention drohte, sich vom Sueskanal zurückzuziehen. So ging Nasser als politischer Sieger des Konfliktes hervor und war fortan ein Held in der arabischen Welt und ein angesehener Staatsmann Afrikas, der es geschafft hatte, den Weltmächten erfolgreich zu widerstehen. Nasser verstand es auch im Weiteren geschickt, sein Land im Kalten Krieg zu positionieren und die Großmächte gegeneinander auszuspielen. 1958 unternahm Nasser den Versuch, den Panarabismus auf eine neue Stufe zu heben und Ägypten mit Syrien zum Einheitsstaat der Vereinigten Arabischen Republik zu vereinigen, der jedoch bereits 1961 zerbrach, auch wenn Ägypten diese Bezeichnung noch bis 1971 beibehielt. Doch blieb der Panarabismus als politische Idee weiter lebendig und war eine Inspiration für viele Revolutionen jener Zeit wie etwa jener des Oberst Gaddafi in Libyen (1969).

Nassers Bemühungen um eine panarabische Allianz sollten allerdings auch gravierende außenpolitische Auswirkungen haben. So wurde im Nachgang der Sueskrise das Grenzgebiet zwischen Ägypten und Israel, der Sinai, entmilitarisiert und durch UN-Friedenstruppen gesichert. Der Sueskanal blieb für den freien Verkehr nach Europa und Israel geöffnet. Am 15. Mai 1967, dem Jahrestag der Staatsgründung Israels, wollte Nasser diesen als Demütigung empfundenen Schutz Israels durch die internationale Gemeinschaft nicht länger hinnehmen. Er ließ den Sinai von der Armee besetzen und drohte Israel mit dem totalen Krieg. Weitere Eskalationsschritte, bei denen sich Syrien, Jordanien und Irak dem arabischen Bruderstaat Ägypten anschlossen, führten am 5. Juni 1967 zu einem militärischen Präventivschlag des bedrohten Israel. Innerhalb weniger Tage brachten die Israelis den Gazastreifen, die Sinai-Halbinsel, das Westjordanland, Ostjerusalem und schließlich die Golanhöhen unter ihre Kontrolle. Dieser kurze Krieg zwischen der arabischen Militärallianz und Israel ging als Sechstagekrieg in die Geschichte ein und sollte das Verhältnis zwischen Israel und seinem nordafrikanischen Nachbarstaat nachhaltig prägen.

Doch Nassers Einfluss beschränkte sich eben nicht auf die arabische Welt, sondern er galt dank seiner Erfolge und seines Auftretens in der Weltgemeinschaft auch in vielen afrikanischen Staaten als Vorbild im Kampf für Eigenständigkeit und Selbstbestimmung. So wurde er auch neben dem ghanaischen Politiker und Präsidenten Kwame Nkrumah (1909–1972) und dem äthiopischen Kaiser Haile Selassie I. (1892–1975) Exponent des panafrikanischen Gedankens, auf dessen Grundlage 1963 die *Organisation für afrikanische Einheit* in Addis Abeba gegründet wurde, die 2001 von der Afrikanischen Union abgelöst wurde. Ziel beider Organisationen war und ist es, die Einheit Afrikas zu fördern und der Stimme Afrikas im internationalen Konzert größeres Gewicht zu verleihen.

21. Wie war Kaiser Haile Selassie mit der Königin von Saba verwandt? Die sagenumwobene Königin von Saba erscheint im Alten Testament im Ersten Buch der Könige im zehnten Kapitel, aber auch im Neuen Testament in Matthäus 12 und Lukas 11 sowie im Koran in der Sure 27 – dort heißt sie allerdings Balkis. Ferner findet sich ein Hinweis auf sie in jüdischen Texten – den Targumim.

Wenn man den Quellen glauben darf, lebte sie zur Zeit König Salomos, doch ein endgültiger Beweis ihrer Historizität fehlt. Legenden ranken sich um ihren Besuch bei König Salomo, dem Sohn des

Königs David. Im Buch der Könige findet sich nur wenig über die eigentliche Begegnung zwischen dem König Salomo und der Königin von Saba. Ausführlich mit den Ereignissen um diese Begegnung beschäftigt sich jedoch das äthiopische Buch «Kebra Negest»: Makeda, wie die Königin von Saba dort heißt, soll den König durch ihre Schönheit und Intelligenz beeindruckt haben. Es heißt, sie wurde von dem König verführt, der zudem auch eine ihrer Bediensteten verführt haben soll. Beide Frauen sind jedenfalls bei ihrer Rückkehr aus Israel schwanger. Die Königin bringt einen Sohn zur Welt, der nach seinem Großvater, König David, benannt wird; in den Geschichtsbüchern erscheint er als Menelik I. Die Angehörigen der äthiopischen *Zagwe-Dynastie*, die 1270 verdrängt wurde, haben für sich in Anspruch genommen, Nachkommen der schwangeren Bediensteten zu sein.

Als Menelik schließlich den Thron von seiner Mutter übernahm, tat er das nicht als König, sondern als erster König aller Könige, als Negusa Negest, als Kaiser Menelik I. Er begründet die Salomonische Dynastie in Äthiopien, die dort mit wenigen Unterbrechungen bis 1974 geherrscht hat. Haile Selassie ließ 1931 diese Herkunft in die Verfassung des Landes aufnehmen.

22. Weshalb saß Nelson Mandela 27 Jahre im Gefängnis? Nelson Mandela verbrachte 27 Jahre seines Lebens als politischer Gefangener in Haft. Er war eine der wichtigsten Führungsfiguren im Kampf gegen die Apartheid und wurde nach deren Ende der erste schwarze Präsident Südafrikas. Heute wird er in einem Atemzug mit Personen wie den beiden Führern der US-amerikanischen Bürgerrechtsbewegung Martin Luther King (1929–1968) oder Malcolm X (1925–1965) genannt – als Symbolfigur für den Kampf gegen die Unterdrückung der schwarzen Bevölkerung auf der ganzen Welt.

Mandela wird am 18. Juli 1918 in dem kleinen Dorf Mvezo in Südafrika als Rolihlahla Dalibhunga Mandela geboren. Dem Namen «Rolihlahla» sollte er noch alle Ehre machen, er bedeutet ungefähr so viel wie «Unruhestifter». Den britischen Namen Nelson bekommt er erst bei seiner Einschulung.

Schon als junger Jurastudent ist Nelson Mandela politisch aktiv und engagiert sich gegen die zunehmende Unterdrückung der schwarzen Bevölkerung in Südafrika. Er tritt dem *African National*

Congress (ANC) bei, der wichtigsten politischen Organisation der schwarzen Südafrikaner. 1944 ist er wesentlich am Aufbau des Jugendverbandes des ANC, der *African National Congress Youth League* (ANCYL) beteiligt und wird wenige Jahre später auch deren Präsident. Mit der Verschärfung der Rassentrennung wird der ANC immer mehr zur Massenbewegung des Widerstands und Mandela zu einem seiner wichtigsten Führer. Er und seine Mitstreiter rufen öffentlich zu zivilem Ungehorsam auf, halten Reden gegen die Gesetze der weißen Minderheitenregierung, organisieren Streiks und Demonstrationen. Die Konsequenz für sein Engagement sind massive Repressalien «von oben», Mandela wird mehrfach für kurze Zeit verhaftet. 1956 wird er zusammen mit 155 weiteren ANC-Aktivisten wegen Hochverrats angeklagt; der Prozess zieht sich bis 1961 hin, endet aber schließlich mit einem Freispruch. Als man gegen ihn Anklage erhob, war Nelson Mandela noch überzeugter Verfechter des gewaltlosen Widerstandes. Das ändert sich im März 1960: Beim sogenannten Massaker von Sharpeville werden unbewaffnete Demonstranten von der Polizei erschossen. Kurz darauf werden der ANC sowie andere oppositionelle Gruppierungen von der Regierung verboten. Von nun an akzeptiert Mandela auch einen gewaltsamen Kampf. Er und seine Mitstreiter operieren jetzt aus dem Untergrund.

1961 entsteht ein militärischer Flügel des ANC mit Nelson Mandela als Anführer, *Umkhonto We Sizwe* (Zulu für «Speer der Nation», abgekürzt: MK). Diese Gruppe führt von nun an einen bewaffneten Kampf gegen die Regierung. Die Infrastruktur des Feindes soll zerstört werden. Ihre Ziele sind Regierungsgebäude, Passstationen, Polizeiwachen.

Nach nur wenigen Monaten des Kampfes wird Mandela 1962 verhaftet und zu fünf Jahren Gefängnis verurteilt. Zwei Jahre später werden alle weiteren Führungsmitglieder des MK bei einer Großrazzia gefasst und verhaftet. In einem acht Monate dauernden Prozess werden sie alle wegen Planung des bewaffneten Kampfes zu einer lebenslangen Gefängnisstrafe verurteilt, und der bereits inhaftierte Nelson Mandela mit ihnen. Er und sechs weitere Verurteilte werden auf die berüchtigte Gefängnisinsel Robben Island, etwa zwölf Kilometer vor Kapstadt im Atlantik, gebracht. Der Kampf der Anti-Apartheid-Bewegung dauert noch fast drei Jahrzehnte. Mandela verbringt einen Großteil dieser Zeit auf Robben Island, erst 1982 wird er in ein anderes Gefängnis verlegt. Als ihm 1985 eine Freilassung angeboten wird, lehnt er diese ab. Die daran geknüpfte Bedingung, auf den bewaffneten Kampf zu verzichten, kann er nicht akzeptieren. Mandela ist nach wie vor von der Richtigkeit seines Handelns überzeugt.

In den folgenden Jahren spitzt sich die Lage in Südafrika zu und rückt verstärkt in den Fokus des internationalen Interesses. Damit wächst auch der Druck der Weltöffentlichkeit, Mandela freizulassen. Am 11. Februar 1990 verlässt Nelson Mandela schließlich als 72-Jähriger das Gefängnis – nach 27 Jahren. Der damalige Staatspräsident Frederik Willem de Klerk hatte den Befehl zu seiner Freilassung gegeben und gleichzeitig das Verbot des ANC aufgehoben. Mandela will von Rache nichts wissen, sondern spricht sich noch am selben Tag in einer Rede vor 120 000 Menschen für eine Versöhnung mit der Regierung aus. Er propagiert das Ziel eines freien, demokratischen und geeinten Südafrika ohne Rassentrennung. Für seine Politik der Versöhnung erntet Mandela weltweit größte Bewunderung und Respekt. 1994 schließlich gewinnt der ANC die ersten freien Wahlen mit einer überwältigenden Mehrheit, und Nelson Mandela wird am 9. Mai vom Parlament zum ersten schwarzen Präsidenten Südafrikas gewählt. Ab dem Ende seiner Präsidentschaft 1999 setzt sich Nelson Mandela für zahlreiche Menschenrechtsorganisationen ein. Er erhielt bis heute für sein Engagement eine Reihe von internationalen Preisen – 1993 den Friedensnobelpreis. Mandela starb am 5. Dezember 2013 in Johannesburg.

23. Wofür wurde Desmond Tutu mit dem Friedensnobelpreis ausgezeichnet? Desmond Tutu ist eine weitere Schlüsselfigur der Anti-Apartheid-Bewegung. Für sein Engagement erhielt der anglikanische Erzbischof 1984 den Friedensnobelpreis. Desmond Mpilo Tutu wird am 7. Oktober 1931 in Klerksdorp, Südafrika, geboren. Der Sohn eines Lehrers will eigentlich unbedingt Arzt werden, doch seine Eltern können sich die teure Ausbildung nicht leisten, und so tritt er in die Fußstapfen seines Vaters und wird ebenfalls Lehrer. Doch als er kaum ein paar Jahre in diesem Beruf gearbeitet hat, erlässt die südafrikanische Regierung ein Gesetz, nach dem schwarze Kinder eine schlechtere Ausbildung bekommen sollen als weiße. Zu dieser Zeit ist das Apartheidregime schon fast zehn Jahre an der Macht, und die Unterdrückung der schwarzen Bevölkerung wird immer massiver. Die Vorstellung, dem Wissen seiner Schüler bewusst Schranken zu setzen, widerstrebt Tutu zutiefst. So hängt er den Lehrerberuf nach nur kurzer Zeit an den Nagel und wird 1961 Priester. Doch auch als solcher wendet er sich nicht von weltlichen Dingen ab, sondern wird im Gegenteil politisch immer aktiver.

Seit den frühen Siebzigern nutzt Desmond Tutu jede Gelegenheit, um auf die Situation der schwarzen Bevölkerung in Südafrika aufmerksam zu machen. In seinen Reden, Predigten und Vorträgen weist er unermüdlich immer wieder darauf hin, dass die Apartheidideologie nicht vereinbar ist mit den Werten des Christentums. 1975 wird Tutu als erster schwarzer Afrikaner Dekan von Johannesburg. In dieser Funktion schreibt er einen verzweifelten Brief an den damaligen südafrikanischen Premierminister John Vorster, um auf die angespannte und gefährliche Lage in seinem Land hinzuweisen. Doch der Brief führt zu keiner Reaktion, und die Situation verschlimmert sich zusehends, der Kampf gegen die Apartheid wird immer gewalttätiger. Auch davor hatte Tutu, selbst Pazifist, stets gewarnt. Er erkennt, dass der einzige Weg, seiner Sache bei der Regierung Gehör zu verschaffen, internationaler Druck ist. Auf seinen Auslandsreisen fordert er zum Wirtschaftsboykott gegen sein Land auf.

1976 wird Desmond Tutu Bischof von Lesotho und 1978 Generalsekretär des südafrikanischen Kirchenrates. Jetzt hat er die Bischöfe fast aller Kirchen Südafrikas hinter sich; das verschafft ihm wesentlich mehr politisches Gewicht. Tutu ruft die Bevölkerung zum Widerstand auf. Dabei sind ihm alle gewaltfreien Mittel recht: Kundgebungen, Demonstrationen, ziviler Ungehorsam.

Weiterhin appelliert er in zahlreichen Publikationen und Reden in Südafrika und weltweit für eine Aussöhnung der weißen und schwarzen Bevölkerung Südafrikas. Außergewöhnlich ist, dass er auch die weiße Bevölkerung anspricht. Tutu argumentiert, es ginge ihm auch um deren Freiheit. Denn, so Tutus These, solange der schwarze Mann nicht frei sei, könne auch der weiße Mann nicht frei sein, da er in ständiger Angst vor dem schwarzen Mann leben müsse. Diese Argumentation verschafft ihm auch bei immer mehr weißen Südafrikanern Akzeptanz und Gehör. Durch die Auszeichnung mit dem Friedensnobelpreis für seinen gewaltlosen Kampf gegen die Apartheid wird Desmond Tutu endgültig zur Symbolfigur der schwarzen

Südafrikaner. Außerdem rückt die innenpolitische Situation seines Landes nun in den Fokus internationaler Aufmerksamkeit. So wird es auch für die Regierung immer schwerer, den charismatischen Freiheitskämpfer zu ignorieren, und schließlich wird Tutu von ihr als Verhandlungspartner anerkannt.

Sein Traum von einer Beendigung der Apartheid wurde nach und nach Wirklichkeit. Nach Jahren der (häufig leider doch blutigen) Unruhen wurden 1994 in Südafrika die ersten allgemeinen Wahlen durchgeführt. Tutus Freund Nelson Mandela wurde der erste Präsident. Desmond Tutu selbst übernahm den Vorsitz der sogenannten Wahrheits- und Versöhnungskommission, die die Verbrechen der Apartheid aufklären und ihre Opfer entschädigen sollte. Diese präsentierte 1998 ihren Abschlussbericht. Bis heute setzt Desmond Tutu sich weltweit für Frieden und Menschenrechte ein.

24. War Kofi Annan ein guter Generalsekretär der Vereinten Nationen? Kofi Annan begann seine Karriere 1962 bei den *Vereinten Nationen* (UNO). Sein beruflicher Weg führte ihn über verschiedene Unterorganisationen der Vereinten Nationen zur *Weltgesundheitsorganisation* (WHO) in Genf, wo er als Verwaltungs- und Budgetreferent beschäftigt war. Später war er für die Wirtschaftskommission der Vereinten Nationen in Addis Abeba, für die Notfallstreitkräfte der Vereinten Nationen in Ismailia und für das Büro des Hohen Flüchtlingskommissars (UNHCR) in Genf tätig. Nachdem er verschiedene Funktionen im Generalsekretariat der UNO wahrgenommen hatte, führte er die Verhandlungen um die Freilassung westlicher Geiseln im zweiten Golfkrieg (1990/91) und leitete das Programm «Öl für Lebensmittel». Gegen Ende des Jugoslawienkriegs (1992–1999) fungierte er als Sonderbeauftragter des Generalsekretariats und wirkte maßgeblich am Zustandekommen des Friedensabkommens von Dayton mit. Darüber hinaus koordinierte er den Übergang der Schutztruppen der Vereinten Nationen (UNPROFOR) im ehemaligen Jugoslawien zur multinationalen Durchführungstruppe (IFOR) unter der Leitung der NATO.

Richard Holbrooke, ehemaliger US-Botschafter bei den Vereinten Nationen und in Deutschland, beschrieb Kofi Annan als den besten Generalsekretär, den die Vereinten Nationen jemals hatten. Dabei durchlebten die Vereinten Nationen stürmische Zeiten, als Annan sein Amt antrat. Als er 1997 das Amt von Boutros Boutros-Ghali übernahm, standen die Vereinten Nationen kurz vor dem Bankrott. Eine seiner Hauptaufgaben war es, das Verhältnis zwischen den Vereinten Nationen und den USA zu kitten, das unter dem ehemaligen UNO-Generalsekretär Boutros Boutros-Ghali aus Ägypten sehr gelitten hatte. Außerdem mussten die Vereinten Nationen das Vertrauen der Öffentlichkeit wiedergewinnen, das nach deren Versagen angesichts der Völkermorde in Bosnien, Ruanda und Somalia erheblich beschädigt war. Der Kurs Kofi Annans konnte also nur in Richtung Reform weisen.

Eine der ersten Amtshandlungen Kofi Annans als neuer Generalsekretär waren drastische Budgetkürzungen im eigenen Haus. Allein im UN-Hauptquartier wurden 1000 der 10 021 Angestellten entlassen, zahlreiche Abteilungen wurden gestrichen oder zusammengelegt. Seine Reformmaßnahmen innerhalb der UNO wurden von den USA sehr begrüßt. Weitergehende Reformvorschläge – wie etwa die Erweiterung des Weltsicherheitsrates von 15 auf 24 Mitglieder – wurden jedoch abgelehnt. Immerhin schien sich das Verhältnis zwischen den USA und den Vereinten Nationen zu entspannen, wurde jedoch während Annans Amtszeit immer wieder auf die Probe gestellt. Nach den Anschlägen vom 11. September 2001 konnte er den fatalen dritten Irakkrieg (Beginn März 2003, Kapitulation irakischer Truppen April 2003, Frieden schwer absehbar) den die Bush-Administration betrieben hatte, nicht verhindern. Obwohl die Ereignisse im Irak seine Amtszeit in der Geschichte der Vereinten Nationen überschatten werden, hat Annan gleichwohl eine große Zahl an Erfolgen vorzuweisen: 1998 unterstützte er den Übergang Nigerias zu einer Zivilregierung. Ein von ihm verfasster Bericht über die Rolle der Vereinten Nationen im neuen Jahrtausend wurde zur Grundlage der *Millennium Development Goals* (MDGs) – der Entwicklungsziele der Menschheit. Darin wurden acht Grundsätze festgelegt, die bis 2015 von 191 Mitgliedern der Vereinten Nationen und zahlreichen internationalen Organisationen umgesetzt werden sollten. Die Millennium Development Goals postulierten die Bekämpfung extremer Armut und des Hungers in der Welt, den Zugang zu primärer Schulbildung, die Gleichstellung der Geschlechter, die Reduzierung der Kindersterblichkeit, die Gesundheit von Müttern, die ökologische Nachhaltigkeit, den Aufbau globaler Partnerschaften für Entwicklung und die Bekämpfung von AIDS und anderen Seuchen. Dem Kampf gegen AIDS verlieh Annan zudem hohe persönliche Priorität und etablierte den Globalen AIDS- und Gesundheitsfonds, in den bis heute fast 36 Milliarden US-Dollar geflossen sind. Die MDGs wurden schließlich durch die unter Annans Nachfolger Ban Ki-Moon 2016 in Kraft getretene Agenda 2030 mit ihren *Sustainable Development Goals* (SDGs) ergänzt und aktualisiert und haben damit noch immer Auswirkungen auf die internationale Politik.

Kofi Annans Amtsführung zeigte allerdings auch Schattenseiten: Hohe UN-Beamte sollen sich am irakischen Öl-für-Lebensmittel-Programm bereichert haben. Dieser schwere Verdacht lastete eine Zeit lang auch auf Annan selbst und seinem Sohn Kojo. Die Anschuldigungen gegenüber Kofi Annan verdichteten sich jedoch nie, so dass die *Sunday Times*, die diese Information in die Öffentlichkeit getragen hatte, im Jahr 2006 diese Meldung nicht länger aufrechterhalten konnte.

Letztlich erscheint Kofi Annan im Lichte der Historie als würdiger Erbe Dag Hammarskjölds (1953-1961), dem wohl größten Generalsekretär der Vereinten Nationen.

Kultur

25. Was war das ägyptische Totenbuch? Beim ägyptischen Totenbuch von einem «Buch» im eigentlichen Sinne zu sprechen ist irreführend. Es handelt sich um eine Sammlung von annähernd 200 Gebeten, Zaubersprüchen und Beschwörungsformeln der alten Ägypter. Diese Texte wurden den Toten mit ins Grab gegeben, meist auf Papyrusrollen, aber auch auf Leder oder Mumienbinden. Die ältesten bisher gefundenen Papyrusfragmente sind 3500 Jahre alt.

Das aus heutiger Sicht Spannende am ägyptischen Totenbuch ist, dass es auf einzigartige Weise Aufschluss über den Jenseitsglauben der alten Ägypter gibt. Nach ihrem Weltverständnis waren die Sprüche des Totenbuchs von größter Bedeutung. Stellten sie doch eine Art «Reiseführer» für den Verstorbenen dar, der ihn sicher auf dem dunklen Weg ins Jenseits begleiten sollte.

Wichtige Themen waren für die Ägypter außerdem die Erhaltung des Leichnams durch Mumifizierung und der Schutz des Toten vor möglichen Gefahren. So enthielten die Schriften Beschwörungsformeln, die dem Toten Schlangen und Krokodile vom Leib halten sollten, oder heilige Sprüche, die seine Versorgung mit Kleidung, Nahrung und Wasser sichern halfen. Andere Texte sollten dem Verstorbenen das Wohlwollen der Götter garantieren und dafür sorgen, dass er unversehrt unter ihnen «leben» könne. Auch ganz pragmatische Informationen wurden den Toten auf diese Weise mit auf den Weg gegeben, zum Beispiel die Namen der Wächter zum Tor des Jenseits. Nur wer sie kannte, konnte hoffen, dass ihm die Pforten geöffnet wurden.

Außerdem enthielten die Papyrusrollen auch noch eine Art «negatives Schuldbekenntnis»: Verbrechen und Schandtaten waren darin aufgelistet, und der Tote versicherte, dass er sich keines dieser Vergehen schuldig gemacht habe. Das Sündenregister reichte von kleinen charakterlichen Unzulänglichkeiten über Eigentumsdelikte bis hin zu Kapitalverbrechen. Die alten Ägypter glaubten, dass der Verstorbene seine Rechtschaffenheit vor einem Totengericht von 42 Richtern bekunden müsse. Es gibt – freilich etwas wilde – Spekulationen, dass die Zehn Gebote des Christentums hier ihr Vorbild haben.

Dass wir heute vom «ägyptischen Totenbuch» sprechen, geht übrigens auf den deutschen Ägyptologen und Sprachforscher Karl Richard Lepsius zurück. Er gab 1842 eine Zusammenstellung der Sprüche unter dem Titel «Totenbuch der alten Ägypter» heraus. Diese Formulierung behielten die Ägyptologen bis heute bei.

26. Was ist das «Herz der Finsternis»? Das «Herz der Finsternis» ist eine meisterhafte Erzählung des britischen Schriftstellers Joseph Conrad. Sie erschien 1899. Zu dieser Zeit war fast der gesamte afrikanische Kontinent unter Kontrolle der Kolonialmächte. Einzig Äthiopien und Liberia blieben unabhängig. Weite Teile Zentralafrikas waren damals noch unerforscht. In den europäischen Köpfen der damaligen Zeit war Afrika ein dunkler, gefährlicher Ort, bewohnt von Wilden. Man berichtete von Kannibalismus und tödlichen Krankheiten. Wer auch immer sich als Entdecker, Missionar, Kolonialbeamter, Arbeiter oder auch als Unternehmer auf diesen Kontinent wagte, musste einen starken inneren Antrieb und gewiss nicht zuletzt auch eine gute Portion Abenteurertum mitbringen. Afrika als solches wurde damals gewissermaßen als das «Herz der Finsternis» gesehen.

Der Kongo ist Ende des 19. Jahrhunderts belgische Kolonie. Elfenbein und Kautschuk sind die bedeutendsten Handelsgüter. Die schwarze Bevölkerung wird durch Zwangsarbeit grausam ausgebeutet, um die Gier nach diesen Rohstoffen zu befriedigen.

In Joseph Conrads Geschichte ist Kapitän Charles Marlow im Auftrag einer Handelsgesellschaft auf dem Kongo-Fluss unterwegs in das Innere des Landes. Dort herrscht auf einem Handelsposten der berühmt-berüchtigte, unglaublich erfolgreiche Elfenbeinhändler Mr. Kurtz. Der Ruf des wahnsinnigen und grausamen, aber genialen Herrschers in der Wildnis, der Kurtz vorauseilt, zieht Marlow regelrecht in seinen Bann. Als sie nach zwei Monaten schließlich aufeinandertreffen, ist Marlow einerseits fasziniert von Kurtz' charismatischer Aura, andererseits aber zutiefst entsetzt von der tatsächlichen Grausamkeit und Menschenverachtung, mit der Kurtz die schwarze Bevölkerung ausbeutet, erniedrigt und quält.

«Dunkle» Begriffe wie Wildnis, Finsternis, Schatten, Grauen, Nebel tauchen in dem Buch immer wieder auf. Sie stehen für die alles beherrschende und zerstörende Kolonialmacht, die in der Figur des Handelsagenten Kurtz personifiziert ist. Trotz seiner Korruptheit und der unfassbaren Grausamkeit, mit der er die Eingeborenen knechtet, gilt Kurtz als Vorbild und wird abgöttisch verehrt.

Joseph Conrad gilt als einer der bedeutendsten Kolonialismuskritiker seiner Zeit. In jüngerer Zeit wird diese Sichtweise jedoch vermehrt hinterfragt, da er andererseits auch «für den rassistischen Blick auf die vom Kolonialismus unterworfenen Anderen» (Hartmut Weber) stehe. Fest steht, dass Conrads Erzählung das teils immer noch vorhandene stereotype Afrikabild in Europa mit geprägt hat. Das «Herz der Finsternis» diente schließlich als literarische Vorlage für Francis Ford Coppolas berühmten Antikriegsfilm «Apocalypse now» (1979).

27. Ist es normal, wenn man in Marrakesch «Stimmen hört»? Die Frage verweist auf den Titel eines 1967 erschienenen Buches von Elias Canetti: «Die Stimmen von Marrakesch». Darin verarbeitete der Autor die Eindrücke einer Marokkoreise, die er in den fünfziger Jahren gemacht hatte.

Es sind Momentaufnahmen, skizzenhafte Aufzeichnungen, Beschreibungen der Wahrnehmungen und Eindrücke, die Canetti während seiner Reise in der marokkanischen Großstadt zutiefst faszinierten. Fremdartige Stimmen und Gerüche, wuselnde Menschenmassen und feilschende Händler auf bunten Märkten ... Canetti beschreibt aber nicht nur den «Zauber des Orients», das Schöne, Märchenhafte, sondern auch jene Erfahrungen, die ihn erschüttern oder nachdenklich machen. In insgesamt 13 Erzählungen beschreibt er seine Erlebnisse. Die einzelnen Episoden sind jeweils abgeschlossen, verschiedene Querverweise und Übergänge halten das Buch als Ganzes zusammen.

28. Welche Besonderheiten hat die afrikanische Küche? Die Speisegewohnheiten in den Maghrebländern sind von der arabischen Küche geprägt. Sie hat sich jedoch mit den teils uralten Speisetraditionen der Berber, Phönizier, Karthager und der Wüstenvölker wie zum Beispiel der Tuareg vermischt. Marokko hat vielleicht die ergiebigste Küche aller Maghrebländer. Zu den typischen marokkanischen Spezialitäten zählt *Tajine* – ein Schmorgericht aus Huhn, Lamm oder Fisch mit Gemüse. Der Name leitet sich von einem speziellen Tongefäß – der Tajine – ab, in dem das Gericht gekocht wird. *Harira* hingegen ist eine Suppe aus Hülsenfrüchten; als *Meshwi* wird über Holzkohle gegrilltes Lamm- oder Hammelfleisch auf Spießen gereicht; *Merguez* sind pikante Bratwürste; *Couscous* hat (Hartweizen-)Grießkügelchen als Grundlage, die mit verschiedenen kräftigen Saucen und Beilagen serviert wird; und *Pastilla* schließlich ist eine süße oder herzhaft gefüllte Blätterteigpastete. Natürlich spielen Gewürze eine essenzielle Rolle in der marokkanischen Küche. Darüber hinaus darf der gesüßte Minztee – hier wie überall in der arabischen Welt und auch in vielen afrikanischen Ländern – als beliebtes marokkanisches Getränk nicht vergessen werden.

Eine eigenständige Entwicklung hat die äthiopische und eritreische Küche genommen. Grundlage dieser Küche bildet ein aus Sauerteig gebackenes Fladenbrot mit dem Namen *Injera*. Injera wird mit zahlreichen Eintöpfen gereicht, die *Wot* heißen. Wots werden hauptsächlich aus Rind, Huhn und Lamm gekocht. Es gibt aber auch eine Vielzahl von vegetarischen Eintöpfen, deren Grundlage Okraschoten, Spinat, Saubohnen oder Linsen bilden. Fast alle Gerichte sind sehr pikant und werden mit *Berbere* gewürzt – einer scharfen Mischung aus Chilischoten, Ingwer, Gewürznelken, Piment, Koriander und anderen Ingredienzen.

Die westafrikanische Küche ist dagegen weniger ausgereift. Sie bedient sich im Wesentlichen der Grundnahrungsmittel aus dieser Region – Manjok, Mais, Kochbananen und Fisch. Ein einfacher Getreidebrei ist wegen der Armut der Bevölkerung in diesem Teil Afrikas gewissermaßen das «tägliche Brot».

Der Einfluss der ehemaligen Kolonialherren macht sich vor allem in der Küche des südlichen Afrika bemerkbar. So trifft man in Namibia noch heute auf Schwarzwälder Kirschtorte, Eisbein und Sauerkraut. Auch die Vielfalt an Brotsorten geht auf die ehemals deutschen Siedler zurück. In der angolanischen und mosambikischen Küche werden nicht zuletzt Lebensmittel verwendet, die der portugiesischen Küche entstammen. Ein eher fader Ruf eilt der Küche in Simbabwe voraus, die stark von den Engländern geprägt wurde ... Interessanter wird es da schon in den klassischen Einwandererländern wie Südafrika, Lesotho und in Inselstaaten wie Madagaskar oder den Seychellen. Die Seychellen erfreuen mit einer überwiegend kreolischen Küche, während auf Madagaskar der Einfluss der französischen Küche spürbar ist. Die Kochkultur in den Staaten an der Südspitze Afrikas hingegen erweist sich als ein wilder Mix aus afrikanischer, europäischer, indischer, malayischer sowie karibischer Küche. Die südafrikanische Nouvelle Cuisine versucht auch traditionelle Gerichte der San oder Khoikhoi in ihr Repertoire zu integrieren. Letztlich bleibt festzustellen, dass es keine Einheitsküche in Afrika gibt und die kulinarische Landschaft genauso vielfältig ist wie der Kontinent selbst.

29. Wie verbreitet sind TV und Handy in Afrika? Die Geschichte des Fernsehens beginnt in den meisten afrikanischen Ländern mit ihrer Unabhängigkeit in den sechziger Jahren. In manchen Staaten wie Kamerun oder Mosambik mussten die Menschen bis in die späten achtziger Jahre auf ein Fernsehprogramm warten.

Dass es heute in jedem afrikanischen Land zumindest einen Fernsehsender gibt, heißt aber noch lange nicht, dass auch ein Großteil der Bevölkerung Zugang zum Programm hat. In ländlichen Gegenden scheitert es meistens schon an der fehlenden Stromversorgung. Außerdem sind die Anschaffungskosten für einen Fernseher vor allem für die Landbevölkerung meist viel zu hoch. Die meisten Afrikaner können sich schlicht keinen Fernseher leisten. Im subsaharischen Afrika, also südlich der Sahara, haben gerade einmal 40 Prozent der Haushalte ein Empfangsgerät. In den nordafrikanischen Ländern und in Südafrika sind die Zahlen allerdings wesentlich höher.

Doch es mangelt nicht nur an den Empfangsmöglichkeiten, auch die Qualität des Fernsehens lässt zu wünschen übrig: Bis heute ist ein Großteil der existierenden Sender staatlich – zu groß ist die Angst vieler Regierungen vor kritischer Berichterstattung. So gibt es bei vielen afrikanischen Sendern oft ausschließlich Regierungspropaganda, Sport und romantische Seifenopern zu sehen. Auch sind die Studio- und Produktionskosten zu hoch, und es gibt zu wenig gut ausgebildete Journalisten.

Das wichtigste und beliebteste Medium in Afrika ist das Radio. Seine Vorteile gegenüber dem Fernsehen liegen auf der Hand: Die Geräte sind mobil und günstig, außerdem gibt es im Vergleich zum Fernsehen in den meisten Ländern viele lokale und private Sender, die auch in den Lokalsprachen senden und traditionelle Musik spielen.

Im Gegensatz zum Fernsehen erlebt der Mobilfunk in Afrika etwa seit der Jahrtausendwende einen großen Boom. Das mag im ersten Moment überraschen, die Gründe dafür liegen aber eigentlich auf der Hand: Das Festnetztelefon wurde in Afrika nie flächendeckend etabliert. Die Verlegung und Instandhaltung des Kabelnetzes ist schlichtweg zu teuer. Bis heute haben in weiten Teilen Afrikas nur etwa 2 Prozent der Bevölkerung einen Telefonanschluss. Die bestehenden Telefonleitungen in Afrika sind marode, das System ist störanfällig. So ist selbst ein einfaches Ortsgespräch meistens eine Geduldsprobe und letztlich Glückssache.

Diese Situation und die zunehmende Liberalisierung der Telefonindustrie haben die Basis für einen florierenden Mobilfunkmarkt geschaffen. Afrika ist seit Jahren der am schnellsten wachsende Markt auf dem Mobilfunksektor. Durch den Wettbewerb der konkurrierenden Anbieter sind die Preise für Gesprächseinheiten gering. Auch Telefone, oft billige Nachbauten, kann man günstig kaufen.

Hier ein paar Zahlen, um das Ausmaß des Booms zu verdeutlichen: Zwischen 2002 und 2014 stieg die Nutzung von Mobiltelefonen in Teilen Afrikas um das Zehnfache. Schätzungsweise besitzen 600 Millionen Afrikaner ein Handy, während es Mitte der neunziger

Jahre noch so gut wie keine Mobiltelefone in Afrika gab. Die meisten Afrikaner haben übrigens keine Telefonverträge, sondern nutzen die viel günstigeren und flexibleren Prepaidkarten.

Das Handy ist dabei, das soziale und wirtschaftliche Leben in Afrika zu revolutionieren. Es ist mittlerweile nicht nur ein bedeutender Wirtschaftsfaktor, sondern wichtiges Arbeitsgerät, Informations- und Kommunikationsmittel. Einfache Bauern oder Fischer beziehen per Handy Informationen über die aktuellen Marktpreise und können so den Gewinn beim Verkauf ihrer Waren steigern. Auch im Gesundheits- und Schulwesen finden mobile Geräte mittlerweile vielfältig Anwendung. Selbst Geldtransfer per Handy ist inzwischen für die meisten Afrikaner möglich – noch vor einigen Jahren wäre das undenkbar gewesen. So können sie das Schulgeld für ihre Kinder bezahlen, ein Unternehmen gründen oder die Überweisungen ihrer im Ausland lebenden Verwandten überprüfen. Auf dem Land gibt es häufig sogenannte Community Phones: Dahinter verbergen sich Kleinunternehmer, die in Kiosken sitzen und ihre Handys zum Minutenpreis vermieten. Ganze Familien leben davon.

30. Welchen Stellenwert hat das Theater in Afrika? Wie in jeder modernen Gesellschaft ist das Theater in Afrika eine wichtige künstlerische Ausdrucksform und bietet nicht zuletzt auch für kritische Stimmen eine Plattform. Es ist geprägt von der Geschichte des Kontinents und Spiegel politischer und sozialer Entwicklungen.

Daher ist die Bandbreite entsprechend groß. «Theater» beginnt beim traditionellen Tanzspiel, das religiöse oder mythische Ursprünge hat und nur mündlich überliefert wurde. Es ist eine Art interaktives Geschichtenerzählen. Das Publikum ist aktiv am Geschehen beteiligt; außerdem spielen Musik und Tanz eine wichtige Rolle. So ändert sich ein «Theaterstück» auch von Vorstellung zu Vorstellung; durch das Mitwirken der gesamten Gemeinschaft wird der Inhalt immer wieder aktuellen Themen angepasst. Die Handlungsträger sind dabei immer klare, stereotype Rollenbilder: der faule Bauer, der prahlerische Händler, die untreue Ehefrau usw. Diese Form des Theaters hatte in der vorkolonialen Zeit große Bedeutung, es war eine anerkannte Form gesellschaftlicher Kommunikation. So wurden, oft mit Komik und Witz, Probleme öffentlich dargestellt und Missstände angeprangert.

Dieses traditionelle afrikanische Theater gibt es vielerorts noch immer, auch wenn es natürlich in gewisser Weise der heutigen Zeit angepasst ist. In vielen Ländern wird es von der Regierung als eine Art Folklore finanziell unterstützt, auch für den Tourismus ist es vielerorts von Bedeutung.

Das zeitgenössische afrikanische Theater ist einerseits beeinflusst von diesen alten Traditionen, und deshalb spielen Gesang und Tanz in diesem Medium immer noch eine wesentlich größere Rolle als bei uns. Andererseits hat die Kolonialzeit auch hier ihre Spuren hinterlassen. Mit Beginn der kolonialen Herrschaft wurde versucht, das traditionelle Theater auszurotten. Die christlichen Missionare bekämpften es als heidnisch und barbarisch, gefördert wurde fortan nur mehr die Darstellung christlicher Motive. Daher weist das moderne afrikanische Theater heute sowohl Züge des traditionellen Theaters auf als auch durch die Begegnung mit den Europäern bedingte westliche Einflüsse bzw. Elemente des klassischen griechischen Dramas. Theater, wie wir es kennen, aufgeführt von Schauspielern in einem Saal auf einer Bühne nach einem schriftlich fixierten «Plan», findet nur in den urbanen Zentren statt.

Wie auch sonst überall auf der Welt richtet sich das moderne Theater eher an die sogenannte Bildungselite, die ärmere und zumeist weniger gebildete Landbevölkerung hat schon allein aus Gründen der Infrastruktur – mangelnde Verkehrsverbindungen – kaum Zugang zu ihm. Von daher ist der Stellenwert des Theaters in Afrika differenziert einzustufen: In Großstädten und Ländern wie Südafrika und Äthiopien ähneln sowohl die Form des Theaters als auch seine gesellschaftliche Bedeutung und Rolle dem unseren. In ländlicheren, schwächer entwickelten Regionen findet das moderne Theater mehr oder weniger nicht statt. Dafür ist dort das traditionelle Theater – also die oben geschilderten Tanzspiele – von umso größerer sozialer Bedeutung.

31. Welches sind die wichtigsten Bekleidungsformen in Afrika?

Was Kleidung in Afrika generell so interessant macht, ist ihre Vielfalt. Gerade in den Städten kann man eine bunte Mixtur aus moderner und traditioneller afrikanischer Kleidung bewundern. Auf den Straßen wuseln Geschäftsleute in Anzügen, Jugendliche in Jeans und T-Shirts, aber eben auch Menschen in traditionellen Gewändern durcheinander. Natürlich gibt es nicht *die* afrikanische «Tracht»; in verschiedenen Ländern gibt es unterschiedliche Kleidungstraditionen. Daher wollen wir uns in diesem Kontext auf die wichtigsten und am weitesten verbreiteten Bekleidungsformen beschränken.

Das bekannteste Kleidungsstück für Frauen in Ostafrika, vor allem in Kenia, ist die *Kanga*. Dabei handelt es sich um ein einfaches Rechteck aus Baumwollstoff, meist in bunten Farben. Es gibt verschiedene Techniken, eine Kanga zu falten oder zu wickeln; so kann sie als Kleid, Rock oder als Tragetuch für Babys verwendet werden.

Ein klassisches Kleidungsstück für Männer, vor allem in Westafrika, ist der *Dashiki*. Das ist eine Art längeres Hemd, aber ohne Knöpfe, man zieht ihn über den Kopf. Wie die Kanga ist auch der Dashiki oft bunt gemustert. Er hat einen V-Ausschnitt und Ziernähte am Kragen und den Ärmeln. Dazu wird häufig als Kopfbedeckung ein *Kufi* getragen, das ist eine runde Kappe ohne Schirm. Der Kufi ist Teil der Landestracht in vielen westafrikanischen Staaten. Besonders von älteren Männern wird er auch täglich als Statussymbol getragen.

Die am weitesten verbreitete Bekleidungsform für Männer in West- und Nordafrika hat je nach Region viele verschiedene Namen: *Agbada* bei den Yoruba, *K'sa* bei den Tuareg, *Bubu* oder *Grand Boubou* in vielen frankophonen Ländern Westafrikas. Der Grand Boubou ist eine Art Festanzug und besteht aus drei Teilen: einer weiten Hose, einem Dashiki und einem weiten, fast bodenlangen ärmellosen Cape. Ursprünglich wurde er aus Seide gefertigt, heutzutage werden aber immer häufiger Baumwolle oder synthetische Stoffe verwendet. In der Regel sind alle Teile aus dem gleichen Stoff und in der gleichen Farbe; es gibt einfarbige und gemusterte Boubous, oft sind sie mit Stickereien verziert. Meistens wird auch ein passender Kufi dazu getragen.

Ihren Ursprung hat diese Bekleidungsform in den islamisch beeinflussten Regionen Westafrikas, mit den Jahren hat sie sich immer mehr verbreitet. Früher war es Stammesoberhäuptern vorbehalten, den Grand Boubou zu tragen. Heute wird er in leicht abgewandelter Form in einigen Ländern auch von Frauen getragen. Sie tragen eine dem Dashiki ähnliche Bluse, genannt *Buba*, ein passendes Kopftuch und dazu einen Rock, oft einen Wickelrock.

32. Warum spielt der Tanz in Afrika eine so große Rolle? Musik im Allgemeinen und Tanz im Besonderen spielen im afrikanischen Alltagsleben eine überaus bedeutende Rolle. Dabei sind diese beiden hierzulande durchaus getrennten künstlerischen Ausdrucksformen dort eng miteinander verbunden; die eine ist ohne die andere kaum denkbar. In vielen afrikanischen Stammessprachen gibt es sogar nur ein Wort für die beiden Begriffe. Tanzen ist in ganz Afrika ein sehr wichtiger Teil der kulturellen Identität. Und natürlich hat Afrika mit seiner Tanzkultur auch in die westliche Welt hineingewirkt – so sei etwa an die Rumba als bis heute beliebten Gesellschaftstanz erinnert, der aus dem Kongo stammt.

Das sicherlich wichtigste Musikinstrument in Afrika sind die Trommeln. Tanz wird fast immer von Trommeln begleitet, meist auch von Gesang. Bei allen einschneidenden Ereignissen im Leben wird musiziert und getanzt. Es gibt Tanzrituale für alle erdenklichen Zwecke und Gelegenheiten: Es gibt Kriegstänze und Liebestänze, Tänze nur für Männer und nur für Frauen, Tänze zu Begrüßung, Abschied, Geburt, Tod, Heirat, Krankheit, Anrufung der Ahnen oder Götter, Dank für eine gute Ernte und, und, und ... Somit ist das Tanzen in Afrika auch eine religiöse Ausdrucksform, viele Tänze sind durch uralte Mythen und Regeln festgelegt. Dabei wird meist einer genau festgelegten Choreographie gefolgt, dennoch gibt es durchaus auch Raum für Improvisation.

In allen Kulturen ist Tanzen gewissermaßen auch ein Mittel der nonverbalen Kommunikation, besonders zwischen den Geschlechtern. In Afrika gibt es eine Reihe verschiedener Tänze, die einzig diesem Zweck dienen und auf entsprechenden, eigens organisierten Festen getanzt werden. In ganz Westafrika – wo übrigens auch die Wiege des Hip-Hop stand – sind beispielsweise der *Yankadi* und der *Macru* sehr verbreitet, beide sozusagen Verführungstänze. Sie gehören untrennbar zusammen und werden immer nacheinander bzw. abwechselnd getanzt. Wie alle anderen Tänze folgen auch sie einem exakt vorgegebenen Schema: Zu Anfang stehen sich Jungen und Mädchen in zwei langen Reihen gegenüber. Es beginnt mit dem Yankadi, der einen langsamen Rhythmus hat und mit weichen Bewegungen des Körpers getanzt wird. Gefällt einem jungen Mann ein Mädchen, legt er ihr einen bunten Schal um den Hals. Das ist das Zeichen für den Wechsel in den Macru, der viel schneller und mit zahlreichen erotischen Bewegungen getanzt wird. Die Reihen lösen sich auf, die Paare tanzen individuell für sich. Während eines solchen Tanzfestes wird immer wieder zwischen den beiden verschiedenen Rhythmen hin- und hergewechselt. Viele Ehen entstehen auf diese Weise.

Ein weiterer Tanz, der im Leben von Frauen eine große Rolle spielt, ist der *Moribayassa*. Er stammt ursprünglich aus dem westafrikanischen Guinea. Es handelt sich dabei um eine Art Freudentanz. Er wird getanzt, wenn ein großer Herzenswunsch in Erfüllung geht. Ihm geht ein Gelübde voraus, das Frauen, die sich in einer verzweifelten Lage befinden, ablegen. Wenn sie beispielsweise unglücklich verliebt sind, einen unerfüllten Kinderwunsch haben oder sie selbst oder ein geliebter Mensch an einer schlimmen Krankheit leiden, steht oft dieses Gelübde sozusagen als letzte Rettung: «Wenn dieses Schicksal vorübergeht, tanze ich den Moribayassa.» Es ist ein so bedeutungsvolles Gelübde, dass jede Frau es nur einmal in ihrem Leben ablegen kann. Geht dann der Herzenswunsch tatsächlich in Erfüllung, darf die Frau dieses Ereignis ausgelassen feiern. Dazu zieht sie alte, zerrissene Kleider an, sie zeigt ihre nackten Beine, was eigentlich ein Tabubruch ist, und darf sich so verrückt benehmen, wie sie möchte. Begleitet von Trommlern umrundet sie so zum Rhythmus des Moribayassa tanzend und singend mehrmals das Dorf. Die ganze Gemeinschaft feiert dabei mit ihr, Frauen und Kinder folgen ihr und singen mit. Zum Schluss werden die alten Kleider unter einem Mangobaum symbolisch vergraben. In vielen Dörfern heißt dieser Baum auch Moribayassa-Baum.

Es gibt noch unzählige solcher Tanzrituale in der afrikanischen Kultur, wobei jedes Volk, jede Region ihre eigenen traditionellen Tänze hat. Diese hier alle zusammenzutragen wäre unmöglich.

33. Welche Bedeutung hat der Körperschmuck in Afrika? Im Gegensatz zur westlichen Kultur dient der Körperschmuck in Afrika nicht nur der Verschönerung des eigenen Körpers nach individuellem Empfinden oder gängigen Schönheitsidealen und Modetrends. Schmuck hat nicht nur eine lange Tradition auf dem gesamten afrikanischen Kontinent, sondern eine weitaus größere Bedeutung. Tätowierungen beispielsweise gab es schon bei den alten Ägyptern. Es existieren 4000 Jahre alte Mumienfunde, auf denen Forscher Tätowierungen entdeckt haben. Afrika ist also nicht nur die Wiege der Menschheit, sondern auch die Mutter des Körperschmucks.

Natürlich spielen auch in Afrika ästhetische Motive eine Rolle, wesentlich bedeutender sind aber die rituellen und Identität stiftenden Funktionen von Körperschmuck. Er symbolisiert häufig die Zugehörigkeit zu einer bestimmten Gruppe und kennzeichnet den Status innerhalb derselben. Das Anbringen des Schmucks hat meistens Ritualcharakter und versinnbildlicht den Eintritt in eine neue Lebensphase. In diesem Rahmen werden verschiedenste, oft sehr schmerzhafte Initiationsriten für Jungen und Mädchen praktiziert, die den Beginn der Pubertät markieren.

Weit verbreitet ist die sogenannte Skarifizierung, das Einritzen oder Einbrennen von Schmucknarben auf den Körper. Diese Praxis verwenden besonders Völker, auf deren dunkler Haut eine Tätowierung kaum zu sehen wäre. Anzahl und Schnittmuster der Narben geben Aufschluss darüber, zu welchem Stamm oder welcher Familie ihr Träger gehört, ob er verheiratet ist, ob er Krieger oder Hirte ist usw.

Einige für westliche Augen besonders exotische Formen des Körperschmucks sind durch den Tourismus mittlerweile auch zu umstrittener «Berühmtheit» gelangt, so zum Beispiel die sogenannten Lippenteller. Sie sind bei mehreren Stämmen in Äthiopien, Tschad, Tansania und Mosambik verbreitet. Den Frauen wird mit dem Ende der Pubertät die Unterlippe durchbohrt und ein Tonteller eingesetzt. Nach und nach wird der erste Teller durch immer größere gesetzt, so dass sich die Unterlippe immer weiter ausdehnt. Die Tellerlippe gilt bei diesen Stämmen als Schönheitsideal. Je größer der Lippenteller einer Frau, desto höher ihr Status im Clan und desto höher der Brautpreis, den ihr Vater für sie fordern kann. Häufig wird auf gleiche Weise mit den Ohrläppchen verfahren. Es gibt Theorien, dass solche, in unseren Augen entstellenden Traditionen ursprünglich dazu dienten, die Frauen für arabische Sklavenjäger unattraktiv zu machen. Ob das nun stimmt oder eine durch den westlichen Blickwinkel bedingte Annahme ist, sei dahingestellt.

34. Welcher Voraussetzungen bedarf es, in Afrika eine Universität zu besuchen? Fast jedes afrikanische Land hat mindestens eine Universität – Ägypten und Südafrika aber haben zwanzig und mehr

Hochschulen. Dabei handelt es sich nicht ausschließlich um staatliche Institutionen. Die Einschreibequote variiert stark in den verschiedenen afrikanischen Ländern. So beträgt die Quote in Mauritius 46,6 Prozent, während sie in Guinea-Bissau nur bei 3,3 Prozent liegt. In Südafrika sind etwa 970 000 Studierende erfasst, doch nur rund 7 Prozent der Bevölkerung haben einen Hochschulabschluss, in Deutschland liegt die Zahl bei etwa 14 Prozent.

Die Zulassung zu afrikanischen Universitäten erfolgt nach verschiedenen Kriterien. Wie in Europa ist meist ein Abschluss an einer weiterführenden Schule nötig, um an einer Universität zugelassen zu werden. In einigen Ländern werden staatlich organisierte Zulassungstests durchgeführt. Die Bewerbung um Aufnahme an eine Universität kann auch zentral bei einer staatlichen Behörde erfolgen, von der die Zuteilung der Studienanfänger auf die verschiedenen Universitäten vorgenommen wird, was mit dem englischen UCAS-System *(The University & Colleges Admissions Services)* zu vergleichen ist. Mit der Zulassung zum Studium und der Zuweisung eines Studienplatzes können Stipendien für Studierende verbunden sein. Diese Praxis stellt jedoch viele Universitäten vor ein Finanzierungsproblem: Oft können sie angesichts ihrer kleinen Etats die Politik der Vollstipendien kaum umsetzen.

Die Folge der schlechten finanziellen Ausstattung der Universitäten in Afrika wird meist als *brain drain* bezeichnet. Der Ausdruck beschreibt allgemein die Abwanderung gut ausgebildeter Fachkräfte, aber eben auch von Akademikern aus Entwicklungs- in die Industrieländer. Die Ursachen für diese Fehlentwicklung, die zur Abwanderung der intellektuellen Eliten führt, liegen gleichermaßen in verfehlter Hochschulpolitik wie auch in den zahlreichen Krisen in afrikanischen Staaten. Da gut ausgestattete Universitäten im Ausland einen Anreiz gerade für Akademiker darstellen, die keine vergleichbaren Entwicklungschancen für sich in Afrika sehen, schätzt man den daraus resultierenden Verlust an Fachkräften im Allgemeinen und bei Akademikern im Besonderen auf zehn Prozent eines jeden Jahrgangs.

35. Liest man Harry Potter auch in Afrika? Auf der Suche nach afrikanischen Kinderbüchern von afrikanischen Autoren in einer afrikanischen Sprache wird man nur schwer fündig. Meistens stößt man in den Bücherregalen auf Bücher von europäischen Autoren. So wie die Geschichten von Harry Potter. Der Zauberlehrling aus Hogwarts eroberte die Welt im Sturm – und natürlich auch Afrika. Ob als Buch oder als Film – der Erfolg ist überwältigend. Die Bücher wurden in 79 Sprachen übersetzt – in Afrika beispielsweise in Kiswahili und Afrikaans – und verkauften sich weltweit 450 Millionen Mal. Und kein Ende ist in Sicht.

In Afrika gibt es keine lange Tradition von Kinder- und Jugendliteratur. In vorkolonialer Zeit wurden Geschichten eher mündlich tradiert, wurden immer weiterentwickelt und den jeweiligen Umständen in der Welt der Zuhörer von den Erzählern angepasst. In der Kolonialzeit wurden europäische Werke wie *Alice im Wunderland* oder *Schneewittchen und die sieben Zwerge* gelesen. Zu den bekanntesten Kinderbuchautoren der nachkolonialen Zeit gehören Peggy Appiah und Meshack Asare aus Ghana, Teresa Meniru und Kola Onadipe aus Nigeria, Barbara Kimenve aus Uganda und Tololwa aus Tansania; Asares Kinderbuch *Tawai Goes to Sea* wurde übrigens von der UNESCO als das beste Bilderbuch Afrikas ausgezeichnet.

36. Welche Musik spielt man in Afrika? Der Einfluss der afrikanischen Musik auf die amerikanische und europäische Musik ist beachtlich. Gospel, Jazz, Hip-Hop, Rock und Pop sind nur einige Stilrichtungen, die von der afrikanischen Musik beeinflusst wurden bzw. dort ihre Wurzeln finden. Vor allem in den achtziger Jahren erfreute sich afrikanische Musik großer Beliebtheit in Europa und den USA, nachdem afrikanische Künstler an Alben von Musikern wie Peter Gabriel, Paul Simon und David Byrne mitgewirkt hatten.

Doch kann man schwerlich von *dem* Wesen der afrikanischen Musik sprechen; vielmehr gibt es eine Vielzahl von Musiktraditionen in Afrika, die einige gemeinsame Wesensmerkmale aufweisen. Die Wiederholung als Ordnungsprinzip, Vielstimmigkeit und ein gewisser Konversationscharakter im Zusammenwirken von Stimmen, Instrumenten und Melodieführungen lassen sich indes in den meisten afrikanischen musikalischen Traditionen aufzeigen. Will man die musikalischen Stilrichtungen grob einteilen, so erscheint der Süden von *Khoisan*-Musik (Musik der Buschmänner) geprägt, Zentralafrika von der Musik der Bantuvölker und der Norden von der islamischen Musiktradition.

Musik in Afrika wird häufig im Zusammenhang mit religiösen Festen oder Riten gespielt. Solche Musik folgt zumeist festen Regeln: Aufgrund der Vielzahl an religiösen Festen und Riten gibt es auch eine große Anzahl an Musikstücken, die eben wegen ihrer rituellen Bedeutung eher nicht der Improvisation unterliegen. Dies soll jedoch nicht heißen, dass Improvisation in der afrikanischen Musik im Allgemeinen selten wäre.

Musik und Tanz erzählen in Afrika häufig tradierte Geschichten. Soweit Tanz und Musik dazu dienen, die Aufführenden in einen Trancezustand zu versetzen, spielt die Trommel eine besonders wichtige Rolle. Unter dem Schlagwort «Talking Drums» übernehmen bestimmte Rhythmen, Rhythmusfolgen und Klanghöhen eine narrative Funktion in der Überlieferung von Geschichten. Insgesamt sind Trommeln wohl das am häufigsten verwendete Instrument in Afrika und bieten in Größe, Form, Material und Klangfärbung einen enormen Variantenreichtum; doch sind auch andere rhythmusgebende Instrumente beliebt – so zum Beispiel Schlaghölzer, Glocken, Rasseln, Schlitztrommeln, Kürbis-, Ton- und Standfußtrommeln sowie Xylofone. Darüber hinaus kennt die afrikanische Musik aber natürlich auch Saiteninstrumente wie Lauten, Lyren, Harfen und Zither und eine Vielzahl an Blasinstrumenten.

Viele Musikarten, deren Ursprung in Afrika lag oder die von afrikanischer Musik beeinflusst wurden, fanden ihren Weg auch wieder zurück nach Afrika. Die Gruppe *Black Noise*, ein internationaler Vertreter des Hip-Hop, bietet dafür ein sinnfälliges Beispiel. Überhaupt hat Afrika immer wieder musikalische Größen hervorgebracht, deren Bekanntheitsgrad weit über die Grenzen des Kontinents hinausreicht. Zu ihnen zählen der Erfinder des nigerianischen Afro-Beats, Fela Anikulapo Kuti, der senegalesische Sänger Youssou N'Dour und nicht zuletzt die großartige Sängerin Miriam Makeba.

37. Ist afrikanische Kunst primitiv? Um diese Frage hinreichend zu beantworten, müssen erst einmal zwei Dinge geklärt werden: erstens, was afrikanische Kunst von europäischer unterscheidet, und zweitens, was in diesem Zusammenhang unter dem Begriff «primitiv» zu verstehen ist.

Der bedeutendste Unterschied ist wohl, dass in Afrika Kunst als Selbstzweck kaum vorkommt. Somit ist auch das Selbstverständnis des Künstlers ein völlig anderes. Er versteht sich nicht als jemand, der etwas schafft, um sich selbst auszudrücken, ein Kunstwerk im engsten Sinn also, sondern eher als Handwerker, der je nach Auftrag eine Figur, eine Maske oder was auch immer zu einem bestimmten Zweck anfertigt. Die Bedeutung der Malerei tritt in Afrika hinter anderen künstlerischen Ausdrucksformen zurück; die mit Abstand wichtigste Kunstform ist die Plastik. Skulpturen, Masken und Figuren, meistens aus Holz, spielen eine bedeutende Rolle. Sie werden beispielsweise als Schutz gegen böse Kräfte und Krankheiten eingesetzt. Wie bei Tanz und Musik so sind auch die Ursprünge der bildenden Kunst in Afrika untrennbar mit Religion und Mythen verbunden. Diese Verbindung kann Afrika natürlich nicht für sich allein reklamieren, sondern vielmehr handelt es sich dabei um eine anthropologische Grundkonstante; doch tritt ihre Relevanz in anderen Kulturen in der Moderne eher zurück. In Afrika aber ist sie bis heute lebendig und vielfach wahrnehmbar: Masken werden bei religiösen Festen und bei zeremoniellen Ritualen getragen, zum Beispiel bei Erntedankfesten, Ritualen zur Anbetung von Ahnen oder Göttern oder Initiationsriten. Doch ist afrikanische Kunst deshalb nun «primitiv»?

Schaut man in Lexika und Wörterbücher, findet man eine große Bandbreite an Synonymen: ursprünglich, schlicht, einfach, niveaulos, karg, arm, unzivilisiert, wild und dergleichen mehr. Schnell wird deutlich, dass der Interpretationsspielraum enorm ist. Nur eines haben alle Begriffe gemeinsam: Sie sind mit eher negativen Bedeutungen belegt. Aber was bedeutet denn nun «primitive Kunst»?

Kunstgeschichtlich betrachtet stammt die Vorstellung von afrikanischer Kunst als «primitiver Kunst» aus der Zeit der Industrialisierung. Zu jener Zeit wurde Afrika, so wie auch etwa Asien und Ozeanien, von der europäischen Welt als in seiner kulturellen Entwicklung rückständig betrachtet. Nach der damals weitverbreiteten evolutionistischen Kulturtheorie sah man die Entwicklung der Menschheit als konstante Aufwärtsbewegung mit verschiedenen Stufen. Dabei nahm man an, dass alle Gesellschaften dieselben Entwicklungsstufen durchlaufen. Während die industrialisierte westliche Gesellschaft von ihren eigenen Vertretern auf die höchste Stufe gesetzt wurde, sollten andere Kulturen diesen Grad der Zivilisation erst einmal erreichen. Afrika galt sozusagen als Spiegel einer in

Europa längst vergangenen, ursprünglichen Phase der Geschichte. Vor dem Hintergrund einer solchen Kulturtheorie ist klar, dass «primitiven Naturvölkern» eine eigenständige kunsthistorische Entwicklung ebenso wie die Fähigkeit, überhaupt qualitativ hochwertige Kunst zu schaffen, zwangsläufig abgesprochen werden mussten. Jene Kunstobjekte also, die während der Zeit des Kolonialismus nach Europa gelangten, landeten, wenn überhaupt, im Völkerkundemuseum oder als Trophäen in privaten Sammlungen. Sie dienten vorerst als exotische Beweise der Andersartigkeit und Rückständigkeit der «rohen Wilden».

Es sollte fast bis zum Ende des 20. Jahrhunderts dauern, bis afrikanische Kunst in Europa wirklich als Zeugnis einer eigenständigen kulturellen Entwicklung akzeptiert wurde und der Begriff primitive Kunst ungebräuchlich wurde. Mittlerweile ist die afrikanische Kunst weltweit anerkannt. Es gibt zahllose Ausstellungen in Museen und Galerien auf der ganzen Welt. Bei Auktionen erzielen Werke berühmter afrikanischer Künstler heutzutage dieselben Preise wie die vergleichbarer Kunstschaffender von anderen Kontinenten. Eine bedeutende Rolle auf dem Weg dahin spielte auch die «Negerplastik» von Carl Einstein, die Thema der nächsten Frage ist.

38. Welche Bedeutung hatte die «Negerplastik» für die europäische Kunst? «Negerplastik» ist der Titel eines Buches des deutschen Kunsthistorikers und Schriftstellers Carl Einstein. Es erschien 1915 als erste deutsche Veröffentlichung überhaupt zum Thema afrikanische Kunst. Das allein zeichnet den Text jedoch noch nicht aus. Das eigentliche große Verdienst Einsteins ist, dass er durch sein Werk die Betrachtungsweise afrikanischer Kunst in der westlichen Gesellschaft nachhaltig beeinflusst hat.

Die «Negerplastik» ist der erste Text, der sich dem Kunstschaffen in Afrika nicht ausschließlich mit dem überheblichen Blick der überlegenen «zivilisierten» Industriegesellschaft auf die «primitiven Naturvölker» nähert. Einstein analysiert in seinem Buch verschiedene afrikanische Plastiken, ohne dem kulturellen Kontext große Aufmerksamkeit zu schenken. Er lässt vorherrschende Meinungen und Vorurteile außer Acht und vergleicht diverse individuelle Skulpturen rein nach Gesichtspunkten der plastischen Form und der Ästhetik und versucht, sie so in einen kunstgeschichtlichen Zusam-

Gesichtsmaske der
Mbunda, Sambia,
bemaltes Holz,
Genf, Sammlung
Barbier-Mueller

menhang einzuordnen. Dabei macht er aus der in Europa weitgehend verbreiteten Unwissenheit über afrikanische Kunst und Kultur sozusagen eine Tugend: Einstein beschränkt sich auf einen abstrakten Text, der versucht, die Theorie des Kubismus auf die afrikanischen Plastiken zu übertragen. (Der Kubismus als Stilrichtung der modernen Kunst hatte zu Beginn des 20. Jahrhunderts seine stärkste Ausprägung und erscheint als ein Grundstein für künstlerische Abstraktion.) Kubismus ist abgeleitet vom französischen Wort «cube» für Würfel (Kubus). Die Künstler des Kubismus beschäftigten sich mit dem Übergang von gegenständlicher, realistischer Darstellung zu abstrakten Formen. Eine weitere Ursache für den großen Erfolg der «Negerplastik» seinerzeit waren die über 100 Abbildungen – damals eine Besonderheit–, die großes Interesse weckten. Europäische Künstler adaptierten Stil und Formen der abgebildeten afrikanischen Skulpturen. So lieferte Einsteins Werk einen wesentlichen Beitrag zur künstlerischen Strömung des sogenannten Primitivismus. Vor dem Hintergrund der Industrialisierung, der rasanten wirtschaftlichen und technischen Entwicklung ihrer Zeit, empfanden viele europäische Künstler eine Sehnsucht nach dem Ursprünglichen, Natürlichen. Das einfache, naturnahe Leben der «Wilden» in Afrika war in ihrer Vorstellung somit ein durchweg positiver Gegensatz zu der Gesellschaft, in der sie lebten. Um dieser Sehnsucht und der Bewunderung für das «Primitive» Ausdruck zu verleihen, ließen sie sich von der afrikanischen Kunst inspirieren. Vertreter dieser Strömung sind neben Pablo Picasso und Georges Braque beispielsweise auch Paul Gauguin oder die Mitglieder der Künstlergruppe «Brücke». Einstein ebnete also mit dem Buch «Negerplastik» den Weg für die Einflüsse afrikanischer Kunst auf die Kunst der Moderne und schuf eine bis heute beachtete Grundlage für die kunsttheoretische Diskussion über das Verhältnis von moderner und «primitiver» Kunst.

39. Gibt es eine eigene afrikanische Literatur? Es gibt wenige afrikanische literarische Werke, die in einer afrikanischen Sprache veröffentlicht werden. Die meisten Werke erscheinen auf Englisch, Französisch oder Portugiesisch. Das hat den Grund, dass in Afrika zwei Schriftsprachen dominierten – das Amharische und das Arabische. Beides sind semitische Sprachen. Die ersten schriftlichen Quellen des Amharischen sind die Königslieder, die zu Ehren des äthiopischen Kaisers ab dem 14. Jahrhundert in Amharisch niedergeschrieben wurden. Äthiopien aber kennt noch eine viel ältere Schriftsprache, das *Ge'ez*. Ge'ez ist auch eine semitische Sprache, deren früheste Textzeugnisse 1700 Jahre alt sind. Heute wird Ge'ez nur noch in der Liturgie der äthiopisch-orthodoxen Kirche und der Beta Israel – einer jüdischen Sekte in Äthiopien – verwendet; jedoch existiert in dieser Sprache eine riesige, einzigartige Handschriftensammlung von historischen und poetischen Werken aus vergangenen Jahrhunderten.

Gab es bis ins 20. Jahrhundert hinein eher wenige geschriebene Zeugnisse afrikanischer Literatur, so stieg die Zahl an Autoren während der Zeit der Antikolonialbewegung und der Unabhängigkeitsbewegungen um ein Vielfaches. Im Zentrum der Literatur jener Zeit standen afrikanische Traditionen, Gedichte, Legenden und Sagen afrikanischer Völker. Zu den Autoren, die damals publizierten, gehören Hampatir Ba aus Mali und Ancieti Kitereza aus Tansania. Die Philosophie der Négritude der dreißiger Jahre, der man hauptsächlich in den frankophonen Staaten Afrikas begegnete, beeinflusste ihrerseits wiederum die afrikanische Literatur. Sie war die Geisteshaltung, welche das Streben nach afrikanischer Selbstbestimmung speiste. Der Nigerianer Chinua Achebe (1930-2013) gilt als Begründer der englischsprachigen westafrikanischen Romantradition und der neoafrikanischen Literatur. Die afrikanische Literatur, die mit ihm einsetzt, ist vermehrt der Aufarbeitung von Missständen während der Kolonialherrschaft oder unter den neuen, meist korrupten afrikanischen Eliten gewidmet.

Besondere Bedeutung kommt der Swahili-Literatur zu, welche die umfangreichste Literatur im subsaharischen Afrika bietet. Die Autoren bekennen sich darin zur eigenen Identität, distanzieren sich von kolonialen Sprachen und betonen ihre sprachliche afrikanische Eigenart; allerdings liegen nur wenige Werke als Übersetzungen in fremde Sprachen vor – so etwa Ebrahim Hussein, *Kinjeketile*; John Ramadhani, *Streik in Mazinde*.

Der erste Afrikaner, der einen Literaturnobelpreis gewann, war im Jahr 1986 der in Nigeria geborene Wole Soyinka. Er verbindet die fremden Einflüsse europäischer Autoren mit genuin afrikanischen Traditionen im Theater – mit Tanz und viel Bewegung. Er bedient sich in seinen Erzählungen der Mythologie seines Stammes, der Yoruba. Während des Biafrakrieges sprach sich Soyinka für einen Waffenstillstand aus und wurde dafür 22 Monate inhaftiert. Seine Erfahrungen im Gefängnis verarbeitete er in seinem Buch *Der Mann ist tot: Gefängnisvermerke*. Seine Werke schreibt Soyinka in englischer Sprache. Mittlerweile lebt er in Amerika, wohin er sich freiwillig während der Diktatur Abachas in Nigeria (1993-1998) ins Exil begab. Bis heute erscheint er als einer der größten Kritiker autoritärer Systeme weltweit.

Zwei Jahre nach Wole Soyinka wurde der Ägypter Nagib Mahfuz (1911-2014) mit dem Literaturnobelpreis ausgezeichnet. Seinen ersten Roman veröffentlichte er 1939. Sein Durchbruch gelang ihm allerdings erst mit der Kairoer Trilogie *Bayn al Qasrayn (Zwischen den Palästen), Qasr al Shawq (Palast der Sehnsucht), Sukkariya (Zuckergässchen)* 1957, in der er das urbane Leben jener Zeit in der arabischen Welt beschreibt und dadurch in diesem Kulturkreis berühmt wurde. Auch er scheute die Kontroverse nicht. Er setzte sich für den 1978 in Camp David ausgehandelten Friedensvertrag zwischen Ägypten und Israel ein, was ihm ein Einreiseverbot in die meisten arabischen Länder einbrachte. Er wandte sich auch gegen den radikalen Islamismus, wofür radikal-islamistische Gruppierungen ihn auf ihre Todeslisten setzten.

Südafrika allein kann gleich mit zwei Literaturnobelpreisträgern aufwarten. Als erste Südafrikanerin gewann Nadine Gordimer (1923–2014) 1991 den Nobelpreis. Sie schrieb über die Probleme und Missstände, die in Südafrika während der Apartheid herrschten, und wurde deshalb vom Apartheidregime geächtet. Der zweite Südafrikaner und bisher letzte afrikanische Nobelpreisträger war John Michael Coetzee im Jahr 2003. Coetzee war seinerseits ebenfalls einer der Wegbereiter der Antiapartheidliteratur.

Heute setzen vor allem Frauen neue Themenschwerpunkte in der afrikanischen Literatur. Zu ihnen gehört beispielsweise Chimamanda Adichie, eine junge Schriftstellerin (*1977) aus Nigeria. Ihre gefühlsstarken Werke zeichnet eine gleichermaßen kritische wie von Zuneigung zu ihrem Heimatland geprägte Grundhaltung aus – so etwa in dem Werk *Die Hälfte der Sonne*, dessen historischer Rahmen die Zeit des Biafrakrieges ist. Insgesamt ist in der neuen afrikanischen Literatur – will man einen Trend beschreiben – ein eher aufklärerischer Charakter festzustellen; ihre Autoren wählen vielfach HIV/AIDS und soziale Probleme als Themen.

40. Gibt es eine spezifisch afrikanische Malerei? Traditionelle afrikanische Kunst wurde nicht zum Selbstzweck produziert, vielmehr kam den Kunstobjekten zumeist eine religiöse oder kultische Funktion zu. In der zeitgenössischen afrikanischen Kunst wird den Werken keine solche Rolle zugeschrieben, obwohl die Darstellung religiöser Handlungen immer noch häufig im Zentrum einer Komposition steht.

Bei dem Großteil der traditionellen afrikanischen Kunst handelt es sich jedoch um Statuen, Figurinen und Masken. Die Malerei spielt eher eine untergeordnete Rolle. Dies ist nicht zuletzt deshalb ein wenig verwunderlich, da Afrika die ältesten bildlichen Überlieferungen der Menschheit beherbergt, also über eine uralte Tradition seiner Malerei verfügt. Bis vor Kurzem galten die Felsmalereien der Apollo-11-Höhle im Süden Namibias, die zwischen 25 500 und 23 500 v. Chr. entstanden sind, als die ältesten ihrer Art. Neuere Funde sollen gar bereits um 100 000 v. Chr. entstanden sein. Wesentlich jünger, aber als Schöpfungen der Malerei in diesem Kontext nicht zu vergessen, sind die Fresken der alten Ägypter, deren Frühwerke aus dem 3. Jahrtausend v. Chr. stammen.

Im Norden Afrikas hat sich in den Maghrebländern eine Kunst entwickelt, die stark von geometrischen Formen, magischen Zeichen und Mustern geprägt ist. Diese Kunstform entwickelte sich aus den Zeichen der Berber aus vorislamischer Zeit und aus dem reichen Fundus der islamischen Kunst, die im 7. Jahrhundert in diese Region Einzug hielt. Doch auch die uralten Petroglyphen (Felsritzungen) der *Fezzan* und *Tassili* in Libyen und Algerien und die jungsteinzeitlichen Felsmalereien in Marokko gehören zu dem reichen Schatz an Inspirationen, dessen sich zeitgenössische Maler im Maghreb bedienen und in ihrer eigenen Kunst verarbeiten. Der Tunesier Gouider Triki, geboren 1949, ist wohl einer der bekanntesten Künstler, der diese Elemente in seiner Malerei aufnimmt.

Natürlich hat auch das Christentum die afrikanische Kunst beeinflusst. Bildliche Darstellungen in der koptischen und äthiopisch-orthodoxen Kunst begegnen uns vielfach in Form von Fresken, wobei die künstlerischen Äußerungen in der äthiopisch-orthodoxen Kirche auch in handwerklich meisterhaft gefertigten Kreuzen, Ikonen, Buchminiaturen und Gemälden Gestalt angenommen haben; und auch die Kirchenarchitektur der äthiopisch-orthodoxen Kirche erfreut sich bis heute größter Bewunderung. So wurden die elf Felsenkirchen von Lalibela, die um das Jahr 1250 entstanden sind, zum UNESCO-Welterbe erklärt.

Bei der afrikanischen Kunst insgesamt verhält es sich ähnlich wie bei der afrikanischen Musik – ihr Einfluss auf die europäische Kunst der Moderne war immens. Sie inspirierte Künstler wie Max Ernst, Paul Klee, Giacometti, Picasso und Henri Matisse. Gerade Picasso und Matisse und ihre Kollegen der Pariser Schule nahmen die überstilisierten und abstrahierten menschlichen Formen afrikanischer Skulpturen auf und kombinierten diese mit der postimpressionistischen Malerei von Cézanne und Gauguin. Aus dieser Kombination entstanden die ersten Wesenszüge der frühen Moderne, die wiederum die Avantgardebewegung in Amerika inspirierte. Ein wahrer Kult um afrikanische Statuen entstand um 1870, als Europa infolge der Kolonialisierung mit afrikanischen Skulpturen überschwemmt wurde, wo sie dann in den Museen in Paris, London, Berlin und

München ausgestellt wurden. Auch auf den deutschen Expressionismus hat die afrikanische Kunst einen starken Einfluss genommen. In Paul Klees Werken «Der Bauchredner» (1923) oder «Taenze vor Angst» (1938) – um nur zwei herauszugreifen – lassen sich Parallelen zu den Masken der *Bwa*-Kultur in Burkina Faso und den geometrischen Mustern der *Bambara*-Stickereien in Mali entdecken. Selbst in den Werken von George Grosz und Max Beckmann finden sich Züge afrikanischer Kunst wieder.

41. Welche Bedeutung haben Mythen für die afrikanische Kultur? Die meisten afrikanischen Mythen erzählen Inhalte aus vorgeschichtlicher Zeit oder sogar aus einer Zeit, ehe es Menschen gab. Ursprünglich wurden alle Mythen – so auch die afrikanischen – mündlich weitergegeben; inzwischen wurden viele niedergeschrieben, doch ihr eigentlicher Charakter kommt in der Erzählung besser zur Geltung. Themen afrikanischer Mythen – wie auch der Mythen aus anderen Kulturkreisen – sind häufig die Entstehung des Kosmos, der Welt, des Menschen sowie wunderbare Geschichten über Götterwesen, Geister, Menschen und Tiere. Im Unterschied zu anderen Geschichten oder Märchen, die zumeist Unterhaltungszwecken dienen, enthalten Mythen häufig eine Anleitung zur richtigen Lebensführung, eine Moral, aus der man Lehren ziehen soll. Mythen spielen – gerade wenn sich eine Gesellschaft erst formt – eine wichtige Rolle im Gemeinschaftsleben; sie dienten den vorstaatlichen afrikanischen Personenverbänden als Lehrbeispiele, anhand derer diese ihr Gemeinschaftsleben regulierten, mit deren Werten sie sich identifizierten und mit deren Hilfe sie über die einzelne Generation hinaus Orientierung gewinnen und weitergeben konnten.

Freilich erzählen Mythen nicht nur über die Entstehung der Welt, über die Eigenarten der Elemente, über Phänomene und Zusammenhänge der menschlichen und «mythischen» Sphäre, sondern binden auch Ereignisse ein, deren Fernwirkung bis in die Gegenwart reicht und deren Geschichtlichkeit geglaubt, zumindest aber fingiert wird, so dass man etwas über seine eigenen Anfänge lernt: Die Mehrzahl der Mythen bezieht sich auf einen Schöpfergott, der allgegenwärtig, jedoch nicht für das Schicksal der Menschen zuständig ist. So ist beispielsweise *Mauesse* zugleich wichtiger Gott, aber auch erster Urahn der Pende – eines Bantuvolkes in der Demokratischen Republik

Kongo. Gleiche oder ähnliche Funktionen übernehmen *Mukuru* bei den Herero, *Oduduwa* bei den Yoruba und *Mulungu* bei den Ngoni.

Größte Bedeutung nimmt in den meisten afrikanischen Kulturen die Erde ein. Sie ist die Muttergottheit, aus der das Leben entspringt, und kommt daher auch in den Mythen vor. Auch das Seelenleben spielt eine gewichtige Rolle in der afrikanischen Mythologie. Fast alle afrikanischen Kulturen gehen übrigens davon aus, dass die Seele nach dem Tod weiterlebt. Einige gehen sogar von zwei Arten von Seelen aus – der Lebensseele, welche mit dem Tod des Menschen erlischt, und einer Seele, die nach dem Tod des Menschen noch weiterleben kann. Ihre Lebensdauer hängt von der charakterlichen Stärke des Wesens ab. Daher leben in dieser Vorstellungswelt die Seelen von Kindern nach dem Tod beispielsweise nicht so lange wie die von Erwachsenen, da ihr Charakter noch nicht ausgereift ist. Den Yoruba aus Nigeria zufolge bringt es der Mensch sogar auf drei Seelen – die vitale Seele, die *Emi*, die im Bereich von Herz und Lunge angesiedelt ist und durch die Luft genährt wird; die *Ojiji-Seele*, die ihrem Besitzer überallhin folgt und ihn nach seinem Tod wieder im Himmel erwartet; und schließlich die *Elda-* oder *Ori-Seele*, die sich wohl am ehesten mit dem Sinnbild des Schutzengels vergleichen lässt und über ihren Besitzer wacht und ihn vor Unheil schützt.

Neben Göttern, Menschen und Seelen ist natürlich auch das größte Tier Afrikas eine beliebte Gestalt in zahlreichen afrikanischen Mythen. Der Elefant tritt dort meistens als weiser Schiedsrichter zwischen den verschiedenen Tierarten auf. Dass – am Rande bemerkt – häufig Bäume in afrikanischen Mythen vorkommen, hängt damit zusammen, dass in ihnen viele Seelen ruhen.

Wie erwähnt, haben auch «Helden» ihren Platz in den afrikanischen Mythen. Liongo – ein großer Krieger und Sänger mit außergewöhnlichen Fähigkeiten, der ein wenig an den Siegfried aus den germanischen Heldensagen erinnert – ist solch eine Figur, die uns in den Mythen der Swahli und Pokomo in Ostkenia begegnet. Er erscheint in vielen Gedichten wie auch in afrikanischen Hochzeitsgesängen. Liongo gilt als unverwundbar, und nur wer seinen Bauchnabel mit einer kupfernen Nadel durchsticht, kann ihn überwinden.

Afrikanische Mythen lassen sich aber nicht auf den Status phantasievoller Geschichten aus der Vergangenheit reduzieren. So arbeitet etwa Wole Soyinka, einer der bekanntesten afrikanischen Autoren und Träger des Nobelpreises für Literatur (1986), in seinen Werken auch mit afrikanischen Mythenmotiven und verbindet sie mit Problemen der realen Welt des modernen Afrika.

Religion

42. Seit wann gibt es das Christentum in Afrika?

Seit dem 2. Jahrhundert begann sich das Christentum entlang der antiken Handelswege durch Seeleute, Händler und Missionsreisende in Afrika zu verbreiten. Zu frühen Zentren des christlichen Glaubens in Afrika entwickelten sich beispielsweise Alexandria, Karthago, Hippo Regius und das Reich von Axum. Bereits um 330 n. Chr. wurde das Christentum durch König Ezana von Axum im heutigen Äthiopien zur Staatsreligion erklärt. Obwohl die Verbreitungsgeschichte der äthiopischen Kirche relativ unerforscht ist, geht man davon aus, dass das äthiopische Christentum durch syrische Mönche, die im 5. Jahrhundert mehrere Klöster in Äthiopien gründeten und die Bibel ins Äthiopische übersetzten, weitergetragen wurde. Auch die Expansion des axumitischen Reiches nach der Eroberung Äthiopiens, Eritreas, von Teilen des heutigen Sudan und des Jemen befeuerte die Ausbreitung des Christentums in Afrika. Es gibt jedoch wenige Zeugnisse aus dieser Zeit, und die Spuren Axums beginnen sich im 7. Jahrhundert zu verlieren.

Die koptische Kirche in Ägypten kann sogar auf eine noch längere Tradition zurückblicken. Die Kopten – deren Bezeichnung sich aus dem griechischen Wort für Ägypten herleitet – berufen sich auf den Apostel Markus, der um 62 n. Chr. in Ägypten missionierte und die koptische Kirche gründete. Er gilt als ihr erster Patriarch und somit auch als Kirchenoberhaupt. Seit 2012 ist Tawadros II. Kirchenoberhaupt der Kopten und somit der 118. Nachfolger des heiligen Markus. Gerade die Kopten waren immer wieder Opfer gewaltsamer Unterdrückung und Verfolgung, ob unter den römischen Christenverfolgern, während der Spaltung der Ost- und Westkirche oder letztlich nach dem Vordringen der Muslime um das Jahr 641 n. Chr.

Eine der wichtigsten Gestalten der christlichen Frühzeit Afrikas, aber auch des frühen Christentums überhaupt, war der Kirchenvater

Kruzifix, Zaire,
18./19. Jahrhundert,
Bronze, Metallblech,
Nägel und Holz,
Bareiss Family Collection

Augustinus, der 354 im numidischen Thagaste geboren wurde und als Bischof von Hippo Regius im Jahre 430 starb. War er selbst ein brillanter Rhetoriker und ein scharfsinniger Intellektueller, der auch eine ganz und gar weltliche Karriere hätte erreichen können, so fand er doch durch ein persönliches Erweckungserlebnis («Nimm und lies») zum christlichen Glauben, wo er die in Streitereien und in der Zeit des Niedergangs des Weströmischen Reiches auch in Zweifeln befangene Kirche zu stabilisieren half. In seinem «Gottesstaat» kommt sehr schön seine zentrale Glaubenseinstellung zur Geltung, der zufolge es für den Christenmenschen nicht auf den weltlichen Erfolg – den viele fälschlicherweise als Indikator der göttlichen Gnade missverstanden –, sondern auf seinen Glauben und die christliche Demut ankommt. Es verwundert nicht, dass sich über mehr als ein Jahrtausend hinweg ganze Generationen von Kirchenlehrern –

unter ihnen beispielsweise Thomas von Aquin – intensiv mit dem Erbe dieses großen Denkers auseinandersetzten.

Erst mit dem Einzug der Kolonialherren – zu Beginn des 15. Jahrhunderts durch die Portugiesen – wurde die Christianisierung Afrikas dann wieder vorangetrieben und erreichte ihren Höhepunkt Ende des 19. bzw. Anfang des 20. Jahrhunderts. Im Verlauf des 20. Jahrhunderts entstanden immer mehr unabhängige evangelikale afrikanische Kirchen, die mit 6000 unterschiedlichen Glaubensgemeinschaften einen großen Einfluss auf die afrikanische Gesellschaft ausüben. Die Zahl aller afrikanischen Christen beträgt heute ca. 756 Millionen – damit sind 63 Prozent aller Afrikaner Christen.

43. Welche Religionen sind in Afrika auf dem Vormarsch? Neben traditionellen afrikanischen Religionen wie dem Vodun (siehe auch Frage 49) sind vor allem die beiden Weltreligionen Christentum und Islam in Afrika weit verbreitet. Andere Religionen wie Judentum, Hinduismus oder der Sikhismus führen eher ein Nischendasein.

Juden siedelten sich vor allem im Gebiet des heutigen Maghreb an, nachdem sie aus Spanien während der Reconquista – der Rückeroberung Spaniens aus den Händen der Muslime – vertrieben worden waren. Viele von den in Marokko, Tunesien und Ägypten ansässigen Juden verließen diese Länder jedoch – nicht immer freiwillig – nach der Ausrufung des Staates Israel 1948 und in einer zweiten Welle seit dem Arabischen Frühling, um sich künftig dort niederzulassen. Durch die Verbindung mit traditionellen afrikanischen religiösen Riten zeigen viele der monotheistischen Weltreligionen in Afrika ihre je ganz eigene Ausprägung, die durchaus als Synkretismus – Religionsvermischung – bezeichnet werden kann.

Sikhismus und Hinduismus haben sich in Afrika hauptsächlich durch Zuwanderung vom indischen Subkontinent etabliert.

Der Islam breitete sich nach der Eroberung des heutigen Maghreb durch Muslime um die Mitte des 7. Jahrhunderts sehr rasch in Afrika aus. Heute ist der Islam vor allem in Nord- und Westafrika sowie in den Küstenregionen Ostafrikas stark verbreitet. Insgesamt sind südlich der Sahara 30 Prozent, in Nordafrika sogar 93 Prozent der Bevölkerung Muslime.

Das Christentum hat in Asien, Südamerika und Afrika eine starke Dynamik entwickelt, die konträr zu der in Europa verläuft, wo die

Religion für die Menschen zunehmend an Bedeutung verliert. Während die Kopten in Ägypten und die Christen in Äthiopien auf eine fast 2000-jährige Tradition zurückblicken können, kamen andere christliche Konfessionen, allen voran Katholiken und Protestanten, vor allem seit der Kolonialzeit nach Afrika. Wenn sich heute rund 125 Millionen Afrikaner als Mitglieder sogenannter Pfingstgemeinden verstehen, so erscheint dieser Boom evangelikaler Gruppen vor allem als Reaktion auf omnipräsente wirtschaftliche und soziale Missstände, aus denen die Menschen auch mangels lebenspraktischer Lösungsmöglichkeiten Fluchtwege suchen.

Neben dem Katholizismus ‹importierten› die Missionare auch lutherische, reformierte, anglikanische, orthodoxe, baptistische oder methodistische Strömungen. In den 1960er Jahren zählte man rund 6000 *independent church movements*. Diese christlichen Freikirchen entstanden aus Protest gegen die Missionskirchen. Sie wurden zumeist von prophetischen Heilern – charismatischen Führerfiguren – gegründet. Eine solche Kirche ist beispielsweise die *Kirche Jesu Christi auf Erden*, die von Simon Kimbangu, dem eine Massenkonversion zum Christentum gelang, gegründet wurde. Nach seiner Berufung als Prophet im Jahre 1918 konnte sich Kimbangu 1921 mit eindrucksvollen Heilerfolgen einen Namen machen, bis er von den belgischen Kolonialherren zu lebenslanger Haft verurteilt wurde.

In den letzten Jahrzehnten haben die zuvor bereits erwähnten evangelikalen Pfingstbewegungen immer größeren Einfluss auf das afrikanische Christentum gewonnen. Im Gegensatz zu den Missionskirchen, die keinen Platz für Elemente afrikanischer Religiosität ließen, erlauben die unabhängigen Kirchen wie die Pfingstbewegung den Gläubigen in dieser Hinsicht mehr Spielraum. Der Integration traditioneller Glaubenselemente dienen beispielsweise Formen wie prophetische Reden, rituelle Heilungen und Trance-Erlebnisse. Eine solche Cross-over-Kirche ist etwa die *Aladura*-Kirche in Nigeria: Diese Kirche entstand in Nigeria als Reaktion auf die Grippeepidemie von 1918 und ist bestrebt, der traditionellen afrikanischen Erwartung an eine Religion gerecht zu werden, dass diese Geist und Körper heilen müsse. Die Aladura-Kirche ist stark durch die *Yoruba*-Religion geprägt. Die Yoruba, ein afrikanisches Volk im Südwesten Nigerias, integrierten den christlichen Gott in ihr vielköpfiges Pantheon; sie schlossen sich ihm an, wenn sie der Überzeugung waren, er erfülle nicht zuletzt ihre Gebete um ein diesseitiges Heil.

44. Wie tolerant sind die verschiedenen Religionsgruppen im Umgang miteinander? Die ethnische und religiöse Vielfalt in Afrika ist enorm. Allein im Sudan beispielsweise leben Angehörige von 19 Ethnien, die ihrerseits wieder stark untergliedert sind; entsprechend groß ist auch die Zahl der Sprachen, die dort gesprochen werden. Die Mehrzahl der Menschen im Sudan sind Muslime; der Islam ist dort Staatsreligion. Es gibt jedoch auch eine nicht zu vernachlässigende Minderheit an Christen (5 Prozent) und Anhängern traditioneller Religionen (25 Prozent).

Afrika wird hauptsächlich von Christentum und Islam dominiert. Aber auch das Judentum findet sich in dreizehn afrikanischen Staaten – so in Äthiopien, Ghana, Kap Verde, Libyen, Malawi, Mali, Marokko, São Tomé und Príncipe, Simbabwe, Südafrika, Tunesien und Uganda.

Ethnische und religiöse Vielfalt sorgt in Afrika immer wieder für Spannungen. Vielfach wird die religiöse Zugehörigkeit politisiert und instrumentalisiert – und auf diese Weise ein Keil in die Gesellschaft getrieben. In Ägypten beispielsweise kam es beim Ausbruch der sogenannten Schweinegrippe zu religiösen Spannungen, da die Christen die Einzigen sind, die Schweine in Ägypten halten dürfen und daher für die Ausbreitung des Virus verantwortlich gemacht wurden. In Ägypten – wie der gesamten arabischen Welt – ist auch der Antisemitismus stark verbreitet; um ihn anzufachen, wird gern die israelische Politik gegenüber den als Brudervolk empfundenen Palästinensern und anderen arabischen Nachbarn ins Feld geführt. Auch in anderen afrikanischen Staaten flackert Antisemitismus immer wieder auf. In den siebziger Jahren des letzten Jahrhunderts ließ der ugandische Diktator Idi Amin (1971–1979) Synagogen und die heiligen Texte der *Abayudaya* – der sogenannten Kinder von Juda, einer Gemeinschaft schwarzafrikanischer Juden in Uganda – zerstören.

In Ägypten war zu dieser Zeit die Koexistenz von Muslimen, Christen und Juden durchaus möglich, wie beispielsweise der Erfolg der ägyptischen Sängerin Leila Mourad belegt, die aus einer jüdischen Familie stammte, Karriere machte und von den Massen umjubelt wurde. Auch als man sie verdächtigte, Israel zu unterstützen, konnte dies öffentlich diskutiert und von staatlicher Seite zurückgewiesen werden. Leila Mourad blieb unangefochten und starb 1995 in einem Kairoer Krankenhaus. Heute lebt in Marokko die größte jüdische Minderheit in einem arabischen Staat – eine Tatsache, auf die das Land stolz sein kann. Bedenkt man aber, dass noch 1958 in den arabisch-afrikanischen Staaten insgesamt über 535 000 Juden lebten, deren Gesamtzahl südlich der Sahara heute kaum noch 100 000 erreicht, so ist das eine bedrückende Entwicklung der letzten sechzig Jahre.

In Äthiopien sind 45 Prozent der Bevölkerung Muslime, deren Vorfahren zu der ersten muslimischen Gemeinde außerhalb Mekkas und Medinas zählten. Seit 1541 hat es in Äthiopien keine Religionskriege gegeben. Christen und Muslime führen seitdem ein beispielhaftes Leben der gutnachbarlichen Koexistenz.

Seit dem Ausbruch des Arabischen Frühlings 2010/11 allerdings verschärfte sich die Situation für viele religiöse Gruppen in einigen Ländern Afrikas. So hat das Erwachen der konservativen muslimischen Kräfte in den von Aufständen und Revolutionen geschwächten Ländern zu einer erhöhten Bedrohungslage für Juden, Christen, aber auch moderatere bzw. nicht-sunnitische Muslime geführt. Sie alle sind ins Visier islamistischer Extremisten geraten und wurden seither bereits vielfach Opfer terroristischer Anschläge. In Ägypten starben allein zwischen 2016 und 2017 über 105 Menschen bei Anschlägen auf christliche Gruppen und koptische Gotteshäuser und über 300 Personen bei einem Angriff auf eine anlässlich des Freitagsgebets vollbesetzte Sufi-Moschee. All diese Anschläge wurden von Kämpfern der islamistischen Terrororganisation *Islamischer Staat* (IS) verantwortet, deren erklärtes Ziel die Errichtung eines islamischen Kalifats nach den Gesetzen der Scharia und den Regeln des Wahabismus ist. Im Norden Nigerias im Grenzgebiet der Anrainerstaaten Tschad, Niger und Kamerun treibt zudem eine andere religiös motivierte Terrororganisation ihr Unwesen: Der Taliban-Ableger *Boko Haram*, der sich inzwischen dem IS angeschlossen hat, führt bei seinen Feldzügen auch grausame religiöse Säuberungen durch, die sich v. a. gegen Christen und Widerstand leistende Muslime richten. Diese äußern sich u. a. in brutalen Anschlägen auf Kirchen und christliche Gemeinden, die ihrerseits immer wieder blutige Vergeltungsangriffe christlicher Gruppen nach sich ziehen. In der Folge dieses erbarmungslosen Religionskrieges müssen immer mehr Menschen ihre Heimat verlassen und begeben sich auf die oft gefährliche Flucht in andere Regionen des Landes oder andere Gebiete der Erde.

45. Wie verbreitet sind Magie und Zauberei in Afrika? Der Glaube an Magie und Zauberei ist in Afrika lebendig und verbreitet. Er durchdringt alle Gesellschaftsschichten – unabhängig von der Religionszugehörigkeit. Man hat den Eindruck, dass die von starken Umbrüchen und Verwerfungen gekennzeichnete afrikanische Gesellschaft in dieser Erfahrung existenzieller Unsicherheit – verursacht beispielsweise durch die Auflösung alter Sozialstrukturen (Clans), wirtschaftliche Modernisierung, ökonomischen Druck, die Kluft zwischen Arm und Reich, die allgegenwärtige Gewalt und Seuchen wie AIDS – geradezu in Okkultismus, esoterische Glücksverheißungen und Obskurantismus flüchtet, so dass vor diesem Hintergrund Magie und Zauberei sogar neuerlich an Bedeutung gewonnen haben.

Meist wird zwischen weißer und schwarzer Magie unterschieden. Zu denen, die die Geister im Guten beschwören können, gehören etwa die traditionellen Heiler, die hohes Ansehen genießen. Allein in Südafrika konkurriert die Schulmedizin mit etwa 200 000 *traditional healers*. Diese lassen sich grob in drei Unterarten gliedern – Medizinmänner, Zauberheiler und Wahrsager oder *Abakhulu Gogo*, wie sie auch genannt werden. In vielen Regionen Afrikas hat man klugerweise die traditionellen Heiler in den Kampf gegen AIDS eingebunden und sie in staatliche Aufklärungskampagnen einbezogen. So werden in der Heilkunde ihre Kenntnisse der Kräuterkunst genutzt und diese auch von der Forschung aufgegriffen. Es wäre unangemessen, das Verhältnis der Bevölkerung zu ihren traditionellen Heilern oder *witchdoctors* als «mittelalterlich» abzutun. Wer sich einmal die bedauernswerte schulmedizinische Versorgung in riesigen Gebieten – insbesondere auf dem Land – in Afrika anschaut, wird rasch begreifen, weshalb das Wissen des *traditional healer* unverzichtbar ist, womit allerdings auch allerlei bizarre Riten und magische Praktiken für viele Afrikaner etwas durchaus Normales sind. Daraus erwächst selbstverständlich ein anderes Verhältnis zu Magie und Zauberei. Vieles davon ist freilich angstbesetzt. So ist der Hexenglaube in Afrika sehr verbreitet. Frauen wie auch Männer sind von Hexereivorwürfen betroffen. Ausgedehnte Aufklärungskampagnen wie auch das Verbot von Anklagen wegen Hexerei hatten wenig Erfolg. Bei Hexenverfolgungen in Südafrika zur Zeit des Niedergangs des Apartheidsystems verloren über 1000 Menschen ihr Leben. Ähnlich niederschmetternde Berichte gab es Anfang der neunziger Jahre auch aus Ghana, und noch immer ist das Problem virulent.

Häufig existieren der Glaube an Magie und Zauberei und die Glaubensinhalte der großen monotheistischen Religionen nebeneinander und scheinen keinen Widerspruch zu bilden. Teilweise durchdringen und ergänzen sie sich. Die traditionellen Heilsangebote betreffen dann Lebensbereiche, die von den großen monotheistischen Religionen nicht oder nur ungenügend abgedeckt werden – etwa der Bedarf an Fruchtbarkeits-, Liebes- und Krankheitszauber. Beispiele dafür finden sich auch in der islamischen Welt Afrikas, wo der Glaube an den «bösen Blick» sehr verbreitet ist. Um ihn abzuwehren, gibt es Amulette wie das *Auge* und die *Hand der Fatima*, verziert mit Koranversen, die den «bösen Blick» abwenden sollen. In Äthiopien wiederum gibt es die *Ketab*, eine Mischung aus Zaubersprüchen und orthodoxen Gebeten.

46. Welchen Stellenwert hat der Ahnenkult im Leben eines Afrikaners? Der Ahnenkult, hauptsächlich in Zentral- und Südafrika sowie den nichtislamischen Kulturen der Sahelzone verankert, ist, wie kaum ein anderer Kult, maßgebend für den kulturellen Alltag Afrikas. Die Ahnen werden als Ursprung der lebenden Nachfahren verehrt und gefürchtet. In Gebieten, in denen der Ahnenkult vorherrscht, wird kaum eine Entscheidung getroffen, eine Krankheit behandelt, eine Hochzeit arrangiert, ohne zuvor die Zustimmung der Ahnen zu erbitten. Bei unmoralischem Handeln (nach den Maßstäben der von den Ahnen überlieferten Moralkodizes) wird die Bestrafung durch die Ahnen in Form von Krankheit oder Unglück gefürchtet. Gewissermaßen als Gegenleistung für gewährten Rat und die Aufrechterhaltung der moralischen und gesellschaftlichen Ordnung der Lebenden werden die Toten verehrt. Wie lebendig die Verbindung der Ahnen und der Lebenden bleibt, zeigt nicht zuletzt, dass in weiten Teilen Afrikas ihre sterblichen Überreste in der Nähe des Wohnhauses, ja gelegentlich unter dem Wohnhaus bestattet werden. Die Aussicht, dass einem Verstorbenen auch nach dem Tode gedacht wird, dass man also durch seine Nachfahren weiterlebt, gleicht der Vorstellung vom Leben nach dem Tode, wie sie die großen Buchreligionen vermitteln.

Jedoch wird in der Ahnenverehrung strikt zwischen Ahnen und Gottheiten differenziert. Die Ahnen versinnbildlichen die lebensspendende Kraft der Familie und deren Wertevorstellungen, jedoch keine unfehlbare göttliche Instanz. Sie können irren und einem sogar böse gesinnt sein, ganz so wie die Menschen zu ihren Lebzeiten. Dennoch gilt das Urteil der Ahnen aufgrund ihrer Erfahrung und Übersicht in der Regel als vertrauenswürdig und bindend.

47. Ist Rastafari ein Gott? Mancher mag sich bei dieser Frage auf den ersten Blick denken: «Wie bitte? Das sind doch diese singenden, bekifften Typen mit den verfilzten Haaren, und die kommen doch aus Jamaika? Also was haben die zum einen mit Gott und zum anderen mit Afrika zu tun?» Nun – einiges! Rastafari ist nicht, wie viele meinen mögen, ein Begriff, der nur etwas mit jamaikanischer Reggaemusik und «entspannter» Lebensart zu tun hat. Es ist eine aus dem Christentum entstandene religiöse Bewegung. Ihre Wurzeln hat sie tatsächlich in Jamaika, heute ist sie jedoch auf der ganzen Welt verbreitet. Der Begriff Rastafari leitet sich ab von Ras Tafari Makonnen. So hieß Haile Selassie I., der letzte äthiopische Kaiser, vor seiner Krönung. Doch wie kam es, dass er zum Namensgeber für eine Religion wurde?

Marcus Garvey, Jamaikaner, radikaler Panafrikanist und Begründer der Back-to-Africa-Bewegung, hatte in den 1920er Jahren vorausgesagt, dass ein mächtiger schwarzer König in Afrika gekrönt werden würde. Als Haile Selassie 1930 Kaiser von Äthiopien wurde, sahen viele schwarze Jamaikaner darin die Erfüllung der Prophezeiung. Es ist die Geburtsstunde der Rastafari-Bewegung. Sie sehen in Haile Selassie I. die in der Bibel vorausgesagte Wiederkehr Jesu auf Erden. Die Rastafari verehren Haile Selassie I. als Messias und betrachten ihn als gottgleich. Den «Beweis» dafür liefert eine Legende, die die Abstammung der äthiopischen Kaiser von König Salomo besagt, der wiederum laut Bibel ein Vorfahre Jesu Christi ist. Außerdem scheint Äthiopien, das einzige afrikanische Land, das niemals kolonialisiert war, nahezu perfekt als Ort für die Wiederkehr eines schwarzen Messias.

Bei den Rastafari trägt Haile Selassie den Ehrentitel «siegreicher

Löwe von Juda». Der «Löwe von Juda» wird in der Offenbarung des Johannes als messianische Gestalt aus dem Geschlecht des Königs David (Salomos Vater) erwähnt. Wichtigste Merkmale der Rastafari-Bewegung sind der Kampf für die Gleichberechtigung der schwarzen Bevölkerung sowie eine konsequente Ablehnung des westlichen Gesellschaftssystems. Dieses ist in ihren Augen geprägt von Ausbeutung und Unterdrückung, Korruption, Ignoranz, Rassismus und dem Streben nach materiellem Reichtum. Babylon nennen sie es, in Anlehnung an das biblische, verkommene und verdammenswerte Babylon. Die Rastafari streben nach «Iration», einem Zustand voller Leben und Liebe (zu Gott, «Jah love»), ohne Neid, Gier und Hass.

Auffälligstes äußerliches Kennzeichen der Rastafari sind die Dreadlocks, verfilzte Zöpfe. Sie tragen sie als Zeichen der Abgrenzung gegen die westliche Gesellschaft, außerdem verstehen viele Rastafari ihre Haarpracht als «Antennen» zur Kommunikation mit Gott, den sie Jah nennen (von Jahwe, dem hebräischen Gottesnamen).

Seit der Verbreitung der Reggaemusik mit Bob Marley als ihrem bekanntesten Vertreter in den siebziger Jahren kennt man Dreadlocks auf der ganzen Welt. Die Musik ist wichtigstes Ausdrucksmittel der Rastafari-Bewegung. In ihr werden Überzeugungen und Glaubensgrundsätze formuliert und weitergegeben. Es gibt kaum eigens verfasste schriftliche Lehren; das einzige Buch, das alle Rastafari als Grundlage ihres Glaubens akzeptieren, ist die Bibel.

Das «Sakrament» der Rastafari ist Ganja (Marihuana). Sie betrachten es als etwas Gutes, den Menschen von Gott Gegebenes. Andere Drogen hingegen wie Alkohol oder Tabak und auch bestimmte Lebensmittel lehnen sie in der Regel ab. Generell gibt es jedoch keine festen Verhaltensregeln oder Grundsätze, an die sich alle Rastafari halten (müssen). Manche tragen Dreadlocks und lange Bärte, manche nicht. Nicht alle rauchen Ganja, und nicht alle verzichten auf Alkohol. Wie viele Rastafari es weltweit gibt, kann man nur schätzen. Es existiert keine Institution oder Dachorganisation, der man «beitreten» kann, sondern der Mensch kann nur von sich aus entscheiden, Rastafari zu werden. Laut der CIA leben allein auf Jamaika 33 000 Anhänger der Bewegung, auf der ganzen Welt sind es sicherlich mehrere Millionen.

48. Gibt es eine jüdische Geschichte in Afrika? Der jüdische Glaube hat viele Bezüge zum Alten Ägypten. Schon die Bücher Genesis und Exodus im Alten Testament, Grundsteine der jüdischen Religion, spielen von der Reise Abrahams nach Ägypten bis zum Auszug der Israeliten unter Mose nahezu ausschließlich in Afrika.

Neben den mythischen Wurzeln der jüdischen Kultur in Afrika existierten, belegt durch historische Funde, bereits im 5. Jahrhundert v. Chr. jüdische Siedlungen an der ägyptischen Küste des Roten Meeres und auf der Insel Elephantine. Noch deutlicher sprechen historische Quellen von jüdischem Leben im alexandrinisch-ptolemäischen Ägypten, also nach der Eroberung durch Alexander den Großen um 332 v. Chr. Unter dem Einfluss der makedonischen und später der römischen Eroberer erlebten die jüdischen Gemeinden, in vielen Städten Nordafrikas und bis ins südlichere Äthiopien verbreitet, eine kulturelle Blüte.

Im 7. Jahrhundert eroberten die Araber weite Teile Nordafrikas und etablierten dort den Islam. Die neuen Herrscher beließen den jüdischen Gemeinden zwar das Recht der freien Ausübung ihres Glaubens, doch hohe Besteuerung und Diskriminierung waren keine Seltenheit. Gleichwohl breitete sich die jüdische Bevölkerung weiter aus und war im Mittelalter bereits ein fest verankerter Bestandteil der nordafrikanischen Städtekultur: In Marokko beispielsweise entstanden im Mittelalter etwas abseits der arabischen Altstädte und im Schutze der marokkanischen Königspaläste florierende jüdische Viertel, die *Mellah* genannt wurden. Im Norden des christlich-orthodoxen Äthiopien bewahrten *Falashas* (äthiopische Juden) ihre Kultur und ihren Glauben bis in unsere Tage. Vom Hochmittelalter bis ins 17. Jahrhundert bestand dort sogar ein eigenes jüdisches Königreich. Ein weiteres Zeichen für den gesellschaftlichen Stellenwert der Juden in Nordafrika ist die Tatsache, dass seit dem Mittelalter bis heute der engste Berater des marokkanischen Königs traditionell ein marokkanischer Jude ist.

Ein Zuwanderungsschub europäischer Juden nach Afrika kam mit dem Einzug der europäischen Kolonialmächte. Viele von ihnen siedelten nun auch in Zentral- und Südafrika. Mehr noch, das von der ersten Riege der Zionisten 1903 vorgeschlagene Territorium für einen jüdischen Staat lag im Gebiet des heutigen Uganda. Dort besteht noch immer eine große jüdische Gemeinde *(Abuyadaya)*, vorwiegend aus Einheimischen, die im 19. Jahrhundert zum mosaischen Glauben konvertierten.

Während des Holocaust suchte eine große Anzahl verfolgter Juden Zuflucht in Afrika, vor allem in Südafrika. Nach 1945, mit Beginn der Unabhängigkeit vieler afrikanischer Staaten, verließen viele in Afrika lebende Juden mit den Kolonialherren den Kontinent. Seit der radikale Islam im Zuge des Arabischen Frühlings in den meisten nordafrikanischen Ländern Auftrieb erhielt, hat eine neue Auswanderungswelle afrikanischer Juden gen Israel eingesetzt. Etwas größere jüdische Gemeinden gibt es allerdings heute noch in Äthiopien, Ägypten, Ghana, Libyen, Malawi, Mali, Marokko, São Tomé und Príncipe, Simbabwe, Südafrika, Tunesien und Uganda.

49. Welche Bedeutung haben Voodoo und Candomblé in Afrika?
Der afrikanische *Voodoo* oder *Vodun* liegt jenem Voodoo zugrunde, der von afrikanischen Sklaven nach Nordamerika, in die Karibik und nach Südamerika gebracht wurde. Vodun ist hauptsächlich an der sogenannten Sklavenküste Westafrikas, die sich von Ghana bis Nigeria erstreckt, verbreitet und wird vor allem von den Yoruba und den Fon-Völkern praktiziert. Vodun erlebte einen neuen Aufschwung, als 1996 das Verbot, Vodun zu betreiben, das 1972 unter dem marxistisch-leninistischen Regime Benins verhängt worden war, wieder aufgehoben wurde. Neben Islam und Christentum ist Vodun heute als offizielle Religion in der Verfassung Benins anerkannt. Nicht umsonst trägt Benin den Beinamen «Wiege des Voodoo»; etwa 40 Prozent seiner Bevölkerung betreiben Vodun. Vodun hat seinerseits auch Elemente anderer Religionen adaptiert, und umgekehrt nehmen viele afrikanische Christen und Muslime trotz ihrer Religionszugehörigkeit an Vodun-Zeremonien teil. Als sich 1993 Papst Johannes Paul II. auf dem größten Vodun-Festival Ouidah mit Vertretern des Voduns traf, wurde dies als Anerkennung dieser Religion durch die katholische Kirche gedeutet.

Vodun ist so komplex, dass an dieser Stelle nur die wichtigsten Grundelemente aufgezeigt werden können. Das höchste gottähnliche Wesen im Vodun ist *Mawu*, welches grundsätzlich gut ist, sich jedoch nur wenig um die Menschen schert. Deshalb delegiert Mawu seine Macht an Geister – sogenannte Voduns; sie sind sowohl Repräsentanten Mawus als auch Bindeglied zwischen der menschlichen und der göttlichen Sphäre. Voduns stehen zudem für jene unsichtbaren Kräfte, die alles auf dieser Welt beeinflussen. So stehen sie auch über den Naturgesetzen. Voduns durchströmen alles, was in der Konsequenz bedeutet, dass nichts, was geschieht, Zufall ist. Alles, was auf Erden geschieht, hat mithin seinen Ursprung bei den Geistern.

Ein wichtiges Element des Vodun ist der Ahnenkult. Talismane, auch Fetische genannt, spielen gleichfalls eine wichtige Rolle im Vodun. Bei ihnen kann es sich beispielsweise um Puppen oder getrocknete Körperteile von Tieren handeln, deren Erwerb etwa Heil und spirituelle Verjüngung verspricht. Das Wissen um Heilkraft und Macht des Vodun wird mündlich überliefert und ist in seinem vollen Umfang nur den Vodun-Priestern zugänglich. Musik – Gesänge, Rasseln, Trommeln – nimmt gleichfalls einen hohen Stellenwert im Ritualschatz der Vodun-Kultur ein.

Das größte Vodun-Fest wird am 10. Januar eines jeden Jahres gefeiert und ist in seiner kulturellen Bedeutung mit dem europäischen Weihnachtsfest zu vergleichen. Zu diesem Anlass kommen Anhänger des Vodun aus aller Welt nach Benin, um gemeinsam diesen offiziell anerkannten Feiertag zu begehen; er wurde erstmals 1996 gefeiert, nachdem er von dem damaligen Staatspräsidenten Nicéphore Soglo eingeführt worden war.

Auch *Candomblé* gehört zu den afrikanischen Religionen, die bis heute besonders in Brasilien große Verbreitung gefunden haben; dorthin ist Candomblé als Religion der Sklaven – vor allem aus den Völkern der Yoruba, Fon, Ebe und Batu – gebracht worden, die nach Südamerika verschleppt wurden. Insgesamt haben sich die Religionen der einzelnen Gruppen in der Heimat wie in der Fremde geographisch unterschiedlich verbreitet, und so kann in verschiedenen Ethnien auch ein je unterschiedliches Aufkommen verschiedener Sekten festgestellt werden. Zwar sind die Gottheiten im Wesentlichen in allen religiösen Bewegungen, Regionen und Nationen identisch, doch gibt es unter diesen sehr unterschiedliche Kulte und Rituale. Der Glaube an Vodun ist im Candomblé ebenso wichtig wie christliche Glaubensinhalte. So überrascht es nicht, dass heute in vielen Candomblé-Tempeln auch Kruzifixe hängen; schließlich kommt der Musik im Candomblé ebenso wie im Vodun eine wichtige Rolle zu.

Doch während der Vodun in Afrika eine immer größere Bedeutung gewinnt – zumal durch seine Legalisierung eine Rückbesinnung vieler Afrikaner auf ihre religiösen Wurzeln eingesetzt hat –, beschränkt sich die Existenz von Candomblé im Wesentlichen auf Brasilien und spielt in Afrika nur eine untergeordnete Rolle.

Familie

50. Wie patriarchalisch ist die afrikanische Gesellschaft? Im vorkolonialen Afrika war die gängigste Form die bäuerliche patrilokal siedelnde – d. h. am Wohnort des Familienoberhauptes wohnende – Großfamilie, die in mehreren Generationen zusammenlebte. Ethnologen unterscheiden patri-, matri- und bilineare Familientypen. Diese Klassifizierung richtet sich meist nach dem Wohnsitz, den Erb- und Heiratsregeln und danach, ob die Weitergabe des Namens über den Vater, die Mutter oder über beide verläuft. In der Vormoderne – und auch in den heutigen, aber nicht selten vormodern gebliebenen afrikanischen Lebensverhältnissen – wurden viele Kinder gezeugt, um den Fortbestand der Familie und die Versorgung der älteren Generationen zu sichern. In diesen Strukturen – gleich, wo sie in Afrika vorkommen – hat traditionell der Mann das Sagen. Dies findet beredten Ausdruck im Vorkommen sogenannter polygyner Familienformen – vulgo: Vielweiberei –, die in Afrika vorherrschen. Man trifft diese Familienform insbesondere in islamischen Regionen an, aber nicht ausschließlich dort. In vielen afrikanischen Staaten wird zwar die monogame Ehe gefördert, doch ist die Polygamie nicht verboten. Vor allem die Einführung der Scharia, also des islamischen Rechtssystems, in einigen Staaten Afrikas – wie zum Beispiel im Sudan oder in Nordnigeria – hat die überdimensionierte Rolle des Mannes weiter gefestigt und die der Frau geschwächt. So wacht die Sittenpolizei im Sudan darüber, dass Frauen sich gemäß den Gesetzen des Islams kleiden. Frauen ist es untersagt, ohne die Zustimmung des Ehemannes außerhäuslichen Aktivitäten nachzugehen. In den ländlichen Gegenden des Sudans dürfen Frauen gar erst nach den Männern essen, werden als Händlerinnen von den Märkten vertrieben, und nach Einbruch der Dunkelheit dürfen sie nicht das Haus verlassen. Auch die barbarische rituelle Beschneidung – also die Verstümmelung der Klitoris der Frau – ist im Nordsudan noch gang und gäbe. Man darf feststellen, dass die Einführung der Scharia und die dadurch erreichte Zementierung der Benachteiligung der Frau genau das ist, was Afrika nicht gebrauchen kann. Nur die sexuelle, intellektuelle und berufliche Selbstbestimmung und Gleichberechtigung der Frau wird Afrika das volle schöpferische Potenzial menschlicher Fähigkeiten erschließen, dessen dieser Kontinent so dringend bedarf.

Immerhin haben Frauen es in Teilen Afrikas gelernt, sich unabhängig von Männern zu organisieren. Sie tun dies, um auf die vorhandenen Missstände hinzuweisen. In vielen frankophonen Ländern Afrikas organisieren sich Frauen nach dem Prinzip der *Tontines* – so genannt nach ihrem Erfinder, dem italienischen Bankier Lorenzo de Tonti (1602–1684): Frauen schließen sich in Gruppen zusammen und zahlen jeden Monat in einen Topf ein, um ihre selbständige Versorgung zu sichern. Das Geld aus dem Topf steht den Frauen auch in Notfällen zur Verfügung. Dies ist ein ungemein wichtiges Zeichen für alle afrikanischen Frauen, dass sie ihr Schicksal in die eigenen Hände nehmen können. Dieser Wachsamkeit der Frauen ist es beispielsweise auch zu verdanken, dass die politische und gesellschaftliche Gleichstellung von Mann und Frau in der 2014 neu verabschiedeten, nach-revolutionären Verfassung Tunesiens nicht beschnitten, ja sogar ausgebaut werden konnte. Dieser Umstand darf allerdings nicht darüber hinwegtäuschen, dass es auch in einem Land wie Tunesien, das Frauen schon seit der alten Verfassung von 1959 das Wahlrecht und große Freiheitsrechte einräumt, nach wie vor eine große Diskrepanz zwischen der gesetzlichen Gleichberechtigung und der gesellschaftlichen Realität gibt.

Wichtig sind deshalb auch Aktivitäten von Nichtregierungsorganisationen wie dem *Green Belt Movement* in Kenia, welches sich für den Umweltschutz und die Entwicklung sozialer Gemeinschaften einsetzt und vor allem Frauen bei der Umsetzung ihrer Projekte unterstützt. Die Organisation wurde von der Friedensnobelpreisträgerin Professor Wangari Maathai (1940–2011) gegründet. Sie demonstrierte den Frauen Afrikas, dass es ihnen gelingen kann, solidarisch strukturierte Entwicklungsmodelle zu schaffen, die ihren Fähigkeiten und Bedürfnissen gerecht werden. Die verkrusteten patriarchalischen Verhältnisse Afrikas aufzubrechen und den Frauen zu gleichen Rechten in allen Lebensbereichen zu verhelfen, sollte Gegenstand und Bedingung für jede zwischenstaatlich gewährte Hilfe sein. Man kann der Feststellung Kofi Annans aus dem Jahr 2006, als er noch Generalsekretär der Vereinten Nationen war, nur beipflichten: «Es ist unmöglich, unsere Ziele zu erreichen, während die Diskriminierung der halben Menschheit andauert. Untersuchung auf Untersuchung hat uns gelehrt, dass es kein wirksameres Mittel für die Entwicklung gibt, als Frauen mehr Macht zu geben.»

51. Wie viele Kinder hat eine afrikanische Familie? Es ist schwer, eine Durchschnittsangabe über den Kinderreichtum einer afrikanischen Familie zu machen. Fasst man die Frage weiter und allgemein, so darf man sagen, dass aktuellen Zahlen zufolge das Bevölkerungswachstum in Afrika südlich der Sahara am höchsten ist. Zurzeit leben in diesem Teil Afrikas rund 920 Millionen Menschen. Es gibt Prognosen, denen zufolge sich diese Zahl bis 2050 auf 2 Milliarden Menschen verdoppeln könnte. Die statistische Geburtenrate liegt dort bei 5,5 Kindern je Frau.

Generell kann man jedoch von einem leicht rückläufigen Trend bei den Geburtenraten sprechen. In den arabischen Ländern Afrikas ist die Geburtenrate zurückgegangen; bekam eine Frau in diesen Ländern in den siebziger Jahren im Durchschnitt noch sieben Kinder, so sind es heute statistisch nur noch 3,4.

Erfreulicherweise ist in fast allen Entwicklungsländern die Kindersterblichkeit gesunken. Doch mit Bedrückung nehmen wir zur Kenntnis, dass die Vereinten Nationen ihr Millennium Goal, die Kindersterblichkeit bei unter Fünfjährigen im Zeitraum von 1990 bis 2015 um zwei Drittel zu reduzieren, nicht erreichen konnten. Tatsächlich ist die Kindersterblichkeit im genannten Zeitraum um mehr als die Hälfte zurückgegangen und der absolute Rückgang war in keiner Region so groß wie in Subsahara-Afrika. Dennoch hält eine Unicef-Studie von 2017 fest, dass alle sechs Länder mit einer Kindersterblichkeitsrate über 100 pro 1000 Lebendgeburten weiterhin in Subsahara-Afrika liegen.

Dort erlebt eines von acht Kindern nicht einmal sein fünftes Lebensjahr. Während im Kampf gegen Infektionskrankheiten wie Masern, Malaria und Durchfall Erfolge erzielt werden, verbessert sich die Versorgung bei der Geburt kaum. Seit Jahren steigt deshalb der Anteil der Neugeborenen an denjenigen Kindern, die ihren fünften Geburtstag nicht erleben.

Mutter mit Kind bei einer Veranstaltung zur Malaria-Bekämpfung, Äthiopien, 2008

Besonders dramatisch ist die Lage in Somalia, wo nach Angaben der Unicef mehr Kinder als sonst irgendwo auf der Welt vor ihrem fünften Geburtstag sterben. All diese Zahlen ergeben ein schlechtes Zeugnis für Afrika. Mangelernährung, kein gesicherter Zugang zu sauberem Trinkwasser und AIDS wüten als Massenmörder unter afrikanischen Kindern, wobei die im subsaharischen Afrika immer wieder aufflammenden Konflikte ihren ebenso barbarischen wie sinnlosen Tribut an Todesopfern unter Kindern fordern.

Es gehört zur afrikanischen Lebenswirklichkeit dazu, dass in vielen Familien Kinder zur Versorgung der Familie beitragen müssen, um das Überleben zu sichern. Das ist selbstverständlich zu beklagen, aber es wird sich angesichts der oft unvorstellbaren materiellen Not so rasch nicht ändern lassen; davon ist jedoch die in jeder Hinsicht verwerfliche Zwangsarbeit von Kindern zu unterscheiden, die in Betrieben als Arbeitssklaven ausgebeutet werden. Grundsätzlich hat sich der Bereich der Kinderarbeit weltweit ein klein wenig aufgehellt: Die *International Labour Organisation* (ILO) verzeichnete zwischen 2013 und 2017 einen Rückgang von 168 auf 152 Millionen arbeitende Kinder zwischen fünf und siebzehn Jahren.

Im südlichen Afrika sind es rund 59 Millionen; über die Zahl arbeitender Kinder in den Staaten Nordafrikas, die statistisch in die Bewertung des Nahen und Mittleren Ostens fällt, ist keine genaue Angabe möglich. Insgesamt ist davon auszugehen, dass rund 20 Prozent der Kinder in Afrika arbeiten. Die meisten von ihnen werden in der Landwirtschaft eingesetzt. Allein in Ruanda arbeiten rund 300 000 Kinder, davon 85 Prozent in der Landwirtschaft. In Tansania arbeitet jedes fünfte Kind im Bergbau. In Marokko sind 50 000 Kinder in Haushalten tätig.

Jedes Kind hat ein Recht darauf, als Kind zu leben und eine zumindest elementare Schulbildung zu erhalten. Jedes Kind, dem diese Rechte vorenthalten bleiben, wird selbst in Not geraten und die Nöte Afrikas vergrößern. Wer den Kindern Afrikas Elend statt Bildung vermittelt, treibt sie auf die Flüchtlingsboote der Verzweifelten oder in die Terrorcamps von al-Qaida und IS.

52. Gibt es Altenheime in Afrika? Betrachtet man die Altersstatistik in Afrika, so könnte ein Zyniker sagen, dass sich diese Frage auf dem Kontinent doch kaum stellt: Frauen werden dort im Durchschnitt 64, Männer gar nur 61 Jahre alt – in Deutschland haben Frauen mittlerweile gute Chancen 83, Männer 78 Jahre alt zu werden. Aber natürlich gibt es auch in Afrika alte Menschen wie überall auf der Welt. Und es gibt auch verschiedene, freilich überwiegend sehr schwache soziale Sicherungssysteme für alte Menschen in Afrika. In Südafrika etwa wird die Versorgung von älteren Menschen durch ambulante Pflegedienste geleistet.

Die Kosten für die Altenbetreuung in Afrika tragen meist internationale Organisationen oder örtliche Krankenhäuser. Allerdings liegen Krankenhäuser in Afrika gerade in ländlichen Regionen meist Hunderte von Kilometern auseinander und sind häufig nur schlecht ausgestattet. Die Zahl der Angestellten in medizinischen Pflegediensten reicht in ländlichen Gebieten höchstens zu gelegentlichen Besuchen im Laufe eines Monats. Jedenfalls lassen sich die afrikanischen Verhältnisse in der Altenpflege nicht mit europäischen Standards auf diesem Gebiet vergleichen. So reduziert sich die Altenpflege auf elementarste Versorgungsleistungen, doch ist insbesondere die Versorgung mit notwendigen Medikamenten ungenügend.

Tatsächlich gibt es nur wenige Länder, die mit Altenheimen aufwarten können. Kamerun beispielsweise kann nur ein Altenheim aufweisen, während Ägypten immerhin auf über 113 solcher Einrichtungen kommt.

In ländlichen Regionen wird die Pflege älterer Menschen zumeist von Familienmitgliedern übernommen; dies ist immer noch die gängigste Versorgung älterer Menschen in Afrika. Es gibt allerdings viele Initiativen, die gerade jene Solidargemeinschaften gezielt fördern. Erschwert wird ihre Arbeit jedoch meist dadurch, dass es keine Krankenversicherungen gibt, die die erforderliche finanzielle Hilfe zuschießen könnten. Ähnlich verhält es sich mit der Rentenversicherung, die eine finanzielle Absicherung im Alter gewährleisten könnte. Entsprechende Initiativen, flächendeckende staatliche Sicherungssysteme auf- und auszubauen, scheitern regelmäßig aus finanziellen Gründen.

53. Welche Familienfeste feiert man in Afrika? Eines der wichtigen Familienfeste, das in Ghana und Nigeria meist Anfang August gefeiert wird, ist das *New Yam Feast*; es markiert das Ende der Regen- und den Beginn der Erntezeit. Das Fest ist nach der Yamswurzel benannt, einem der wichtigsten Grundnahrungsmittel in Westafrika. Die Menschen opfern bei diesem Fest den Göttern und ihren Vorfahren Yamswurzeln, bevor sie das Übrige an die Mitglieder des Dorfes verteilen. Traditionellerweise werden anlässlich des New Yam alle Töpfe, Teller und Mörser gründlich gereinigt. *Yam foo-foo* – eine Art Yamspüree – und Gemüsesuppe sind die traditionellen Gerichte, die zu diesem Anlass gereicht werden. Meist wird in solchen Massen gekocht, dass nicht nur die Familie satt wird, sondern genug für Verwandte und Nachbarn, die zu Besuch kommen, übrig bleibt.

Bei einigen Ethnien Afrikas spielen bis heute zudem Initiationsfeste eine wichtige Rolle. Sie markieren den Übergang eines Menschen beispielsweise von seinem Status als Kind in den der Adoleszenz. Die dabei praktizierten Rituale sind sehr verschieden: In einigen Gesellschaften – so etwa in Senegal, Togo und Burkina Faso – gehört beispielsweise in den ländlichen Gebieten immer noch die barbarische Beschneidung von Mädchen dazu. Jungen, die zur Vorbereitung einer solchen Veränderung ihrer Stellung in der Gemeinschaft ihr Dorf verlassen, verbringen normalerweise einige Monate in Abgeschiedenheit und auf Wanderschaft. Wenn sie wiederkommen, wird die Rückkehr der jungen Männer mit Festivitäten begangen, an denen die Familie und das ganze Dorf teilnehmen.

Die größten muslimischen Feste sind wohl *Eid al-Fitr* und *Eid al-Adha*. Ersteres markiert das Ende des Fastenmonats Ramadan. In früheren Zeiten zogen die Kinder zu diesem Anlass von Tür zu Tür und erbaten Süßigkeiten. Eid al-Adha hingegen ist das Opferfest und markiert den Höhepunkt des *Hadj*, der muslimischen Pilgerzeit. Zu beiden Anlässen kleidet sich die ganze Familie festlich, um die entsprechenden Gebete zu verrichten. Während Eid al-Adha wird meist ein Schaf bereitet, was an die Geschichte Abrahams erinnern soll, der sich der Prüfung Gottes unterwarf und bereit war, seinen Sohn zu opfern – bis Gott ihm durch einen Engel gebot, davon abzulassen, und Abraham stattdessen einen Widder opferte. Das während des Festes zubereitete Fleisch wird an die Armen verteilt.

Weihnachten wird in Äthiopien am 7. Januar gefeiert und *Genna* genannt. Die Fastenzeit, die vor dem Weihnachtsfest gehalten wird, dauert 43 Tage. In der Nacht zum 7. Januar wird die Fastenzeit zur spirituellen Vorbereitung auf das Christfest mit einem Gottesdienst und einem anschließenden Festmahl mit der ganzen Familie beendet. Meist werden traditionelle äthiopische Speisen wie *Injera* (Fladenbrot) und *Doro Wot* (eine scharfe Sauce mit Huhn und Ei) gereicht. Wer es sich leisten kann, schlachtet am Weihnachtsmorgen eine Kuh oder ein Schaf. Auch *Tej* wird konsumiert, ein alkoholisches Getränk, das mit deutschem Met zu vergleichen ist. Es gehört zudem zu den Bräuchen, während der Weihnachtsfeiertage weiße Kleidung zu tragen und die Tage mit traditionellen Spielen zuzubringen.

Gesellschaft

54. Leben die Buschmänner heute noch wie in der Steinzeit? Das Gebiet, auf dem die *San*, wie die Buschmänner heute vorzugsweise von Anthropologen genannt werden, leben, erstreckt sich über Teile von Botswana, Namibia, Südafrika, Angola, Sambia und Simbabwe. Das am dichtesten besiedelte Gebiet der San ist heute die Kalahari-Wüste. Einst zählten rund 300 000 bis 400 000 Menschen zu ihrem Volk – heute sind es noch gerade einmal 100 000. Über ihre Siedlungsgeschichte ist wenig bekannt. Die Kultur der San, die sich schätzungsweise vor ca. 20 000 Jahren im südlichen Afrika ausbreitete, ist im Begriff auszusterben. Heutzutage unterscheiden sich die San in ihrer Kultur, Physiognomie und Sprache nicht mehr wesentlich von den Khoikhoi oder anderen Bantu sprechenden Völkern. Es gibt aber noch vereinzelt Gruppen, die jenes Leben führen, wie es ihre Vorfahren getan haben. Die Gruppen, die diesen Weg gewählt haben, leben in der Tat noch vielfach im Einklang mit der Natur. Sie jagen ausschließlich zur Selbstversorgung, sind meisterhafte Kenner ihrer natürlichen Umgebung und leben von dem, was die Natur ihnen bietet. Diese Naturbezogenheit bestimmt ihre Geisteswelt, von der ihre Mythen und Sagen, in denen der Tierwelt eine besonders große Bedeutung zukommt, beredtes Zeugnis ablegen.

55. Leben die Pygmäen im Einklang mit der Natur? Bereits die Fragestellung ist heikel, denn ihr liegt die Vorstellung vom «Naturvolk» zugrunde, deren Gegenbild jenes des «Kulturvolks» ist – was ein beachtliches rassistisches Potenzial bietet. Wenn wir seit der Romantik dem Wunsch nachhängen, die Naturverbundenheit zu überhöhen, so sollten wir diese Gedanken nicht auf andere Völker projizieren, weil das für sie zu einer Quelle neuer Probleme werden kann – und Probleme haben sie meist genug. Eines der realen Probleme der Pygmäen besteht beispielsweise darin, dass ihnen von ihren Nachbarvölkern gern ihr vollwertiges Menschsein abgesprochen und anstelle dessen ein «magisches Potenzial» zugesprochen wird.

Etymologisch stammt das Wort Pygmäe vom griechischen Wort «pygmmâios» ab, was so viel bedeutet wie «eine Elle hoch». In der Tat sind männliche Pygmäen meist nicht größer als 140 Zentimeter, während Frauen etwa 130 Zentimeter erreichen. Der Lebensraum der Pygmäen erstreckt sich über den tropischen Äquatorialgürtel Afrikas. Zu den einzelnen Pygmäenvölkern zählen unter anderen die *Baka* in Kamerun, die *Babuinga* in Gabun, *Bambuti-Bashwa Baefee* und die *Bapoo Balese* im Kongo sowie die *Batwa* in Uganda-Ruanda. Genetische Untersuchungen des *Musée National d'Histoire Naturelle* in Paris haben ergeben, dass die verschiedenen Pygmäenvölker von einer Ursprungspopulation abstammen, die sich vor 2800 Jahren in verschiedene Ethnien aufgespalten hat. Bis zu dieser Erkenntnis ging man aufgrund der genetischen und kulturellen Unterschiede zwischen den einzelnen Pygmäenvölkern davon aus, dass es keine solche gemeinsame Ursprungspopulation gab.

Der Lebensrhythmus der Pygmäen wird vom Wald bestimmt; sie leben von dem, was ihnen der tropische Regenwald als Nahrung bietet. So gehen sie auf die Jagd, treiben Fischfang und sammeln Früchte und andere Schätze des Waldes. Ihre Werkzeuge und Waffen fertigen sie aus den Materialien, die ihr Lebensraum ihnen bietet. Trotz ihrer Lebensweise in den Wäldern kommt es traditionell zum Warenaustausch mit Angehörigen benachbarter Bantu-Völker, wobei meist erlegtes Wild gegen Feldfrüchte, Salz und beispielsweise Töpferware eingetauscht wird; doch jagen und sammeln Pygmäen grundsätzlich zur Selbstversorgung und nicht aus merkantilen Gründen.

Ziel ihrer Kindererziehung ist es, dass ihr Nachwuchs lernt, mit dem Wald, seinen Vorzügen und seinen Gefahren, umzugehen. So sind die Kinder, selbst wenn sie noch als Baby von der Mutter getragen werden, von klein auf im Wald unterwegs und nehmen beispielsweise an der Jagd teil. Auf diese Weise werden sie vertraut mit der Natur, welche die zentrale Rolle in ihrem Leben einnehmen wird.

Doch die harten Lebensumstände im Regenwald zeitigen eine hohe Kindersterblichkeit bei den Pygmäen, die bei etwa 40 Prozent liegt.

Die Dorfgemeinschaften der Pygmäen scheinen ohne oder mit nur sehr flachen Hierarchien auszukommen. Die Familie bzw. Sippe bildet das zentrale Element ihres Zusammenlebens. Obwohl es in einzelnen Bereichen des Alltags Aufgabenteilung nach Geschlechtern gibt – so ist etwa der Hausbau ausschließlich Sache der Frauen –, leben Mann und Frau gleichberechtigt miteinander.

Die Entwicklung des 20. Jahrhunderts hat vielfältige Gefahren für den Fortbestand der Pygmäenkultur heraufbeschworen. Nicht zuletzt ist ihr Lebensraum bedroht durch Kriege und Kriegsfolgen und in manchen Regionen durch die verantwortungslose, kommerziell motivierte und industriell betriebene Abholzung des Waldes. Darüber hinaus ist die Arroganz der großwüchsigen Unterdrücker der in ihrer körperlich-geistigen Leistungsfähigkeit und in ihrer Anpassung an den Wald als Lebensraum bewundernswerten Pygmäen als einer der letzten Jäger-und-Sammler-Kulturen der Welt zu verurteilen.

56. Ist die Beschneidung von Frauen ein typisch afrikanischer Brauch? Eine der brisantesten Menschenrechtsfragen Afrikas, da fast den gesamten Kontinent betreffend, ist die traditionelle Beschneidung der Genitalien von Jungen und Mädchen.

Während Kindern männlichen Geschlechts auf relativ harmlose Weise lediglich die Vorhaut beschnitten oder abgetrennt wird, führt die Genitalverstümmelung bei Mädchen, vorgenommen zwischen dem Säuglingsalter und dem Beginn der Geschlechtsreife, gelegentlich sogar zum Tod der Betroffenen. Vor allem im Nordosten des Kontinents, im Sudan, in Somalia und im Tschad, herrschen besonders grausame Methoden wie das Abtrennen der Klitoris und der äußeren Schamlippen, das Zunähen der Schamlippen und die gewaltsame Öffnung des zugewachsenen Scheideneinganges zum Zeitpunkt der Hochzeit. Der Gedanke, der hinter diesen Praktiken steht, ist in erster Linie eine Sicherung der geschlechtlichen «Geradlinigkeit». Man glaubt, dass der Mensch im Kindesalter beide Geschlechter parallel entwickelt. Die Klitoris der Frau gilt als Ansatz der männlichen Eichel, die männliche Vorhaut als Rückstand der weiblichen Schamlippen. Die Beschneidung dieser «bisexuellen Rudimente» soll geschlechtlichen «Verirrungen» wie Homo- oder Transsexualität vorbeugen. Dem zugrunde liegt der sehr hohe Stellenwert, den die Nachkommenschaft im afrikanischen Weltbild hat. Nachkommen sichern die Zukunft des Stammes oder der Familie.

Das Zunähen des weiblichen Geschlechtsorgans, in Nordostafrika verbreitet, soll zusätzlich die Jungfräulichkeit des Mädchens bis zur Heirat gewährleisten. Trotz eines expliziten Verbots dieser Praktiken in den meisten afrikanischen Staaten reicht die Verankerung dieses Brauches so tief, dass in manchen Ländern noch immer über 80 Prozent aller Frauen die – nicht zuletzt unter dem Gesichtspunkt allgemeingültiger Menschenrechte – barbarische Tortur der Beschneidung durchleiden müssen. Diese ist in jeder Hinsicht, nicht zuletzt aber im Hinblick auf das sexuelle Selbstbestimmungsrecht der Frauen, zu verurteilen.

57. Welche Rolle spielen die innere und die äußere Identität der Afrikaner für das Zusammenleben der Gesellschaft? Seit der Unabhängigkeit der afrikanischen Nationen ist es nur in den wenigsten Staaten gelungen, eine gemeinsame, homogene nationale Identität zu formen, weil verschiedene Ethnien, die wenige oder keine gemeinsame Identität verbindet, mit einem Mal in einem Staatsgebilde zusammengeschlossen wurden und einander dementsprechend mit Antipathien und Misstrauen begegneten. Die künstlichen Grenzziehungen durch die Kolonialherren liefern bis heute eines der Hauptargumente, um zu erklären, weshalb es so häufig zu innerstaatlichen gewaltsamen Konflikten in Afrika kommt. Doch immerhin haben die nationalen Befreiungskämpfe dafür gesorgt, dass sich im Kampf gegen die Kolonialherren Grundzüge nationaler Identitäten herausbildeten. Grundsätzlich wurde dieser Prozess durch die Tatsache erschwert, dass die jungen afrikanischen Nationen in ihrer ethnischen Vielfalt selten auf gemeinsame historische Erfahrungen oder nationale Mythen zurückgreifen konnten, die bei der nationalen Identitätsbildung stets einen wichtigen Faktor darstellen.

Versuche, sich auf eine gemeinsame afrikanische Tradition zu besinnen, sind beispielsweise in Senghors Philosophie der Négritude, Mobutus Authentizität oder auch in der Idee zu erkennen, einen afrikanischen Sozialismus – so in Guinea und Tansania– oder den sozialistisch geprägten Humanismus in Sambia durchzusetzen, den dort der politische Führer Kenneth D. Kaunda vertrat. Gleichwohl gelang es den meisten Staaten nicht, die auf nationaler Ebene konkurrierenden Identitäten einzubinden, zumal die politischen Machtkämpfe innerhalb der jungen Nationen entlang regionaler und ethnischer Trennungslinien ausgetragen wurden. Die Demokratisierungswelle in den neunziger Jahren hat diese Lage kaum zum Positiven verändert.

Die Schwäche vieler Staaten, ihre Hoheitsrechte allenthalben im Land auch durchzusetzen, Nöte zu lindern und eine gemeinsame positive gesellschaftliche Perspektive zu entwickeln, hat vielerorts zur Rückbesinnung auf traditionelle Strukturen geführt und Verbindungen in Familien, Clans und Ethnien gegenüber der gemeinsamen Nation aufgewertet. Wie gefährlich diese identifikatorischen Gemengelagen sind und wie leicht sich das Gerede von Traditionen instrumentalisieren lässt, zeigte sich im Konflikt zwischen Hutu und Tutsi Mitte der neunziger Jahre. Damals wurde von politisch interessierter Seite vertreten, dass die Tutsi vor Jahrhunderten aus Äthiopien eingewandert und Hamiten seien, die einst die Ackerbauern (Hutu) unterworfen hätten; ihre Gegner aber – so geht die Argumentation weiter –, die Hutu, gehören zu den Bantuvölkern. Dass Bantu jedoch nur die Beschreibung einer Sprachgemeinschaft, nicht aber einer Ethnie ist, wurde in der Kriegsrhetorik der Politiker jener Zeit natürlich verschwiegen. So wurde eine scheinbare Alterität dazu missbraucht, einen der grausamsten Genozide der zweiten Hälfte des 20. Jahrhunderts zu befeuern. Ist solch ein Konflikt erst einmal entfesselt, so können dann freilich real vorhandene traditionelle Clanstrukturen aufgegriffen und in die Organisation der Milizen verschiedener Warlords eingebaut werden.

Mithin bleibt es weiterhin eine zentrale Aufgabe der meisten afrikanischen Staaten, an der Entwicklung einer nationalen Identität unter Einbindung der im jeweiligen Land vorhandenen regionalen Identitäten zu arbeiten. Einen etwas zweifelhaften Erfolg zeitigten in diesem Zusammenhang die Bemühungen in Teilen des Maghreb: Im Zuge der Befreiung von den Kolonialherren und unlängst im Rahmen des Arabischen Frühlings bildete sich hier eine neue, teilweise ahistorische arabische Identität heraus, die staatlicherseits auch durch Kultur-, Sprach- und Bildungsprojekte gefördert wird. Dabei spielt neben der Abgrenzung von Europa auch die Tatsache eine Rolle, dass man sich in großen Bevölkerungsteilen Nordafrikas oft auch im Gegensatz zum südlichen Afrika verstand und sich nicht als «Afrikaner» sah. Auch unverhohlener Rassismus gegenüber Menschen mit dunkler Hautfarbe ist daher kein seltenes Phänomen in dieser Region.

Einen Beitrag zur Identitätsbildung können aber auch Großveranstaltungen in einem Land leisten, an denen sich mehrere Nationen beteiligen und die internationale Wahrnehmung erfahren, weil auf diese Weise in den Ausrichterländern ein gemeinsames «Könnensbewusstsein» und ein Gefühl des Miteinanders entstehen. Dazu trägt in einer Art von medialem Rückkopplungseffekt das positive Feedback bei, das aus dem Ausland in das Gastgeberland getragen wird. Einen entsprechenden Anlass hat etwa die Fußball-WM 2010 in Südafrika geboten.

58. Womit verbringen afrikanische Jugendliche ihre Wochenenden? Die Freizeitgestaltung Jugendlicher in Afrika unterscheidet sich in den urbanen Regionen kaum von jener ihrer Altersgenossen in Europa. Ihnen stehen Sportangebote, Vereine jeglicher Art, Kinos und Shoppingmöglichkeiten, Discos und Bars zu Gebote. Unterscheidungen in der Freizeitgestaltung von jugendlichen Angehörigen einzelner Religionsgruppen in urbanen Gebieten lassen sich nur schwer generalisieren. Grundsätzlich aber ist aus kulturellen oder religiösen Gründen vielen Mädchen die Mitwirkung an bestimmten Formen der Freizeitgestaltung erschwert: So können muslimische Mädchen einzelne Sportarten nicht betreiben, weil sie schwerlich mit den Verhüllungsvorschriften ihres Glaubens zu vereinbaren sind; wollen sie ausgehen, so bedürfen sie, um keinen Anstoß zu geben, der Begleitung einer Freundin oder eines Verwandten. Diese Beschränkungen gelten für Jungen meistens nicht. So zeigt sich in der Feierlaune und Feierpraxis männlicher Jugendlicher in muslimischen Ländern wie Ägypten, Marokko oder Tunesien kein großer Unterschied zu ihren christlichen bzw. europäischen Pendants – sieht man vom Alkoholkonsum einmal ab.

Anders sieht die Situation jedoch in afrikanischen Ländern aus, in denen die Scharia Grundlage der Gesetzgebung ist. Dort ist es den Mädchen meist nicht einmal erlaubt, ohne Zustimmung des Familienoberhaupts das Haus zu verlassen. Auch die Freizeitgestaltung der Jungen reduziert sich in solchen Ländern überwiegend auf Sport oder gemeinsame Spiele. Diese Unterscheidung gilt grundsätzlich auch für die ländlichen Regionen afrikanischer Staaten. Veränderungen bringen nur private Initiativen, die den Alltag der Menschen auf dem Land bunter gestalten. So tourt beispielsweise seit Jahren ein mobiles Kino durch den Senegal, das in den Dörfern des Landes hauptsächlich Filme aus Amerika und Indien zeigt, was natürlich auch das Einerlei im Leben der Jugendlichen ein wenig auflockert.

59. Gehen afrikanische Kinder gerne in die Schule? Das Ideal eines umfassenden Bildungssystems lebt in den meisten afrikanischen Staaten erst seit ihrer Unabhängigkeit. Dabei gab es durchaus schon Ansätze von Bildungssystemen in vorkolonialer Zeit. Beispiele dafür lassen sich in den islamisierten Gebieten in Afrika finden, wo es ein System von Koranschulen gab, das sich teilweise bis heute erhalten hat. Doch auch die Initiationslager vieler Völker West- und Ostafrikas lassen sich als Pflanzschulen einer traditionellen afrikanischen Bildung verstehen.

Während der Kolonialzeit waren es vor allem Missionsschulen, die einen europäisch definierten Bildungsauftrag gegenüber der Bevölkerung wahrnahmen. Die heutigen Schulsysteme in Afrika erscheinen meist als Varianten des englischen, französischen, portugiesischen und des als Ausnahme geltenden spanischen kolonialen Schulsystems.

Anders sieht es in Äthiopien und Liberia aus. Äthiopien kann auf ein Schulsystem zurückblicken, das seit der Ausbreitung des Christentums auf seinem Territorium um 330 n. Chr. bis zum Beginn des letzten Jahrhunderts von der orthodoxen Kirche getragen wurde.

Was nun die Gegenwart betrifft, so ist auf jeden Fall davon auszugehen, dass afrikanische Kinder viel lieber in die Schule gehen als beispielsweise ihre europäischen Altersgenossen, denn in den meisten Ländern Afrikas wird der Schulbesuch nicht als lästige Pflicht, sondern als Privileg empfunden. 30 Millionen Kinder in Afrika südlich der Sahara haben nicht die Möglichkeit, eine Schule zu besuchen. Dort liegt die Einschulungsquote bei nur 76 Prozent. Insgesamt ist zu beklagen, dass Afrika immer noch mit einer Analphabetenquote von insgesamt fast 38 Prozent kämpft. Für Frauen liegt diese noch um 8 Prozent höher. Grundsätzlich ist wegen der traditionellen Benachteiligung der afrikanischen Frauen die Lage der Mädchen in der Schulausbildung durchgehend (noch) schlechter als die der Jungen. Doch schwankt die Analphabetenquote regional. Im Niger beträgt sie bei Männern deprimierende 57 Prozent und bei Frauen niederschmetternde 85 Prozent, während in Simbabwe die Quote bei 4 Prozent bei den Männern und bei 6 Prozent bei den Frauen liegt. Um bis 2015 allen Kindern in Südsahara-Afrika eine Bildungschance zu eröffnen, bräuchte man zudem 17 Millionen zusätzliche Grund- und Sekundarschullehrer. Doch schenken die meisten afrikanischen Regierungen diesem Thema zu wenig Aufmerksamkeit und verkennen dabei, dass es doch der wichtigste Grundstein für Fortschritt und Entwicklung, vor allem aber für die Bewältigung der Armut ist.

Vorbildliches hat Graça Machel, die ehemalige Bildungsministerin von Mosambik, im Schulwesen geleistet. Sie hat während ihrer Amtszeit trotz des fortwährenden Bürgerkriegs in ihrem Land höchstes Engagement in die Bildung der Menschen investiert. Ihr für die Vereinten Nationen verfasster Sonderbericht über die kriegsbedingte Situation der Kinder in Afrika hat dort gewaltige Wellen geschlagen und eine wichtige Weck- und Warnfunktion gehabt. Mittlerweile gibt es viele Projekte, die sich mit der Alphabetisierung von Erwachsenen und Jugendlichen beschäftigen. Kinder werden häufig infolge von familiärer Armut und Kriegen von den Schulen ferngehalten. Doch auch die Tatsache, dass viele Primarschulen ihren Unterricht in Englisch, Französisch oder Portugiesisch bieten, hält zahlreiche Kinder von der Schule fern, da sie diese Sprachen nicht beherrschen. AIDS, die Geißel Afrikas, hat ihrerseits drastische Auswirkungen auf die Entwicklung des Schulsystems: Einerseits fehlen vielen AIDS-Voll- bzw. Halbwaisen die Mittel, um eine Schule zu besuchen, andererseits wurden viele Lehrer von dem Virus dahingerafft.

Die Misere der afrikanischen Bildungssysteme wächst zudem infolge der hohen Auslandsverschuldung. So muss beispielsweise Tansania sechsmal mehr öffentliche Gelder für seine Schuldendienste aufbringen, als es in den Bildungssektor stecken kann. Als Reaktion auf das desolate öffentliche Bildungswesen in Afrika hat in den letzten Jahren eine Reihe von Privatschulen eröffnet, die freilich wegen des Schulgelds nur von Kindern aus bessergestellten Familien besucht werden können.

60. Gibt es heute noch Sklaverei in Afrika? Im Jahre 1807 verboten die Briten per Gesetz den Sklavenhandel; bis zum Verbot der Sklaverei selbst sollten noch knapp dreißig Jahre vergehen. Mittlerweile wird die Sklaverei von allen Staaten geächtet. Dennoch schätzt die *International Labour Organisation*, dass es heute noch mehr als 40 Millionen Sklaven auf der Welt gibt. Der *Global Slavery Index* geht gar von 47 Millionen aus. Doch ist Sklaverei gewiss kein Thema, das sich auf eine Region wie etwa Afrika eingrenzen ließe.

Armut und Perspektivlosigkeit breiter Bevölkerungsschichten in Drittweltländern – aber nicht nur dort – stehen häufig in direktem Zusammenhang mit Sklaverei. Um diesem Phänomen gerecht zu werden, muss man sich vom Bild des Sklaven auf den Baumwollfeldern der amerikanischen Südstaaten freimachen. Sklaverei tritt in den unterschiedlichsten Formen auf: Kinder, die in Indien in Schuldknechtschaft gegeben werden, weil ihre Eltern Kredite nicht zurückzahlen können, oder Waisen, die in den afrikanischen Bürgerkriegsgebieten zum Kriegsdienst gepresst, und wieder andere, die in China als Wanderarbeiter ausgebeutet werden, sind nur einige Beispiele für das moderne Bild der Sklaverei. Ihre gängigsten Formen aber sind die Haushalts- und die Sexsklaverei – und damit rückt die nördliche Hemisphäre in den Fokus: Außerhalb der EU gilt dabei Nigeria als wichtigstes Herkunftsland. Schätzungen für Zwangsprostituierte in der Europäischen Union beziffern sich auf gar 200 000 Leidensgenossinnen.

Ebenso ist es kein Einzelfall, dass im Sudan immer wieder Kinder von Milizen entführt werden, um aus ihrem Verkauf Waffen zu finanzieren. Ein kleiner Erfolg und gleichzeitig ein Meilenstein im afrikanischen Kampf gegen die Sklaverei lässt sich immerhin aus dem Niger vermelden. Dort hat ein Gericht zum ersten Mal die Regierung schuldig gesprochen, und zwar weil sie im Fall der heute 24-jährigen Hadijatou Mani nicht genug getan hatte, um sie vor der Sklaverei zu schützen: Hadijatou Mani wurde im Alter von zwölf Jahren für 500 Dollar an einen Mann namens Souleymane Naroua verkauft. Sie arbeitete im Haushalt und auf den Feldern, wurde von ihrem Herrn vergewaltigt und gezwungen, seine Kinder zur Welt zu bringen. 2005 – nach zehn Jahren Sklaverei – wurde sie von ihm aus der Sklaverei entlassen. Als sie einen anderen Mann heiraten wollte, behauptete jedoch ihr ehemaliger Tyrann, mit ihr verheiratet zu sein. Hadijatou Mani ging vor Gericht, bekam in erster Instanz recht und heiratete. In zweiter Instanz wurde aber im Sinne ihres ehemaligen Sklavenhalters entschieden, und die Frau musste wegen Bigamie für sechs Monate ins Gefängnis. Nach ihrer Entlassung verklagte Hadijatou Mani den Staat Niger und erhob den Vorwurf, er habe nicht genug für ihren Schutz getan, obwohl Niger die Sklaverei «immerhin schon» im Jahr 2000 abgeschafft hatte. Diese Anklage konnte die Regierung des Niger nicht widerlegen. Noch 2017 gehen Schätzungen von bis zu 800 000 illegalen Sklaven in Niger aus. Ein weiteres Land, das nach wie vor mit dem Problem struktureller Sklaverei zu kämpfen hat, ist Mauretanien. Laut Schätzungen der Mauretanischen Anti-Sklaverei-Organisation *SOS esclaves* leben hier auch nach der offiziellen Abschaffung im Jahr 1981 und der Kriminalisierung von Sklavenhaltung im Jahr 2007 bis zu 600 000 Menschen oder 20 Prozent der Bevölkerung in Formen traditioneller oder moderner Sklaverei. Bei den Opfern handelt es sich hauptsächlich um die *Haratin*, «schwarze Mauren», die in vererbter Knechtschaft schwere Arbeiten für ihre hellhäutigeren, arabischstämmigen Herren (*Bidhan* oder «weiße Mauren») verrichten und in oft unüberwindlicher Abhängigkeit zu diesen stehen.

Dem Sklavenhandel heute auf die Spur zu kommen, gestaltet sich schwierig, da darüber nicht mehr wie in den Zeiten des transatlantischen Sklavenhandels Buch geführt wird. Doch immer noch entstehen viele Produkte, die wir für den täglichen Gebrauch kaufen, in Sklavenarbeit. So werden immer noch in verschiedenen Weltgegenden Kakao und Baumwolle von Sklaven geerntet, Teppiche und Fußbälle von Sklavenhand gefertigt, aber auch Tomaten im fruchtbaren Florida von Sklaven gepflückt: Dort wurde ein mexikanischer Junge namens Riccardo in den Laderaum eines Lieferwagens gesperrt und nur zum Ernten herausgelassen; seine «Arbeitgeber» berechneten ihm Kosten für Essen, Miete und andere Alltagsnotwendigkeiten, wodurch Riccardo immer tiefer in die Schuld seiner Peiniger geriet. Wir sollten also weder, was die Sklaverei betrifft, nur auf Afrika schauen, noch uns vormachen, dass die modernen Formen der Sklaverei als Einzelfälle betrachtet werden dürfen.

61. Gibt es eine traditionelle afrikanische Medizin? Die Lage der Gesundheitssysteme in Afrika ist im Großen und Ganzen unbefriedigend: Auf 10 000 Einwohner kommen laut *Stiftung Weltbevölkerung* nur 2 Ärzte. Rund 80 Prozent der afrikanischen Bevölkerung haben keinen Zugang zum Gesundheitssystem, und da drei Viertel aller Afrikaner südlich der Sahara weniger als 2 US-Dollar pro Tag zur Verfügung haben, können sie sich auch keine teuren Medikamente leisten. Einer Kuh in Österreich stehen zum Vergleich 2,5 US-Dollar pro Tag zur Verfügung.

Die Ausgaben der Staaten für den Gesundheitssektor betragen im Durchschnitt nicht mehr als 2,9 Prozent des Bruttosozialproduktes. Nach wie vor fordern «klassische Krankheiten» wie Malaria, Durchfall und Atemwegsinfektionen zahllose Todesopfer. Malaria allein tötete 2015 400 000 Menschen, davon 90 Prozent südlich der Sahara, wie die *World Health Organisation* mitteilt. Werden hierzulande die Menschen durch Nachrichten von ‹Killerviren› wie Ebola aufgeschreckt, erkrankten in Westafrika zwischen 2014 und 2016 mehr als 28 000 Menschen. Während Ebola außerhalb Afrikas nur ein Todesopfer forderte, erlagen in Sierra Leone, Liberia, Guinea, Nigeria und Mali erschreckende 11 000 Menschen dem Virus. Im afrikanischen

Alltag fordern auch die von den Kolonialherren eingeschleppten Masern immer noch und vor allem unter Kindern viele Opfer. Die Kindersterblichkeit im subsaharischen Afrika beträgt auf 1000 Lebendgeburten 78 Todesfälle, in Nordafrika 26 Todesfälle (*World Bank* 2016).

Lepra und Cholera breiten sich wieder vermehrt in Krisenregionen aus: Im Zuge der Cholera-Epidemie von 2012 sah sich die Regierung von Sierra Leone gezwungen, den Notstand auszurufen. Unter den über 10 000 Erkrankten meldete das Auswärtige Amt in Berlin mehrere hundert Tote. Eine fatale Verquickung von Tuberkulose und AIDS/HIV hat in den letzten Jahren zu einem dramatischen Anstieg der einen als Folge der anderen Krankheit geführt. Angesichts dieses Massenelends sind die ohnehin schwach entwickelten Gesundheitssysteme der meisten afrikanischen Staaten überlastet und können die Versorgung der Kranken – zumal auf dem Land – nicht aufrechterhalten.

Diese Missstände in der Schulmedizin stärken die Bedeutung der traditionellen afrikanischen Medizin. Rund 80 Prozent der afrikanischen Bevölkerung suchen bis heute Rat und Hilfe bei traditionellen Heilern. Allein in Südafrika gibt es 200 000 Vertreter dieser Berufsgruppe. Die Heilmittel, die sie verabreichen, werden im südlichen Afrika unter dem Begriff «Muti-Medizin» zusammengefasst. Ihre Ingredienzen sind ebenso vielfältig – und zum Teil abenteuerlich – wie ihre innerlichen und äußeren Anwendungsarten. Dies ist ein unmittelbares Resultat des letztlich magischen Weltzusammenhangs, dem sie entstammen. (So ist die Muti-Medizin beispielsweise auch in Form von Räucherzusätzen sehr gefragt.) Es gibt Tendenzen wie in Südafrika, die traditionelle Medizin als Naturheilkunde zu prüfen und zuzulassen und damit auch der Kontrolle zugänglich zu machen, denn die defizitäre staatliche Gesundheitsvorsorge bereitet eben nicht nur echten Naturheilkundlern, sondern auch Quacksalbern allenthalben den Boden.

Immerhin kommt es inzwischen zum Austausch zwischen afrikanischer und westlicher Medizin. Dies ist begrüßenswert, weil das profunde Wissen seriöser traditioneller Heiler um Heilkräuter bislang der westlichen Medizin großenteils verschlossen ist, da ihre Vertreter eine Auseinandersetzung damit lange Zeit für unter ihrer Würde befanden. So ist die deutsche *Gesellschaft für Technische Zusammenarbeit* besonders zu loben, die an Projekten zum Austausch zwischen westlicher und afrikanischer Medizin arbeitet und dabei einen Arbeitsschwerpunkt in Malawi entwickelt hat. In diesem Programm werden traditionelle Heiler in Fragen der Hygiene, sachgerechter Entsorgung von medizinischen Produkten und Aufklärung geschult, während sie im Gegenzug freien Zutritt zu Krankenhäusern erhalten, um ihre Heilkunst anzuwenden. Der Erfolg ist beachtlich: In einer Region, in der die Müttersterblichkeit besonders hoch war, ist seit dem Beginn des Projekts keine Frau mehr an den Folgen einer Schwangerschaft gestorben. Das Projekt soll nun auf weitere Regionen ausgedehnt werden. Sogar erste Erfolge dieser Zusammenarbeit im Kampf gegen AIDS zeichnen sich ab: Die Sutherlandia-Pflanze, die im südlichen Afrika gedeiht und seit Jahrhunderten von traditionellen Heilern verwendet wird, lindert Symptome wie Appetitlosigkeit, Antriebslosigkeit und Gewichtsverlust, die häufig im Zusammenhang mit AIDS auftreten, und wirkt zudem antibakteriell – allesamt Wirkungen, die therapeutisch hochwillkommen sind. Doch sind diese erfreulichen Informationen nicht dahingehend misszuverstehen, dass mit dieser Pflanze AIDS/HIV geheilt werden könnte. Und nichtsdestoweniger braucht es in Afrika vor allem eine ordentliche Aufklärungsarbeit im Bereich der Hygiene, eine bessere Infrastruktur der Krankenhausversorgung, Impfungen und preiswerte Medikamente sowie Zugang zu sauberem Wasser in ausreichender Menge für alle Afrikaner, um die Gesundheit der Bevölkerung auf breiter Front zu verbessern.

62. Wie verläuft die Ausbreitung von AIDS in Afrika? Es gibt Schicksale von Frauen, die sich angesteckt haben, nachdem ihre Ehemänner sich irgendwo als Wanderarbeiter mit AIDS infiziert hatten und die Krankheit dann den eigenen Ehefrauen anhängten. Es gibt Schicksale von Frauen, die von ihren Ehemännern verprügelt und verstoßen wurden, nur weil sie gebeten hatten, diese mögen doch ein Kondom benutzen. Es gibt Schicksale von AIDS-Kranken auf der Straße, die ohne Hoffnung, ohne Zugang zu medizinischer Versorgung und ohne Zuwendung vor sich hinvegetieren.

Neun von zehn AIDS-Waisenkindern weltweit leben in Afrika. In vielen afrikanischen Ländern ist die durchschnittliche Lebenserwartung um mehr als zehn Jahre gesunken. Allein in Südafrika ist die durchschnittliche Lebenserwartung bei der Geburt von 62,7 Jahren

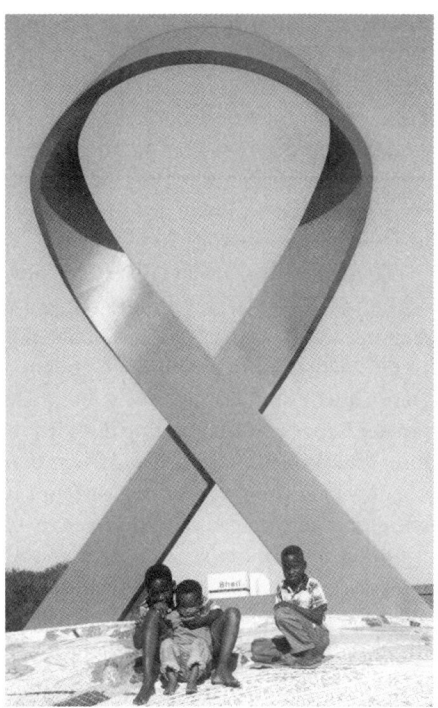

Aidsschleife, Denkmal, errichtet anlässlich der 13. Internationalen Aidskonferenz im Juli 2000 in Durban, Südafrika

im Jahre 1990 auf 57,4 Jahre im Jahre 2015 zurückgegangen. Afrika ist der Kontinent, der am stärksten von AIDS betroffen ist. Rund 70 Prozent der heute weltweit 36,9 Millionen HIV-Infizierten leben in Subsahara-Afrika; das sind rund 25,8 Millionen Menschen. Die meisten Ansteckungen erleiden junge Frauen im Alter zwischen 15 und 25 Jahren.

Viele AIDS-Kranke haben mit sozialer Ausgrenzung zu kämpfen. Nicht nur aus Angst ihrer Umwelt vor dem Infektionsrisiko, sondern auch wegen des Irrglaubens, dass AIDS ein Fluch der Götter sei, werden viele AIDS-Kranke von ihren Gemeinden und Familien regelrecht verstoßen.

Wurde laut John Iliffe (*The African Aids Epidemic. A History*) bereits in Blutproben aus dem Kongo vom Jahr 1960 das HI-Virus nachgewiesen, so sind aus Uganda und Tansania die ersten Fälle nicht vor 1978/79 bekannt geworden. Von dort aus begann das Virus Mitte der Achtziger seinen Vormarsch ins südliche Afrika, wo man heute die höchsten Infektionsquoten weltweit vorfindet. In Swasiland sind 27,2 Prozent der 15- bis 54-Jährigen infiziert, in Botswana 21,9 Prozent, in Südafrika 18,9 Prozent und in Simbabwe und Namibia etwas mehr als 13 Prozent. Eine weitere Region, in der AIDS stark verbreitet ist, ist Westafrika.

Die Ausbreitung von AIDS erfolgt in Afrika zumeist durch ungeschützten Geschlechtsverkehr, seltener durch Mutter-Kind-Übertragung während der Stillphase oder durch unsterile medizinische Geräte. Doch selbstverständlich tragen auch die Ausbreitung von Heroinsucht und der Gebrauch von unsterilen Spritzen zum Injizieren der Droge zur Ausbreitung des Virus bei. Prostitution ist ein heilloser Nährboden für AIDS in Afrika. Vor allem Wanderarbeiter, die über Monate von ihrer Familie getrennt sind, infizieren sich bei Prostituierten und tragen das Virus weiter.

Die sozio-ökonomischen Folgen von AIDS sind verheerend. AIDS reißt förmlich eine Generationslücke in Afrika. Da das Virus vor allem junge Erwachsene betrifft, wirkt sich diese Generationslücke insbesondere auf die wirtschaftliche Produktivität und den Wissenstransfer aus.

Bis heute gibt es keine Heilung für AIDS. Es gibt allerdings Medikamente, die die Symptome lindern und den Krankheitsverlauf verlangsamen. Die großen Pharmaunternehmen aber schützen ihre AIDS-Medikamente mit Patenten und verhindern so, dass billigere Medikamente auf den Markt kommen. Diese Medikamente werden jedoch gebraucht, um den tödlichen Ausgang der Infektion hinauszuzögern und das Schicksal der Infizierten lindern zu können. Laut einer Studie der forschenden Pharmaunternehmen werden in Afrika nur zu 20 Prozent die Medikamente von Originalherstellern und zu 80 Prozent Generica verabreicht. Generica sind preisgünstigere Kopien von wirksamen Medikamenten, welche die gleichen Wirkungen zeigen wie die teureren, patentgeschützten Originale.

Aber auch unter diesen Bedingungen ist die Initiative der *World Health Organisation*, «Towards Universal Access», die es sich bis 2010 zum Ziel gesetzt hatte, HIV-Medikamente allgemein zugänglich zu machen, gescheitert. Obwohl sich die Versorgungssituation deutlich verbessert hat, bekamen 2016 laut Vereinten Nationen nur rund 17 der 36 Millionen weltweit Betroffenen Medikamente.

Der Umgang mit AIDS und seinen Folgen ist schwer zu begreifen: Pharmafirmen wollen vorrangig ihre Profite sichern, Politiker in Afrika reden dummes Zeug über Ursprung und Ausbreitungswege des Virus, statt qualifizierte Aufklärung und Vorsorgeprogramme zu propagieren; die katholische Kirche kann sich selbst angesichts dieser humanitären Katastrophe nicht dazu verstehen, den unbedingten Einsatz von Kondomen zu gestatten, um das ausweglos wuchernde Elend einzudämmen.

63. Welche Bedeutung hat Malaria heute noch in Afrika? Dass die Verbreitung von AIDS in Afrika ein Problem immensen Ausmaßes ist, weiß hierzulande jedes Kind. Aber dass auch Malaria nach wie vor jedes Jahr mehrere Hunderttausend Tote in Afrika fordert, ist kaum bekannt. Um deutlich zu machen, um welche Größenordnung es hier geht, vorab ein paar Zahlen: Jährlich erkranken weltweit noch immer fast 210 Millionen Menschen an Malaria. Von den mehr als 400 000 jährlichen Malariatoten sind über 90 Prozent Afrikaner, ein Großteil davon Säuglinge und Kleinkinder. Laut *World Health Organisation* (WHO) stirbt alle zwei Minuten ein Kind an Malaria.

Der Erreger der Malaria – ein einzelliger Parasit der Gattung Plasmodium – wird durch die Anophelesmücke übertragen. Wie auch beim HI-Virus gibt es bis heute keinen wirksamen Impfstoff. Der einzig wirksame Schutz ist das Vermeiden von Insektenstichen. Es fehlt jedoch vielerorts schon an den einfachsten (aber effektiven) Präventionsmaßnahmen wie Moskitonetzen und Insektenschutzmitteln. Die vorhandenen Medikamente sind oft veraltet oder kaum wirksam. Erschwerend kommt hinzu, dass der Malariaerreger sehr schnell Resistenzen gegen neue Wirkstoffe entwickelt.

Man kann der Infektion mit Malaria vorbeugen, wenn man entsprechende Medikamente nimmt. Tatsächlich werden aber viele Menschen infiziert und leben mit dem Parasiten; wenn man die Infektion früh genug erkennt und behandelt, kann man die Krankheit kontrollieren. Eine Infektion von Kleinkindern kann allerdings innerhalb von 24 Stunden zum Tod führen; doch auch bei Erwachsenen kann sie rasch fatale Folgen zeitigen, wenn die Krankheit nicht erkannt wird.

Gesellschaft

Als Tourist kann man sich durch die Einnahme von Prophylaxemedikamenten im Vorfeld und während der Reise schützen. Diese können allerdings verschiedenste Nebenwirkungen haben. Die Palette reicht je nach Mittel von Übelkeit, Schwindel und Verdauungsbeschwerden bis hin zu Panikattacken und Depressionen. Daher sollte man hier immer das Risiko einer Infektion abwägen und dann entscheiden, ob das Mitführen eines sogenannten Stand-by-Medikamentes nicht ausreicht. Je nach Unterart der Malariaerkrankung sind die Symptome verschieden; allen Malariaformen gemeinsam ist jedoch hohes Fieber. Auch längere Zeit nach einer Reise in ein betroffenes Gebiet sollte man, tritt dieses Symptom auf, in jedem Fall einen Arzt aufsuchen. Die Zahl der reisebedingten Malariaerkrankungen in Deutschland geht zwar in den letzten Jahren zurück, trotzdem sind es jährlich immer noch mehrere Hundert, und es kommt deswegen auch immer wieder zu Todesfällen. Der Umstand, dass vor allem die Ärmsten der Armen in dieser Welt von Malaria betroffen sind, führt tragischerweise dazu, dass die Pharmaindustrie weltweit viel zu wenig in die Forschung investiert. An der Entwicklung von Medikamenten gegen weniger schlimme Krankheiten, die aber eher in der Wohlstandsgesellschaft verbreitet sind, wird oft wesentlich intensiver geforscht. Wirtschaftlich gesehen ist das logisch – beispielsweise lässt sich mit Mitteln gegen Erektionsstörungen in der westlichen Leistungsgesellschaft viel Geld verdienen –, unter humanitären Gesichtspunkten allerdings ist dies ein erschreckender Sachverhalt. Auch wenn in der jüngeren Vergangenheit in einigen der betroffenen Länder schon große Fortschritte in der Malariabekämpfung verzeichnet werden konnten, so muss doch noch viel getan werden. Laut WHO – der Weltgesundheitsorganisation – werden in den nächsten zehn Jahren fast 9 Milliarden US-Dollar benötigt, um den Kampf gegen Malaria gewinnen zu können.

64. Hat Afrika ein Drogenproblem? Der Drogenverbrauch in Afrika ist gestiegen. Vor allem der Konsum von Cannabis hat dramatisch zugenommen. Aber auch Kokain ist vor allem in Teilen West- und Südafrikas auf dem Vormarsch. Der *World Drug Report 2016* nahm etwa an, dass nach Nord- und Südamerika Afrika die globale Produktion und den Verbrauch von Cannabis anführt. 14 Prozent des 2016 konfiszierten Cannabis wurden in Afrika konfisziert. In diesem Kontext darf freilich die Dunkelziffer nicht vernachlässigt werden, denn für viele Regionen in Afrika liegen gar keine verlässlichen Zahlen vor.

Der afrikanische Drogenmarkt wird mittlerweile fast ausschließlich aus Südamerika, Afghanistan und Pakistan versorgt. Früher kamen noch viele der Drogen aus Thailand. Mittlerweile ist Afrika – und damit potenziert sich sein Drogenproblem – zu einer der größten Drehscheiben im internationalen Drogenhandel geworden. Die meisten Drogen, die für den europäischen Markt bestimmt sind, stammen aus Südamerika und Afghanistan, finden aber ihren Weg über Afrika nach Europa. Ursache dafür ist die mangelhafte Drogenbekämpfung in Afrika – ein Epiphänomen der insgesamt schlechten Sicherheitslage in vielen afrikanischen Staaten. Der finanzielle Beitrag Afrikas zum internationalen Kampf gegen Drogen beträgt nur rund 0,2 Prozent. Doch allein zwischen Dezember 2014 und März 2016 wurden mindestens 22 Tonnen Kokain beschlagnahmt, die über Westafrika nach Europa geschmuggelt werden sollten. Der Wert des jährlich über Afrika nach Europa geschmuggelten Kokains wird inzwischen auf rund 1,25 Milliarden Dollar geschätzt.

Der Drogentransit konzentriert sich im Wesentlichen auf Westafrika. Die Länder, die mit dem Drogentransit in Verbindung gebracht werden, sind Kap Verde, Guinea, Mali, Guinea-Bissau, Ghana, Benin, Togo, Gambia und Nigeria. Von dort gelangen die Drogen mit Fischerbooten oder per Kurier auf kommerziellen Flügen nach Spanien, Belgien oder in die Niederlande.

Die statistische Feststellung, dass der Drogenschmuggel in Afrika 2014 leicht zurückgegangen ist, bedeutet zunächst einmal, dass die Drogenfahnder weniger Drogen entdeckt haben. Zwischen 2014 und 2016 scheint sich dieser Trend wieder gewendet zu haben. Allerdings konkurriert Afrika inzwischen mit einer neuen Transportroute über Ost- und Südostasien. Die Entwicklungen auf diesen beiden Routen bleiben abzuwarten.

65. Welche Sportarten sind in Afrika besonders beliebt? Fußball ist die beliebteste Sportart in Afrika. Eine Vielzahl von afrikanischen Spielern wird jedes Jahr in die europäischen Topligen vermittelt. Der Liberianer George Weah war wohl einer der ersten bemerkenswerten, ja schillernden Fußballer Afrikas auf internationaler Bühne. Heute treten Spieler wie Pierre-Emerick Aubameyang aus Gabun, Naby Keita aus Guinea, Yaya Touré von der Elfenbeinküste und Yacine Brahimi aus Algerien in seine Fußstapfen. Nicht von ungefähr hat Südafrika 2010 die Weltmeisterschaft ausgerichtet – damit hat man der gestiegenen Bedeutung und der großen Qualität dieser Sportart in Afrika Rechnung getragen.

Andere afrikanische Länder favorisieren andere Sportarten: Gerade in den ehemaligen englischen Kolonien genießen Sportarten wie Kricket und Rugby hohes Ansehen. Traditionelle afrikanische Sportarten wie das Ringen, das sich bei den alten Nubiern und in Gabun großer Beliebtheit erfreute, haben sich – betrachtet man die Sportgeschichte des Kontinents insgesamt – in ihrer Beliebtheit nicht gegenüber anderen Sportarten behaupten können.

Äthiopien, Kenia und Marokko sind besonders für ihre starken Läufer auf den Mittel- und Langstrecken bekannt. Einer der wohl erfolgreichsten Läufer ist der Äthiopier Haile Gebrselassie. Seine Statistik ist bis heute einzigartig, und seine Geschichte ging um die Welt: Als Kind lief er jeden Morgen die zehn Kilometer zu seiner Schule und abends wieder zurück. Bis heute zeigt sich das in seiner Laufhaltung. Sein linker Arm ist beim Laufen verkrampft an seinen Körper angelehnt, als ob er immer noch seine Schulbücher unter dem Arm eingeklemmt hätte. Der Kenianer Eliud Kipchoge war Frontmann von Nikes sagenumwobenem «Breaking2»-Projekt und hat in diesem Rahmen die Marathondistanz unter Trainingsbedingungen in Monza in unglaublichen 2:00:25 bewältigt – was in etwa der erwarteten Zielzeit eines Amateurs im Halbmarathon entspricht.

Internationale Großveranstaltungen des Sports sehen regelmäßig Spitzenathleten afrikanischer Verbände. Neben den Olympischen Spielen und Weltmeisterschaften, zu denen Vertreter aller afrikanischen Länder entsandt werden, sind es vor allem die *Commonwealth Games*, an denen die Sportler aus den afrikanischen Commonwealth-Ländern teilnehmen; die *All African Games* hingegen, die sich großer Popularität erfreuen, bilden gewissermaßen das Familientreffen der afrikanischen Spitzensportler.

66. Welche Bedeutung hatte die Fußballweltmeisterschaft 2010 für Südafrika im Besonderen und für Afrika im Allgemeinen? Nie zuvor hat ein mediales und sportliches Großereignis von vergleichbaren Dimensionen auf dem afrikanischen Kontinent stattgefunden. Auch die bekanntesten Größen wie die Friedensnobelpreisträger Desmond Tutu und Nelson Mandela rührten kräftig die Werbetrommel für die FIFA-Weltmeisterschaft 2010 im eigenen Land. Und tatsächlich entpuppten sich die Südafrikaner trotz des frühen Ausscheidens ihrer Mannschaft in der Gruppenphase als großartige Gastgeber, die mit wunderbarer Begeisterung sich und die Welt, die bei ihnen zu Gast war, feierten: Mit ihren bunten Vuvuzelas, laut tutenden Trompeten, füllten sie das Rund der Stadien und sahen dem Treiben um den Ball mit dem offiziellen Namen *Jabulani* zu. Erstmals hatte es einen Fonds von 120 000 Eintrittskarten gegeben, die an Südafrikaner verschenkt wurden, die sich sonst den Besuch eines Spiels nie hätten leisten können. Nach FIFA-Angaben gingen dabei 54 000 an die am Stadionbau beteiligten Arbeiter und weitere 66 000 an Personen, die sich in sozialen und kommunalen Programmen engagierten. So waren im Vorfeld der Weltmeisterschaft eine Reihe sozialer Projekte in Angriff genommen worden wie die *Streetfootballworld*, eine Straßenfußballweltmeisterschaft, die in einem Vorort von Johannesburg ausgetragen wurde. Zu diesen Projekten gehört auch das «Team for Africa», eine Stiftung, die soziale Fußballprojekte in Südafrika unterstützt.

Eine der größten Herausforderungen stellte wohl die Sicherheitslage in Südafrika dar. Obwohl die erste Feuertaufe – der Confederations Cup, ein Vorbereitungsturnier, das von dem jeweiligen WM-Gastgeber zwei Jahre vor der Weltmeisterschaft ausgerichtet wird – gut verlaufen war, haben drei Jahre vor der Weltmeisterschaft in Südafrika Angriffe gegen Ausländer stattgefunden. Die Gewalt richtete sich zumeist gegen Einwanderer aus den Nachbarländern im Norden, was die potenziellen Gastländer mit gutem Grund verurteilten und als beunruhigend empfanden. Während der WM waren etwa 41 000 Sicherheitskräfte im Einsatz, und die örtliche Polizei hatte sich vorgenommen, die Kriminalitätsquote bis zum Beginn der Weltmeisterschaft um 10 Prozent pro Jahr zu senken. Zur Realisierung dieser Ziele standen dem südafrikanischen Polizeichef Pruis 122,5 Millionen Euro zur Verfügung.

Abgesehen von der Sicherheitslage war aber auch die Schaffung der Spielstätten und der Infrastruktur, um die erwarteten Gäste angemessen versorgen zu können, eine gewaltige Aufgabe, die offiziell ca. 3,1 Milliarden Euro verschlang. Es gab eine große Kontroverse darüber, ob man all dies rechtzeitig leisten könne und ob die zahlreichen sozialen Probleme im Land keine andere Prioritätensetzung verlangen würde. Die Befürworter erhofften sich eine Chance, ein neues Bild von Afrika in die Welt zu senden – ein Bild, das nicht von Katastrophen und Elend geprägt ist, wie man es sonst von diesem Kontinent aus den Medien kennt. Auch setzte man darauf, dass die WM ein Anwachsen der Tourismusbranche generieren würde, was gleichzeitig den Arbeitsmarkt im Land ankurbeln würde. Doch von dieser Zuversicht blieb am Ende der Bilanz bald nur mehr die Ernüchterung ob des horrenden Schuldenberges, den der Bau überdimensionierter Stadien und der zu ihrer Erschließung notwendigen Infrastruktur angehäuft hatte. Auch der Tourismus hat sich nicht wie gewünscht entwickelt. Im Gegenteil, von den erwarteten 500 000 Fußballreisenden sind nur etwa 300 000 gekommen, was etwa in Kapstadt viele der neu gebauten Hotels in existenzielle Nöte stürzte. In einigen Regionen entwickelte sich der Tourismus seit 2010 sogar rückläufig. So registrierte die Hotel- und Safaribranche in Nelspruit ein Jahr nach der WM einen Umsatzrückgang von rund 30 Prozent und mit 40 Prozent ist auch die Arbeitslosigkeit in dem kleinen Ort Mataffin, wo das Stadion von Nelspruit steht, wieder auf dem Niveau von vor dem Riesenevent (in ganz Südafrika wieder auf 25 %) angekommen. Verlassen stehen heute vielerorts die als weiße Elefanten bezeichneten Arenen da, die doch mit so großem finanziellen und personellen Aufwand gebaut worden waren. Zu gering ist vielerorts das Interesse am Fußball, wogegen Rugby und Cricket sich großer Beliebtheit erfreuen. Und selbst wo der Fußball beliebter ist, spielen die Kinder der Townships auf denselben staubigen Plätzen vor den leeren Stadien wie schon vor der WM.

Im fernen Europa frohlockte derweil der Fußballweltverband FIFA angesichts der großen Gewinne, die die WM eingespielt hätte. Doch von den erwirtschafteten 3,6 Milliarden US-Dollar dürfte wohl der Löwenanteil bei den großen Baukonsortien und v. a. der FIFA selbst geblieben sein.

Politik

67. Warum ist Afrika arm? Afrika hat nach dem Ende des Kolonialismus die Infrastruktur, die auf die Bedürfnisse der Kolonialmächte ausgelegt war, übernommen. Damit war die Grundlage für eine erschwerte Entwicklung in den jungen Nationen gelegt. Zur gleichen Zeit, als die meisten afrikanischen Staaten ihre Unabhängigkeit erlangten, spitzte sich der Ost-West-Konflikt zu und somit das Wettrennen um Einfluss auf dem afrikanischen Kontinent. Seit den sechziger Jahren, so schätzt der Weltökonom William Easterly, sind rund 2,3 Billionen Dollar Entwicklungshilfe geflossen – ein Großteil davon nach Afrika. Die Zahlen vernebeln allerdings, dass ein erheblicher Anteil dieses Geldes während des Kalten Krieges zur Stützung korrupter Alliierter diente, die wiederum die eigene Klientel bedienten, nicht aber strukturelle Verbesserungen im Land herbeiführten, um seine Zukunftschancen zu steigern. Eine effiziente Entwicklungshilfe, die diese Bezeichnung verdient hätte, war unter solchen Ausgangsbedingungen nur schwer vorstellbar.

Anfang der achtziger Jahre reformierten der Internationale Währungsfonds und die Weltbank die Entwicklungshilfe, indem sie das Konzept der Strukturanpassung als Prinzip der Entwicklungshilfe ansetzten. Strukturanpassungsprogramme sollen afrikanische Regierungen ermutigen, mithilfe zinsgünstiger Kredite ökonomische Strukturreformen durchzuführen; Togo beispielsweise war gezwungen, ein solches Strukturanpassungsprogramm zu akzeptieren, doch bekam man dadurch weder die Überschuldung noch das mangelnde Entwicklungspotenzial noch Fehler in der Landwirtschaftspolitik in den Griff. Seit ihrer Einführung versiebenfachte sich das jährliche Kreditvolumen für Afrika südlich der Sahara auf 6 Milliarden US-Dollar. Inzwischen hat sich gezeigt, dass das Prinzip der Strukturanpassung nicht funktioniert hat und bisweilen sogar katastrophale Folgen für die Bevölkerung mit sich brachte. Trotzdem geht man nur zögernd von diesen Prinzipien ab. So verfolgt man seit fast dreißig Jahren eine Entwicklungspolitik der Liberalisierung der Märkte und der Privatisierung von staatlichen Landwirtschaftsdiensten und Vermarktungsbehörden, obwohl das primäre Ziel die Ernährung der Bevölkerung sein sollte. Das Prinzip der Deregulierung, das die Weltbank als Voraussetzung für Unterstützungsleistungen propagierte, ist nicht zuletzt dafür verantwortlich, dass sich die steigenden Lebensmittelpreise der Kontrolle des jeweiligen Staates entziehen. Zudem erreichen die Gewinne, die mit diesen Preiserhöhungen einhergehen, nicht die produzierenden afrikanischen Bauern, sondern landen in den Taschen der Zwischenhändler – nicht wenige davon kommen aus den Industriestaaten. Aber auch die grassierende Korruption in den Regierungen und Behörden vieler Staaten sorgt dafür, dass Entwicklungsgelder, die für die Bevölkerung gedacht waren, im Wasserkopf der Verwaltung versickern, und die volkswirtschaftlichen Gewinne des Landes in den Säckeln der Führungseliten verschwinden. So wird etwa erst nach der Flucht des ehemaligen tunesischen Staatspräsidenten Zine el-Abidine Ben Ali ins Exil allmählich das Ausmaß des kleptokratischen Systems deutlich, das er und seine Frau Leila Trabelsi über die Jahre bis zu ihrer Vertreibung von der Macht im Zuge des Arabischen Frühlings 2011 aufgebaut hatten: Man geht inzwischen davon aus, dass der Ben-Ali-Trabelsi-Clan bis zu einem Drittel des über 31 Milliarden Euro umfassenden Bruttoinlandsprodukts des Landes durch Betrug und Korruption veruntreut hat. Die Suche nach den Konten, auf denen dieses dem tunesischen Volk gestohlene Geld gehortet wird, gestaltet sich allerdings nicht zuletzt aufgrund der mangelnden Kooperation ausländischer Regierungen und Banken im Westen und den Golfstaaten weiterhin schwierig.

Auch die Entwicklungspolitik der Europäischen Union ist nicht in jeder Hinsicht geeignet, die Armut in Afrika zu lindern. So wird beispielsweise ein in Malawi eingeführtes Gutscheinprogramm für Saatgut und Dünger von den EU-Geberländern heftig kritisiert und als wettbewerbsverzerrende Subvention der Landwirtschaft gedeutet. Dabei darf auch einmal in diesem Zusammenhang erwähnt werden, dass die Europäische Union allein für 2010 der europäischen Milchwirtschaft 449 Millionen Euro an Subventionen zur Verfügung gestellt hat. Malawi hat an seinem Gutscheinsystem festgehalten, fuhr prompt die beste Ernte aller Zeiten ein und ist mittlerweile in der Nahrungsmittelproduktion ein Überschussland.

Als folgenreich erweist sich zudem, dass die finanziellen Versprechen der Geberländer nicht eingehalten werden. Die auf dem G8-Gipfel 2005 beschlossene Verdopplung der Entwicklungshilfe bis

2010 lässt bis heute auf sich warten. Seit fast 40 Jahren soll die Entwicklungshilfe auf 0,7 Prozent der Wirtschaftsleistung gesteigert werden. Deutschland – immerhin eines der führenden Geberländer – hat dieses Ziel erst 2016 zum ersten Mal erreicht.

Allerdings befürchten vor allem Kritiker aus Afrika, dass ein Anstieg der Entwicklungshilfe ihre Nationen noch weiter in die Abhängigkeit von westlichen Staaten führen und somit die Entwicklung eines genuin afrikanischen Unternehmergeistes auf der Strecke bleiben könnte. Dieser Befürchtung ist entgegenzuhalten, dass erst durch die ausreichende Versorgung der Menschen mit Lebensmitteln, Medikamenten, Saatgut und Dünger sowie beispielsweise Moskitonetzen zur Vorbeugung gegen Malaria die Bevölkerung so weit erstarken und ihrer ärgsten Probleme der Daseinsvorsorge enthoben würde, um überhaupt Unternehmergeist entwickeln zu können.

Das weitgehend strukturschwache Afrika gerät zudem unter den Druck der Globalisierung, ohne auf deren Herausforderungen adäquat reagieren oder auch die Chance seines Ressourcenreichtums nutzen zu können. So werden zwar Produkte aus dem Primärsektor – vorrangig Bodenschätze – billig aus Afrika ausgeführt, doch die gewinnbringende Weiterverarbeitung findet andernorts statt, so dass die afrikanische Bevölkerung nicht an dem Wohlstand partizipieren kann, der aus den eigenen Rohstoffen in Drittländern geschaffen wird. Diese Fehlentwicklung wird vollends zur Perversion, wenn subventionierte Güter aus den Industriestaaten nach Afrika exportiert und dort zu Preisen angeboten werden, mit denen die örtlichen Produzenten nicht konkurrieren können. Auf diese Weise kann das Nord-Süd-Gefälle nicht gemildert werden.

68. Um welche Ziele wurde der Biafrakrieg geführt? Der sogenannte Biafrakrieg forderte über 2 Millionen zivile Opfer und kostete rund 50 000 Soldaten das Leben. Die grausamen Bilder dieses Krieges gingen um die Welt und schockierten die Menschheit. Es handelte sich dabei um eine der größten humanitären Katastrophen, die sich nach dem Zweiten Weltkrieg ereigneten.

Im Mai 1967, sieben Jahre nach der Unabhängigkeit Nigerias vom British Empire, riefen die Ibo, die im Südosten Nigerias heimisch waren, die eigenständige Republik Biafra aus. Dem ging ein von den Ibo inspirierter Militärputsch im Jahr 1966 voraus, dem ein Gegenputsch der Hausa-Fulani folgte. Der erste Putsch im Januar 1966 wurde von einer Gruppe junger, linksgerichteter Generäle unter der Führung von Emmanuel Ifeajuna and Chukwuma Kaduna Nzeogwu durchgeführt, wobei sie den amtierenden Premierminister Sir Abubakar Tafawa Balewa und die Premiers der Nord- und Westprovinz ermordeten. Den Putschisten gelang es jedoch nicht, eine funktionierende Regierung zu errichten. Der Gegenputsch wurde von Yokubo Gowon sowie von aus dem Norden stammenden Offizieren angeführt, und er ging mit einem Blutbad an der Ibo-stämmigen Bevölkerung einher. Als Emeka Ojukwo die unabhängige Republik Biafra ausrief, dauerte es nicht lange, bis Nigeria den Sezessionsbestrebungen Biafras ein Ende setzen wollte – nicht zuletzt, weil auf dem Gebiet der abtrünnigen Republik die Ölvorkommen Nigerias lagen. Nach zahllosen Schlachten zwischen der nigerianischen Armee und jener von Biafra gelang es der nigerianischen Armee Mitte 1969, ihre Gegner in Biafra einzukreisen, deren Herrschaftsgebiet zu diesem Zeitpunkt nur noch einem Zehntel ihres ursprünglichen Territoriums entsprach. Die nigerianische Regierung untersagte Hilfslieferungen in die Region, um den Widerstand zu brechen. Selbst als medizinische Versorgung schließlich zugelassen wurde, durften immer noch keine Lebensmittellieferungen in die Region gebracht werden. Zugleich setzten die nigerianischen Truppen das verheerende Kampfmittel Napalm ein. Die humanitären Auswirkungen dieser brutalen, völkermordenden Kriegsführung lassen sich kaum beschreiben. Im Dezember 1969 flüchtete Ojukwo in die Republik Elfenbeinküste. Am 12. Januar 1970 kam es zu einer dauerhaften Waffenruhe, womit die Unabhängigkeit Biafras endete und dessen Territorium wieder in den nigerianischen Staat eingegliedert wurde.

Neben den ethnischen Spannungen hatten massive ökonomische Interessen – allen voran die Kontrolle über reiche Ölvorkommen im Südosten der umstrittenen Gebiete – den Kampf um die politische Herrschaft angefacht. Die Republik Biafra ging nach nur vier Jahren in diesem Kampf in unvorstellbaren Leiden unter. Großbritannien unterstützte in diesem Krieg Nigeria, um seine Ölinteressen zu sichern, Frankreich Biafra, um die Ölkonzerne Shell und BP zu schwächen. Die Sowjetunion half der nigerianischen Regierung mit Waffen, während die Waffen in Biafra aus China und aus der Eigenproduktion stammten. Viele Staaten mischten aus Eigeninteresse in dem Konflikt mit, doch als sich die humanitäre Katastrophe in Biafra abzeichnete, hielt man sich zurück. Dies gilt auch für ebenso alte wie bedeutende Ölindustriepartner des nigerianischen Regimes, das bis weit in die neunziger Jahre Menschenrechte mit Füßen trat: British Petrol (BP) und Shell. Doch rüttelte der Biafrakrieg auch durchaus verantwortungsbewusste Köpfe im Westen auf, wie etwa die Etablierung des «Humanitarismus» erkennen lässt; zudem wurde in der Folge der Biafra-Katastrophe in der Bundesrepublik Deutschland beispielsweise die *Gesellschaft für bedrohte Völker* und in Frankreich die *Médecins sans frontières* (MSF) gegründet, deren deutschsprachige Sektion unter dem Namen *Ärzte ohne Grenzen* bekannt ist.

69. Was ist Apartheid? Apartheid ist eigentlich ein ‹unschuldiges› Wort und bedeutet einfach nur «Trennung» oder «Absonderung». Es kommt aus dem Afrikaans, einer aus dem Holländischen entstandenen Sprache, die hauptsächlich in Südafrika gesprochen wird. Der Begriff ging jedoch in die Geschichte ein als Bezeichnung für die bis Ende des 20. Jahrhunderts in Südafrika herrschende Politik der Rassentrennung. Heute wird Apartheid teilweise auch allgemein als Synonym für Rassentrennung verwendet.

Unter der Herrschaft der niederländischen und später der britischen Kolonialmacht wurden zunehmend alle nichtweißen Bevölkerungsgruppen diskriminiert. Als 1910 die südafrikanische Union durch den Zusammenschluss der damals existierenden vier Provinzen gegründet wurde, hatten von Anfang an die Weißen das Sagen.

Die Zeit der radikalen Apartheidpolitik beginnt 1948 mit dem Wahlsieg der rechtskonservativen *National Party*. Nach dem Zweiten Weltkrieg hatte sich die Situation zunehmend verschärft, die schwarze Bevölkerung begann vermehrt, sich gegen die Unterdrückung zu wehren. Oppositionelle Organisationen wie der *African National Congress* (ANC) organisierten immer mehr Streiks und Demonstrationen. So verhalf die dadurch verunsicherte weiße Bevölkerung der National Party zu einem Wahlsieg mit großer Mehrheit. Fortan wurde das Leben der schwarzen Bevölkerung bestimmt von Einschränkungen und Verboten. In allen öffentlichen Gebäuden gab es durch Schilder gekennzeichnete getrennte Bereiche mit verschiedenen Eingängen, sogar die Toiletten waren nach Rassen getrennt. Es wurden zwei unterschiedliche Schulsysteme eingeführt. Während die Weißen von qualifizierten Lehrern unterrichtet wurden mit dem Ziel, bestmögliche Bildung zu gewährleisten und somit entsprechende Berufschancen zu schaffen, wurde die schwarze Bevölkerung für die Arbeit in der Landwirtschaft oder als niedere Hilfsarbeiter ausgebildet. Auch die Wohngebiete wurden getrennt, Schwarze mussten einen Pass tragen, wenn sie sich außerhalb ihrer Gebiete aufhielten. In der Stadt wurden sie nur geduldet, wenn sie dort arbeiteten. Ansonsten lebten sie in den sogenannten Townships am Rand der Städte. Die Trennung der verschiedenen Bevölkerungsgruppen betraf nicht nur das öffentliche Leben, sondern drang auch in den privaten Bereich ein. So waren beispielsweise Mischehen verboten.

Ab Mitte der siebziger Jahre wurden die Proteste gegen das Apartheidregime sowohl auf nationaler als auch internationaler Ebene immer massiver. Trotzdem sollte es noch fast zwanzig Jahre bis zum endgültigen Ende der Apartheid dauern. Die oppositionellen Organisationen der Schwarzen wurden zunehmend stärker. Ein blutiger Höhepunkt des Widerstandes war der Aufstand von Soweto 1976. In dem Township Soweto demonstrierten schwarze Schüler gegen die Einführung von Afrikaans, der Sprache der weißen Minderheit, als offizieller Unterrichtssprache. Der Streik wurde von der Polizei äußerst gewaltsam niedergeschlagen. Bei den Auseinandersetzungen starben mehrere Hundert Menschen. Die Unruhen dauerten an, und von nun an bedienten sich auch die Widerstandsorganisationen der Gewalt. Es hatte sich ein militarisierter Zweig des ANC formiert mit Nelson Mandela als Führer. Nach und nach griffen die Unruhen auf das ganze Land über, Südafrika befand sich mehr und mehr im Ausnahmezustand. Dadurch wurde die Apartheid auch zu einem immensen Kostenfaktor für das ohnehin schon von einer wirtschaftlichen Krise gebeutelte Land.

Auch von außen wurde die Kritik an der Politik der Apartheid immer stärker. Die Vereinten Nationen erklärten die Apartheid offiziell zum Verbrechen gegen die Menschlichkeit; der öffentliche Druck wuchs. Es wurde wiederholt zum internationalen wirtschaftlichen Boykott Südafrikas aufgerufen, verschiedene Menschenrechtsorganisationen sowie auch die Kirchen übten wiederholt lautstark Kritik. Die endgültige Wende läutete 1989 der Amtsantritt Willem de Klerks als neuer Staatspräsident ein. Er nahm sofort die Verhandlungen mit den Führern des schwarzen Widerstands auf, an dessen Spitze der seit über zwanzig Jahren inhaftierte Nelson Mandela stand. Durch de Klerks Bemühungen und aufgrund des stetig wachsenden internationalen Drucks begann nun die schrittweise Abschaffung der Apartheid. 1990 kamen Mandela und andere politische Gefangene frei, und deren bis dahin verbotene Widerstandsorganisation ANC wurde wieder eine legale Partei. Die Gesetze der Rassentrennung wurden nach und nach abgeschafft. 1994 kam es schließlich zu den ersten freien allgemeinen Wahlen in Südafrika. Mandela wurde zum ersten schwarzen Präsidenten der neuen Republik gewählt. Nelson Mandela und Willem de Klerk bekamen 1993 für ihr Engagement zur Abschaffung der Apartheid den Friedensnobelpreis.

70. Wie ist die Stellung der Frau in der Politik afrikanischer Staaten? Zunächst einmal gilt es festzustellen, dass – wie in der europäischen Geschichte – es auch in der afrikanischen Geschichte nur vereinzelt politisch herausragende Frauen gab und gibt, da die afrikanische Politik bis in die Gegenwart von Männern dominiert wird.

Während der Kolonialzeit gab es Berichte über die Königin Nzinga in Angola und die Aschanti-Königin Asantewaa, die die Kolonialherren aus Portugal bzw. England herausforderten. Glücklicherweise treten aber immer wieder starke afrikanische Frauen ins Licht der Öffentlichkeit. Hier sollen exemplarisch die Schicksale von zwei der bedeutendsten afrikanischen Politikerinnen der jüngeren Geschichte vorgestellt werden, die Vorbilder für Millionen junger Afrikanerinnen geworden sind.

Eine der bemerkenswerten weiblichen Politikerinnen der Neuzeit ist Graça Machel. Nachdem sie ihre akademische Ausbildung im Ausland absolviert hatte, trat sie in die Untergrundorganisation *Front für die Befreiung Mosambiks* (FRELIMO) ein, die sich dem Kampf gegen die portugiesische Kolonialmacht verschrieben hatte. Als ihr der portugiesische Geheimdienst auf der Spur war, flüchtete sie nach Tansania, wo sie in einer FRELIMO-Schule Flüchtlingskinder unterrichtete. Dort traf sie ihren künftigen Ehemann und den späteren Staatspräsidenten Mosambiks, Samora Machel. Der Zusammenbruch der portugiesischen Diktatur 1974 brachte auch die Unabhängigkeit Mosambiks. Nach mehr als 500 Jahren portugiesischer Kolonialherrschaft wurde Samora Machel erster Staatspräsident Mosambiks, und Graça Machel wurde im Alter von nur 29 Jahren Erziehungsministerin des jungen Staates. Kurz nach der Unabhängigkeit stürzte das Land jedoch in einen sechzehn Jahre währenden Bürgerkrieg zwischen der FRELIMO und der RENAMO (Nationaler Widerstand Mosambiks), wobei Letzterer von dem Apartheidregime Südafrikas unterstützt wurde. Trotz des Bürgerkrieges gelang es Graça Machel in ihrer Amtszeit bis 1989, die Zahl der Schüler und Studenten Mosambiks von 40 auf 80 Prozent aller Kinder und junger Leute anzuheben. 1986 starb ihr Ehemann, Samora Machel, bei einem Flugzeugabsturz, dessen Ursachen bis heute ungeklärt sind. Von Boutros Boutros-Ghali, dem aus Ägypten stammenden ehemaligen UNO-Generalsekretär (1992–1996), wurde die Witwe als unabhängige Expertin berufen, um einen UN-Report über die «Auswirkungen bewaffneter Konflikte auf Kinder» auszuarbeiten. Ihr Bericht schlug hohe Wellen und führte zur Einrichtung einer Sonderkommission. 1998, an seinem 80. Geburtstag, heiratete Graça Machel schließlich Nelson Mandela.

Am 16. Januar 2006 wurde Ellen Johnson-Sirleaf in Liberia als erste Präsidentin eines afrikanischen Staates vereidigt. Zu dieser Zeremonie kamen unter anderem die US-amerikanische Außenministerin Condoleezza Rice und die US-Präsidentengattin Laura Bush. In ihrer Antrittsrede wandte sich die Präsidentin an die Frauen Liberias, Afrikas und der ganzen Welt.

Ellen Johnson-Sirleaf ist eine Frau mit einer bemerkenswerten Vergangenheit. Nach ihrem Studium in Harvard wurde sie 1972/73 Staatssekretärin im Finanzministerium im Kabinett des Präsidenten William Tolbert (1971–1980), das sie jedoch nach nur einem Jahr wieder verließ. Nach der Machtergreifung durch den Diktator Samuel Doe (1980) wurden Tolbert und einige Kabinettsminister ermordet; Johnson-Sirleaf, die zunächst Finanzministerin wurde (bis 1982), floh nach Nairobi, wo sie als Direktorin der Citibank arbeitete. Nachdem Doe wieder Parteien in Liberia zugelassen hatte, kehrte Johnson-Sirleaf zurück und trat mutig und kritisch im Wahlkampf (1985) gegen Samuel Doe an, wofür man sie zu einer Gefängnisstrafe verurteilte. 1986 konnte sie in die USA fliehen und arbeitete unter anderem als Afrika-Direktorin des UN-Entwicklungsprogramms. 1989 hatte Charles Taylor Samuel Doe weggeputscht. Gegen Taylor, der das Land in einen blutigen Bürgerkrieg stürzte, trat Johnson-Sirleaf 1997 im Präsidentschaftswahlkampf an, unterlag ihm aber. Als Taylor aufgrund innerer Unruhen und internationalen Drucks seine Macht 2003 abgeben musste und die Kriegsparteien ihre Differenzen beiseitegelegt hatten, schien die Stunde von Johnson-Sirleaf gekommen. In letzter Sekunde aber entschieden sich die Kriegsparteien für Charles Bryant als neues Staatsoberhaupt, dessen Übergangsregierung Johnson-Sirleaf unterstützte, um die Gesellschaft zu demilitarisieren und wieder zu einen. Bei der nächsten Wahl im November 2005 konnte sich Ellen Johnson-Sirleaf endlich als Präsidentin durchsetzen, und zwar gegen keinen Geringeren als den in Liberia sehr prominenten ehemaligen Weltfußballer George Weah. Sie ist damit die erste gewählte Präsidentin ihres Heimatlandes und zugleich ganz Afrikas.

71. Stellt Terrorismus eine Bedrohung für Afrika dar? Auch wenn es seit vielen Jahren immer wieder zu Anschlägen im Nahen Osten, in Afrika und in anderen Teilen der Welt kommt, deren Drahtzieher und Ausführende Islamisten sind, so wäre es doch verfehlt und für den Versuch einer wirksamen Bekämpfung des Terrors geradezu fatal, dahinter einen einheitlichen, globalen Großkonflikt zu sehen. Stets müssen die Besonderheiten der jeweiligen zugrunde liegenden lokalen Konflikte und Missstände ins Auge gefasst werden, die von Islamisten propagandistisch instrumentalisiert und deren Leidtragende rekrutiert werden können. An dieser Stelle aber kann es nur darum gehen, Grundzüge der Terrorproblematik in Afrika zu beschreiben.

Seit Anfang der neunziger Jahre kam es wiederholt zu Terrorakten gegen US-amerikanische Einrichtungen in Kenia und Tansania und zu verheerenden Anschlägen in den Maghrebländern sowie in Ägypten und Äthiopien; außerdem zettelten fanatische Extremisten im Süden Somalias, in Mali, Nigeria und Libyen Aufstände an. All dies verweist auf verstärkte terroristische Aktivitäten auf dem afrikanischen Kontinent. Mangelnde Sicherheitsinfrastruktur und die Unfähigkeit vieler Regierungen, das Gewaltmonopol jeweils über ihr gesamtes Staatsterritorium auszuüben – sie erweisen sich damit als sogenannte *failed states* –, bieten dem Terrorismus gute Bedingungen, Afrika in Angst und Schrecken zu versetzen. Zudem bieten die informellen Strukturen in einigen afrikanischen Staaten ideale Bedingungen zur Versorgung der Terroristen mit Dingen des täglichen Bedarfs, Unterschlupf, Waffen und Know-how für ihren Kampf.

Der Terrorismus der letzten drei Jahrzehnte unterscheidet sich hinsichtlich seiner Organisationsform von allen früheren Formen. Bei heutigen Terrororganisationen handelt es sich oft – auch in Afrika – nicht um hierarchisch und zentralistisch aufgebaute Strukturen, sondern um Netzwerke. In diesen dezentral organisierten Netzwerken agieren autonome Zellen, die zwar meist durch Führungspersönlichkeiten inspiriert sind, aber nicht immer unter deren direkter Kontrolle stehen müssen.

Bisher galten Länder mit einem hohen muslimischen Bevölkerungsanteil als besonders prädestiniert für terroristische Aktivitäten. Hierzu zählen die Länder im Gebiet des Maghreb, der Sahelzone und vor allem jene am Horn von Afrika.

Besonders hervorzuheben ist Somalia, das von 1991 bis 2012 keine funktionierende Zentralregierung besaß, ein geradezu klassischer Fall eines *failed state*. In dem jahrelangen Bürgerkrieg übernahm schließlich die Islamistenmiliz Al-Shabaab die Kontrolle über das halbe Land. Shabaab, die 2012 dem globalen Terrornetzwerk al-Qaida die Treue schwor, verübte auch in den Nachbarländern Uganda und Kenia eine Reihe von schweren Anschlägen. So in Kenia 2013 mit einem Überfall auf die «Westgate»-Shopping Mall in der Hauptstadt Nairobi und 2015 mit einer Attacke auf christliche Studenten der Garissa-Universität. 2011 wurde Shabaab von Interventionstruppen der Afrikanischen Union, die von US-Truppen Unterstützung mit Luftschlägen erhalten, aus der somalischen Hauptstadt Mogadischu und 2012 aus der wichtigen Hafenstadt Kismayo wieder vertrieben. Aber ein verheerender Bombenanschlag mit einem LKW in Mogadischu im Oktober 2017, der mehr als 500 Todesopfer forderte und der von der somalischen Regierung Al-Shabaab zugeschrieben wird, zeigt, dass Somalia von Stabilität noch weit entfernt ist.

Der westafrikanische Staat Nigeria wird seit 2011 beinahe im Wochenrhythmus von der nordnigerianischen Terrortruppe Boko Haram mit Überfällen überzogen. Die Gruppe verfolgt das Ziel, in Nigeria einen Gottesstaat zu errichten und hat sich 2015 der Terrormiliz «Islamischer Staat» (IS) angeschlossen. Sie hat ihren Terror auch auf die Nachbarstaaten Kamerun, Tschad und Niger ausgeweitet. Internationales Aufsehen erregte Boko Haram 2014 mit der Entführung von fast 300 nigerianischen Schülerinnen von einer Schule in Chibok. Die Terrorgruppe hat seit 2009 mehr als 17 000 Menschen getötet und 2,6 Millionen in die Flucht getrieben.

In der Sahelzone Malis erhoben sich 2012 die Wüstenbewohner im Norden des Landes, Angehörige des Tuareg-Stammes und Islamisten. Sie führten das islamische Recht ein und streben für ihre Region einen eigenen Staat an. Auf Bitten der Regierung Malis griffen 2013 Frankreich und das Nachbarland Tschad in die Kämpfe ein. Zwar konnten die Franzosen schnelle Erfolge im Kampf gegen die Aufständischen erzielen, doch inzwischen zeichnet sich ab, dass sie für die malische Regierung die Kontrolle über die Städte des Nordens zurückgewinnen konnten, dass sich in dieser Region auf dem Land aber die Islamisten einnisten konnten. Die Bundeswehr beteiligt sich seit 2013 an der Stabilisierungsmission der Vereinten Nationen in Mali.

Auch in Ägypten, wo im Zuge des «Arabischen Frühlings» 2011 kurzzeitig die Muslimbruderschaft durch demokratische Wahlen an die Macht kam, bevor durch einen Putsch die Rückkehr zu einer Militärdiktatur erfolgte, gibt es ein erhebliches Problem mit islamistischem Terror. 2016/17 etwa verübten Anhänger des «Islamischen Staates» Anschläge auf koptische Kirchen in Kairo, Tanta und Alexandria. Zudem konnte sich im Norden des Sinai, dessen Bewohner von der ägyptischen Regierung seit Jahrzehnten als Bürger dritter Klasse behandelt werden, ein ägyptischer Ableger des «Islamischen Staates», Wilayat Sinai, festsetzen. Die Islamisten ermordeten im November 2017 bei einem Anschlag auf eine Sufi-Moschee auf dem Sinai – die Sufis sind ihnen verhasst – fast 300 Gläubige. Die ägyptischen Sicherheitsbehörden stehen dem Terror einigermaßen hilflos gegenüber; kürzlich erschien ein Bericht in der *New York Times,* wonach das benachbarte Israel aus genau diesem Grunde insgeheim seit Jahren mit Luftschlägen gegen die Islamisten auf dem Sinai vorgehe. Und auch in Libyen gibt es durch das Chaos, das der Sturz Gaddafis 2011 herbeiführte, äußerst günstige Bedingungen für Islamisten, so dass auch dort ein IS-Ableger entstanden ist. Im Maghreb, in Marokko, Algerien und Tunesien, wurden in den vergangenen Jahren ebenfalls einige schwere Terroranschläge verübt, die sich häufig gegen westliche Ausländer richteten. Gerade die nordafrikanischen Länder, allen voran Ägypten, Tunesien und Marokko, sind ganz wesentlich vom Tourismus als Finanzquelle und Arbeitssektor abhängig. Der islamistische Terrorismus der letzten Jahre hat in diesen Ländern damit auch ganz empfindliche Auswirkungen auf die ohnehin noch von den Wirren des Arabischen Frühlings geschwächte Wirtschaft der Region. Durch die Anschläge auf die touristischen Hochburgen Sousse (Touristenstrand mit 38 Toten) und Tunis (Bardo-Museum mit 24 Toten) in Tunesien oder den mit russischen Touristen besetzten Kogalymavia-Flug 9268 vom ägyptischen Flughafen Scharm asch-Schaich nach Sankt Petersburg mit über 224 Todesopfern fiel der Tourismus 2015 auf einen historischen Niedrigwert. Das terrorbedingte Elend in der Bevölkerung hat dabei den paradoxen Effekt, dass der radikale Islam sich in den mit dem Problem überforderten Ländern noch weiter ausbreitet. Der Hintergrund dieses Effekts ist u. a. darin zu suchen, dass die Terrororganisationen neben ihren Heilsversprechungen auch ganz praktische Hilfeleistungen sowie soziale Strukturen und Jobs anbieten, während die staatlichen Sozial- und Versorgungssysteme versagen.

Fest steht, dass mangelnde Bildung der Bevölkerung sowie Korruption in Regierung und Verwaltung – und infolgedessen Unrecht und Benachteiligung – wichtige Voraussetzungen für das unheilvolle Wirken fundamentalistischer und terroristischer Organisationen bilden. Solange die Staaten Afrikas nicht zu einer Politik der *good governance* – einer fairen, alle Bevölkerungsteile fördernden Herrschaft – finden und solange der Rest der Welt lieber seinen Nutzen aus den verkommenen politischen und gesellschaftlichen Strukturen afrikanischer Staaten zieht, wird sich die Seuche des Terrorismus in Afrika ausbreiten.

72. Ist Afrika ein kriegerischer Kontinent? War man davon ausgegangen, dass mit dem Ende der Unabhängigkeitskriege die Zahl der Konflikte in Afrika zurückgehen würde, so sah man sich in dieser Hoffnung getrogen: Eine Vielzahl von Konflikten entbrannte Mitte der sechziger Jahre – gerade in der Frühphase der Konsolidierung vieler junger Staaten. Und schließlich führte der schiere Kampf um politische Macht im Sudan, Kongo/Zaire, Ruanda und Nigeria zu furchtbaren Kriegen und Bürgerkriegen.

Als die Kolonialzeit zu Ende ging, blieb Afrika Spielball der Großmächte. Sie verstanden es, die unterschiedlichen Parteien und Interessengruppen in den afrikanischen Staaten gegeneinander auszuspielen und dadurch ihre Einflusssphäre gar noch zu erweitern und ihre vorrangig wirtschaftlichen Interessen zu fördern. So profitieren beispielsweise einfach zu viele – auch und vor allem in den Industriestaaten – davon, dass die Konflikte im Osten des Kongo nicht beigelegt werden: Das dort gewonnene Mineral Coltan (*Columbit-Tan*talit) hat heute vor allem in der Produktion von Akkumulatoren für Elektroautos, Smartphones und Spielkonsolen höchste wirtschaftliche Bedeutung erlangt; es kann natürlich ohne funktionierende staatliche Kontrolle billiger in die Industriestaaten gelangen, als wenn Abbau und Vermarktung staatlich organisiert wären. Milizen, Söldner und Marodeure lassen Ausgebeutete und Geknechtete – nicht zuletzt Kinder – unter Androhung von Gewalt in den Coltangruben arbeiten. Die mit dem geraubten Mineral erwirtschafteten Erträge sind etwa ein wichtiger Bestandteil des ruandischen Staatshaushaltes. Doch das große Geld mit dem blutigen Mineral wird in der nördlichen Hemisphäre verdient.

Afrikanische Potentaten, die mithilfe von Großmächten an die Macht gelangt waren, bauten, um ihre Stellung zu sichern, personale Klientelsysteme auf. Diese waren meist entlang von Ethnien oder Clans organisiert, und die staatlichen Ressourcen wurden überwiegend innerhalb dieser klientelistischen Netzwerke verteilt, um die Gefolgschaft zu sichern. Dies führte nicht selten zum Ausschluss ganzer Gesellschaftsgruppen vom staatlichen Wohlstand, soweit sie eben den falschen Ethnien angehörten. Lokale Machthaber und die sie umgebenden Eliten erlangten dank externer Patronage Zugang zum internationalen Parkett. Als nach dem Ende des Ost-West-Konflikts die Unterstützung für die meisten Regimes wegfiel und man im Westen glaubte, sich die Demokratisierung Afrikas leisten zu können, kam es folglich auch zu einem neuerlichen Wettkampf innerhalb der afrikanischen Gesellschaften um den Zugang zu öffentlichen Ressourcen. Dieses Ringen barg wiederum ein gewaltiges Konfliktpotenzial. Dass es sich bei den meisten Kriegen in Afrika im Kern eben nicht um ethnische Konflikte handelt, sondern faktisch um Kämpfe um die Macht im Staat und den damit verbundenen Zugang zu staatlichen Ressourcen, bedeutet im Ergebnis, dass es sich bei der Mehrzahl der Kriege um Antiregimekriege handelt, in denen ethnische Trennlinien lediglich politisiert und instrumentalisiert werden. Die strukturelle Schwäche der meisten Staaten und ihre Unfähigkeit, die Aufgaben des Souveräns über ihr gesamtes Territorium wahrzunehmen, ist mit eines der Hauptprobleme afrikanischer Staaten; es wirkt destabilisierend und befördert das Aufflammen militärischer Konflikte. In diesem Kontext stellen auch Söldner ein riesiges Problem für viele afrikanische Staaten dar.

Was die zahlenmäßige Entwicklung der Kriege in Afrika betrifft, so ist kein klarer Trend zu erkennen: 1992 gab es in Afrika 18 Kriege, während es im Jahr 2017 – laut Angaben des Heidelberger Instituts für Internationale Konfliktforschung – immer noch 16 waren.

73. Gibt es eine Tradition des Völkermords in Afrika? Ob es nun eine Tradition des Völkermords in Afrika gibt, lässt sich nur schwer beantworten. Auf jeden Fall muss sich Afrika einer langen Geschichte an Völkermorden stellen. Auf die Verbrechen während der Kolonialherrschaft – wie dem Völkermord an den Herero – wurde bereits eingegangen, und auch in der Zeit der Unabhängigkeitskriege kam es wiederholt zu blutigen Massakern an bestimmten Volksgruppen. Vor allem in Angola hinterließen die Portugiesen eine blutige Spur. Doch wäre es eine Geschichtsklitterung, die Afrikaner von einer Eigenverantwortung an Völkermorden ausnehmen zu wollen. Der Völkermord hörte eben nicht auf, nachdem die Unabhängigkeit der afrikanischen Staaten errungen war. In den Jahren von 1975 bis 1994 verloren in Afrika rund 1 Million Menschen gewaltsam ihr Leben. Allein unter Mengistus Rotem Terror in Äthiopien kamen zwischen 150 000 und 500 000 Menschen ums Leben. Auch der Biafrakrieg (1967–1970) kostete Hunderttausenden Ibos das Leben.

Einer der schrecklichsten Genozide der letzten Jahrzehnte ereignete sich 1994 in Ruanda, wo 800 000 bis 1 000 000 Tutsi ihr Leben ließen. Bei Massakern der Gegenseite starben etwa 10 000 Hutu. Im Kongo sind im Zeitraum von 1996 bis 2009, in Krieg und Bürgerkrieg, über 3 Millionen Menschen ums Leben gekommen. Die nächste Katastrophe spielte sich in Darfur im Sudan ab, wo bis jetzt 300 000 Menschen von dem islamischen Regime in Khartoum und seinen Schergen aus religiösen, rassistischen und vor allem wirtschaftlichen Gründen umgebracht wurden: Die arabische *Janjaweed*-Miliz will Darfur von den dort ansässigen Schwarzafrikanern «reinigen».

So ist Afrika immer wieder Schauplatz von grausamen Genoziden.

Walter Sisulu spricht
bei einer Kundgebung
des ANC in Soweto
nach seiner Entlassung
aus dem Gefängnis,
Johannesburg,
Südafrika, 1990

Die Gründe hierfür sind – wie gesagt – vielfältig. Sie reichen zurück in die Kolonialgeschichte und als deren Konsequenz in die Geschichte künstlich konstruierter Nationalstaaten; sie finden sich als Folge von Machtspielen der Großmächte während des Kalten Kriegs und in der jüngeren Geschichte als Folge interessengesteuerter Politisierung von Ethnizität durch skrupellose Machthaber, lokale Anführer und Warlords.

74. War es eine gute Idee von Gaddafi, einen panafrikanischen Staat gründen zu wollen? Im Februar 2009 wurde Oberst Muammar al Gaddafi in Addis Abeba zum Vorsitzenden der Afrikanischen Union gewählt. Der selbsternannte ‹König der afrikanischen Könige› hatte sich für seine Amtszeit viel vorgenommen. Er wollte die *Vereinigten Staaten von Afrika* gründen – mit einer einheitlichen Währung, einheitlichen Pässen und einer gemeinsamen Armee. Diese Visionen Gaddafis waren durchaus nicht neu. Ähnliche Ziele formulierte er schon 2002 bei der Gründung der *Afrikanischen Union*. Die Gründung dieser Nachfolgeorganisation der *Organisation für Afrikanische Einheit* geht gleichfalls auf Gaddafi zurück. Die Organisation für Afrikanische Einheit hatte nach dem Ende der Fremdherrschaft in Afrika ihre Hauptaufgabe – den Kampf gegen ebenjene Fremdherrschaft – verloren. Da sie jedoch das Prinzip der Nichteinmischung als eine ihrer Grundlagen formulierte, blieb sie ineffektiv in der innerafrikanischen Konfliktbewältigung.

Gaddafi finanzierte die Nachfolgeorganisation zunächst aus eigener Tasche. Der Gründervertrag dieser Organisation orientiert sich an dem Vorbild der Europäischen Union. Die Probleme der Afrikanischen Union haben sich im Vergleich zur Organisation für Afrikanische Einheit jedoch im Wesentlichen nicht geändert. Sie ist weiterhin schwach aufgestellt, leidet unter den nur unzureichenden Finanzmitteln, welche die Mitgliedstaaten aufbringen und erhält den überwiegenden Teil ihrer Mittel durch auswärtige Geldgeber, wie die EU, die USA, China und die Weltbank. Viele Staaten zahlen ihre Beiträge gar nicht. Gaddafi wollte die vorhandenen Strukturen aber nicht nur konsolidieren, sondern ausweiten und die Afrikanische Union mit weiteren Kompetenzen ausstatten.

Aber die Gründung der Vereinigten Staaten von Afrika wurde erneut abgelehnt. Die Idee eines Einheitsstaates in Afrika selbst ist dabei nicht neu und geht auf den panafrikanischen Gedanken zurück, wie ihn der ehemalige ghanaische Präsident Kwame Nkrumah (1960–1966) vertrat. Er wollte sich der von den Kolonialherren gezogenen künstlichen Grenzen auf dem Kontinent entledigen und die durch die Grenzziehung auseinandergerissenen Volksgruppen in einem Kontinentalstaat zusammenführen.

Die panafrikanische Bewegung begann um 1900 unter den Schwarzen Nordamerikas und der Westindischen Inseln. Der Begriff wurde von Henry Sylvester Williams geprägt, der die Einheit aller aus Afrika stammenden Menschen anstrebte. In den zwanziger Jahren des letzten Jahrhunderts kam es zur Spaltung der Bewegung in die von William Edward Burghardt Du Bois initiierte Bewegung des *Pan-African Congress* und die von dem Jamaikaner Marcus Aurelius Garvey angestoßene Massenbewegung *Heim nach Afrika*. Garvey gründete die

Black Star Line, eine Schifffahrtsgesellschaft, die Schwarze wieder nach Afrika schiffte, vor allem nach Liberia, in das seit Anfang des 18. Jahrhunderts immer mehr freie Sklaven auswanderten. Garvey strebte nach Rassentrennung, dabei kooperierte er sogar mit dem Ku-Klux-Klan, da ihm offene Feinde lieber waren als vermeintliche Freunde. In diesem Punkt kam es zum Konflikt mit W. E. B. Du Bois, der ein Konzept der Integration verfolgte. Als 1930 Haile zum Kaiser von Äthiopien gekrönt wurde, hoffte Garvey, dass nun ein neuer, moderner Staat entstehen würde, der den panafrikanischen Gedanken fortführen könnte. Äthiopien galt generell als Hoffnung für viele Schwarze, da es das einzige Land war, das nicht kolonialisiert worden war.

Im französischen Sprachraum war der Panafrikanismus bis zum Ende des Zweiten Weltkrieges ein kulturelles Ziel und fand seinen Ausdruck in der Philosophie der *Négritude*. Als Hauptvertreter der Négritude gilt der erste senegalesische Präsident Leopold Senghor (1960–1980). Diese Bewegung rückte die Eigenarten der afrikanischen und weltweit der schwarzen Kultur in den Vordergrund, um zum einen eine positive Grundlage der Identifikation zu schaffen, zum anderen die bewusste Abgrenzung und Emanzipation von den europäischen Kolonialmächten zu untermauern. Senghor betonte jedoch auch immer wieder die grundsätzliche Gleichheit und Gleichwertigkeit zwischen Europäern und Afrikanern und warnte vor einem Rassismus mit umgekehrten Vorzeichen. Der bereits erwähnte erste ghanaische Präsident Kwame Nkrumah war der Erste, der den Panafrikanismus realpolitisch in Afrika umsetzen wollte. 1958 tagten in Ghana die ersten unabhängigen Staaten und Völker Afrikas. Die Bewegung spaltete sich in die *Casablanca-Gruppe*, der Algerien, Ghana, Ägypten, Guinea, Libyen, Mali und der Sudan angehörten und die sich für die konsequente Entkolonialisierung einsetzte, und die eher konservative *Monrovia-Gruppe*, der der liberianische Präsident William Tubman vorstand. Die Annäherung beider Blöcke ist vor allem Haile Selassie I. und seinem Außenminister Ketema Yefru zu verdanken, denen es unter Mithilfe Guineas gelang, beide Lager bei der Gipfelkonferenz unabhängiger Staaten an einen Tisch zu bekommen. Es war jene Konferenz, auf der die Gründungsakte der Organisation für die Einheit Afrikas unterzeichnet wurde.

Damals wie heute scheiterte jedoch das Vorhaben, einen afrikanischen Einheitsstaat ins Leben zu rufen, an den Eigeninteressen der einzelnen Staaten. Heute ist die Afrikanische Union finanziell so schlecht ausgestattet, dass bereits der Gedanke an eine effektive Umsetzung von Reformen, geschweige denn an eine Expansion, eher naiv anmutet. Die Geschichte der Europäischen Union hat gezeigt, wie lange ein integrativer Prozess dauert und dass es immer wieder zu Rückschlägen, wie bei der Annahme des Lissabon-Vertrags, kommen kann.

Damit ist aber nicht das letzte Wort über die Idee eines afrikanischen Einheitsstaates gesprochen, der in Zukunft auf verfassungsrechtlich vertretbaren Wegen – auf denen die Vereinigten Staaten von Amerika und die Europäische Union vorangegangen sind – Afrika zu einem kulturell vielfältigen, ressourcenreichen, selbstbewussten und demokratisch verfassten Partner der Welt werden lassen könnte.

75. Welche Entwicklungshilfe für afrikanische Staaten ist sinnvoll? Die Geschichte der Entwicklungshilfe in Afrika ist keine Erfolgsgeschichte. In den Zeiten des Kalten Krieges wurde die westliche Entwicklungshilfe als Instrument benutzt, um Allianzen zu schmieden und sich Stimmen afrikanischer Staaten in internationalen Gremien zu sichern und um den Einfluss der UdSSR auf dem afrikanischen Kontinent einzudämmen. Doch auch nach dem Ende des Kalten Krieges ist es nicht gelungen, nachhaltige Erfolge durch die Entwicklungshilfe in Afrika zu erzielen.

Einen der Grundpfeiler der europäischen Entwicklungspolitik bilden die *Lomé-Abkommen* und deren Folgeverträge, die 1975 zum ersten Mal zwischen der Europäischen Gemeinschaft und den AKP-Staaten (Afrikanische, Karibische und Pazifische Staaten) verhandelt wurden. Die Lomé-Abkommen sind Assoziationsverträge, die den AKP-Staaten einräumen, Waren zollfrei in die Europäische Gemeinschaft bzw. heute in die Europäische Union zu exportieren. Im Jahr 2000 waren durch diese Verträge 77 Staaten eingebunden. Weitere Eckpunkte der Lomé-Abkommen bilden die industrielle und landwirtschaftliche Zusammenarbeit und die Einrichtung eines Fonds zur Stabilisierung der Exporterlöse bei Ernteeinbußen oder sinkenden Weltmarktpreisen zugunsten der Partner in den Entwicklungsländern. Letzteres Ziel ist auch unter den Namen *Stabex-System* und *Sysmin-Preisgarantie* bekannt. Die Ergebnisse des Stabex- und Sysmin-

Systems blieben aber unbefriedigend. Sie boten afrikanischen Staaten keinen Anreiz zur Diversifizierung der Exportstrukturen, so dass diese ihren Handel meist auf Produkte aus dem wirtschaftlichen Primärsektor – also auf Rohstoffexport – beschränkten. Zudem hat die Unterentwicklung vieler AKP-Länder den Kooperationswillen der europäischen Staaten und Firmen nicht gefördert. Erfolge konnte die Europäische Gemeinschaft bzw. später die Europäische Union hingegen in der Förderung regionaler Kooperation erzielen. Die Lomé-Abkommen gerieten wegen ihrer Ineffizienz immer mehr in die Kritik. Auch standen die einseitigen Handelspräferenzen zugunsten der AKP-Staaten mit den Vorgaben der 1993 gegründeten *World Trade Organisation* im Konflikt. Als Nachfolgedokument der Lomé-Abkommen kann das *Cotonou-Abkommen* angesehen werden. Die darin vorgesehenen Schwerpunkte werden den Bedürfnissen afrikanischer Staaten eher gerecht. Das Abkommen wurde 2000 unterschrieben und hat eine Laufzeit bis 2020, wobei die Zielsetzungen alle fünf Jahre überprüft werden. Der Europäische Entwicklungsfonds umfasst für den Zeitraum von 2014 bis 2020 ein Volumen von 30,5 Milliarden Euro und liegt damit inzwischen wesentlich höher als die in den *Lomé-IV-Verträgen* für den Zeitraum 1995 bis 2000 festgelegten 13,1 Milliarden. Ziele des Cotonou-Abkommens sind die Verbesserung der Kooperation mit afrikanischen Staaten, eine höhere Effizienz der geleisteten Hilfe, die Einbeziehung nichtstaatlicher Akteure wie Nichtregierungsorganisationen sowie die Förderung des privaten Wirtschaftssektors und der Zivilgesellschaft. Die darin vorgesehene Intensivierung der Armutsbekämpfung sowie die Reform der wirtschaftlichen und finanziellen Zusammenarbeit stehen im Einklang mit den Bestimmungen der Welthandelsorganisation. Was sich in den Lomé-IV-Verträgen schon abzeichnete, ist damit im Cotonou-Abkommen festgeschrieben worden: Die Zusammenarbeit sowie die Auszahlung von Finanzhilfen wird von der Menschenrechtslage in den jeweiligen Ländern und dem Fortschritt des Demokratisierungsprozesses abhängig gemacht. Dadurch, dass auch eine politische Komponente Eingang in die europäische Entwicklungshilfe gefunden hat, intendiert die Europäische Union, zukünftig auch andere Themen wie Begrenzung der Militärausgaben, Bekämpfung des Drogenhandels, Abbau von Diskriminierungen, *good governance* – gute Regierungsführung – und weitere, nicht vorrangig wirtschaftliche, aber entwicklungspolitisch relevante Ziele auf die Agenda der Zusammenarbeit zu setzen. Zudem mussten sich die AKP-Staaten verpflichten, abgeschobene Flüchtlinge wieder aufzunehmen. Die Tatsache, dass Konfliktprävention und Konfliktmanagement in den Verhandlungen mit den afrikanischen Partnern einen hohen Stellenwert einnehmen, zeigt deutlich, dass es eine Annäherung zwischen der *Europäischen Entwicklungspolitik* und der *Gemeinsamen Außen- und Sicherheitspolitik* (GASP) der Europäer gibt. Die Verknüpfung der Entwicklungshilfe mit solchen Vergabebedingungen führt jedoch nicht automatisch zu dauerhaften Erfolgen, wie die Vergangenheit gezeigt hat – derartige politische Erfolge lassen sich nicht erzwingen; immerhin *kann* solch ein Fordern und Fördern eine wünschenswerte katalytische Wirkung in den afrikanischen Partnerländern auf dem Weg zur Verbesserung politischer und wirtschaftlicher Strukturen entfalten. Auch international gibt es verschiedene Ansätze zur Entwicklungshilfe. Die Weltbank und der Internationale Währungsfonds vertreten das Prinzip der Strukturanpassung und stellen abhängig von den dabei erzielten Fortschritten weitere Kredite oder einen Teilschuldenerlass in Aussicht.

In jedem Fall scheint ein Überdenken der Entwicklungszusammenarbeit wünschenswert. Der Weg muss wegführen von Budgethilfen, mit denen marode Staatshaushalte unterstützt werden, und hinführen zu transparenten und gezielten Investitionen in Infrastrukturmaßnahmen und förderungswürdige einzelne Projekte, die den Bedingungen des jeweiligen Landes angepasst sind und der Bevölkerung zugutekommen. Autoritäre und korrupte Regimes in Afrika sind immer noch eines der größten Hindernisse bei der Durchsetzung einer effektiven Entwicklungshilfe, da ihre Protagonisten die Hilfe entweder selbst vereinnahmen bzw. sie an ihre eigene Klientel weitergeben oder sie in Prestigeprojekte umleiten. Solche Regimes dürfen nicht mehr gefördert werden, es sei denn, sie schaffen Transparenz, was genau mit der erhaltenen Entwicklungshilfe geschieht. Dies ist die unabdingbare Voraussetzung für eine sinnvolle und wirksame Entwicklungshilfe in Afrika.

76. Sind afrikanische Staaten korrupter als europäische Staaten? Im Korruptionswahrnehmungsindex von *Transparency International* ist Subsahara-Afrika traditionell die am schlechtesten abschneidende Region. 2017 figuriert Botswana auf dem honorigen Platz 34 und damit sogar noch vor Spanien, Italien, Griechenland und Tschechien. Unter den ehrenwerten Top 50 befinden sich außerdem noch Ruanda und Kap Verde. Am anderen - traurigen - Ende der Tabelle befinden sich allerdings 26 afrikanische Staaten unter den 50 korruptesten dieser Welt. Diese Statistik identifiziert Korruption mithin als ein ganz herausragendes Problem afrikanischer Staaten.

Richtig ist, dass mangelnde Rechtsstaatlichkeit in vielen dieser Staaten wesentlich dazu beiträgt, dass die Korruption blüht. Mangelnde Rechtsstaatlichkeit stellt jedoch nicht den alleinigen Grund für diese Missstände dar. Daher ist es wichtig zu verstehen, in welchen Bereichen von Herrschaft und Gesellschaft Korruption wirkt. Die Antwort ist ebenso einfach wie erschreckend: Sie taucht in fast allen Bereichen auf - gleichgültig ob in politischen Ämtern oder in der Privatwirtschaft, ob im öffentlichen Sektor oder im Dienstleistungsbereich.

Eine der wichtigsten Ursachen für die Korruption in Afrika ist die Armut. Wer nichts hat, nutzt jede Funktion, die er wahrnimmt, um sich seine Leistungen - ob mit oder ohne gesetzlichen Anspruch - vergüten zu lassen; das ist nicht erfreulich, aber menschlich nachzuvollziehen. Wer diesen Missstand verurteilt, sollte sich Folgendes klarmachen: Während sich weltweit die Armut in den letzten 35 Jahren reduziert hat, ist sie in Afrika angestiegen. Fast die Hälfte der extrem armen Weltbevölkerung - etwa 400 000 000 Menschen - lebt in Subsahara-Afrika. Diese Menschen müssen den Tag mit weniger als 1,90 US-Dollar bestreiten. Aber auch die strukturelle Armut befördert die Korruption: 34 der 100 am höchsten verschuldeten Länder liegen in Afrika. Doch obwohl es in Afrika Fortschritte in puncto Demokratisierung und Achtung der Menschenrechte gibt, scheint gerade der Kampf gegen Korruption aussichtslos zu sein. Dies gilt umso mehr, als Institutionen, die zur Korruptionsbekämpfung aufgebaut wurden, inzwischen selbst von Korruption durchseucht sind.

Neo-Patrimonialismus auf staatlicher Ebene wie auch Klientelismus auf staatlicher und auf gesellschaftlicher Ebene sind weitere Phänomene, die im Kontext von Korruption Beachtung verdienen. Neo-Patrimonialismus meint, dass zwar nicht länger eine Autorität in Eigenmacht eine letztlich willkürliche Herrschaft ausübt, dass aber die Erteilung gesetzten Rechts von ihr abhängig ist, so dass weiterhin ein starkes Willkürmoment die Beziehung zwischen sozial Mächtigen und Schwachen bestimmt. Neo-Patrimonialismus und Klientelismus treten vor allem in der Debatte um *weak* und *failed states* auf – Staaten also, die wesentliche Aufgaben zur Aufrechterhaltung der Ordnung nicht mehr leisten können. Klientelismus kann als asymmetrische Beziehung zwischen zwei sozial ungleichen Partnern verstanden werden, von der beide profitieren: Was so kompliziert klingt, kann so etwas Einfaches bedeuten, wie dass ein Sack Getreide von einem Starken gegen politische Loyalität eines Schwachen eingetauscht wird – womit sachwidrig etwa die Unterstützung bei einer Wahl gekauft wird. Die zentralen Elemente des neo-patrimonialen Regimes sind a) Klientelismus, b) die kaum kontrollierbare Konzentration der Macht in den Händen eines Herrschers und c) der Einsatz staatlicher Ressourcen zur Legitimation der Herrschaft eines Führers und seiner Günstlinge. Erklärungsversuche für die Ursprünge derartiger klientelistischer Verhältnisse gibt es viele. Fakt ist jedoch, dass dieses Phänomen Bestandteil zahlreicher afrikanischer Gesellschaften und ein Grund für die Aushöhlung der Rechtsstaatlichkeit in diesen Ländern ist.

Korruption in Afrika ist definitiv präsenter als in Europa, doch sollten diejenigen, die auf solche Missstände hinweisen, nicht die gewaltigen Bestechungsgelder vergessen, die jährlich von westlichen und asiatischen Unternehmen an Vertreter der afrikanischen Eliten gezahlt werden, um sich einen Vorsprung im internationalen Wettbewerb oder auf dem afrikanischen Markt zu sichern. Solange das Ausland die Korruption in Afrika schürt, um daran zu verdienen, werden sich die politischen und gesellschaftlichen Verhältnisse in Afrika nicht nachhaltig stabilisieren und wird keine gegen die Anfechtungen der Korruption besser gefeite Zivilgesellschaft entstehen können.

77. Welche Rolle spielte Afrika im Kalten Krieg? Afrika wurde mehrfach zum Schauplatz von Stellvertreterkriegen. Einer der wohl bekanntesten Stellvertreterkriege mit (nord-)afrikanischer Verwicklung war der Jom-Kippur-Krieg 1973 zwischen Israel und den miteinander verbündeten Staaten Ägypten, Syrien und Irak. Die Sowjetunion und die USA – wechselseitig im Patt ihrer atomaren Vernichtungspotenziale – spielten die Nationen gegeneinander aus und schürten so den Krieg. Freilich darf man bei der Betrachtung solcher Stellvertreterkonflikte nie die regionalen und lokalen Komponenten außer Acht lassen: Beispiele bieten etwa die Bürgerkriege in Angola und Mosambik. Hier standen nicht nur kapitalistische und kommunistische Werthaltungen gegeneinander im Feld – also die Ideologien von Ost und West im Widerstreit –, sondern die genuin afrikanische Problematik der Apartheid kam als gewissermaßen regionale Komponente hinzu: Es war auch ein Krieg zwischen den Aparteidregimes Südafrikas und Rhodesiens und deren Gegnern.

In den seltensten Fällen griffen die Großmächte tatsächlich direkt ins Geschehen ein. Auf afrikanischem Boden erfolgte dies nur durch die Intervention Kubas – des russischen Büttels – in Angola, während die westlich-kapitalistischen Interessen etwa durch die alten Kolonialmächte Frankreich und Belgien in Zaire und gelegentlich durch Frankreich allein in einigen westafrikanischen Staaten militärisch vertreten wurden.

Beide Lager, Westen wie Osten, versuchten, ihre Einflussgebiete auszudehnen oder zumindest den Einfluss des Gegners einzudämmen. Die Finanzierung von sympathisierenden Rebellengruppen oder Regimes im Kampf gegen den ideologischen Feind war ein gängiges Mittel. Mit Geld konnte man sich auch die Loyalität von Staaten erkaufen und sich ihrer bei Abstimmungen in internationalen Gremien versichern. Geld floss zumeist in Form von Entwicklungshilfe; dabei lag der Vorteil klar auf Seiten des Westens, da seine Kapitalreserven die der Sowjetunion um ein Vielfaches überstiegen. Doch darf man sich die Entwicklungshilfe nicht als eine Art unfehlbare Allzweckwaffe vorstellen: Die Außen- und Sicherheitspolitiker standen – zumal in den sechziger und siebziger Jahren – unter der Beobachtung einer kritischen Öffentlichkeit. Die USA waren durch den mit Napalm und Agent Orange geführten Vietnamkrieg in ihrer Rolle als moralische Vormacht des Westens stark angeschlagen. Doch auch sonst verfolgten die westlichen Mittelmächte ihre eigenen Interessen und waren nicht immer bereit, sich den USA zu fügen – dies galt nicht zuletzt für Frankreich, so dass von einer geschlossenen westlichen Front im Weltgeschehen nur sehr eingeschränkt gesprochen werden kann.

Was dem Westen das Geld, waren dem Osten die Waffen – eine bei afrikanischen Potentaten besonders beliebte Form der Entwicklungshilfe, zumal wenn sie mit der Schulung der einheimischen Militärs verbunden war. Die DDR, die Tschechoslowakei, Bulgarien und Kuba spielten in diesem Zusammenhang eine wichtige Rolle. Die DDR war der erste Staat, der nach der blutigen Machtübernahme durch den ideologisch versierten, politisch aber völlig unfähigen Major Mengistu in Äthiopien bereit war, die militärische Förderung des marxistischen Regimes zum Schutz der sozialistischen Revolution in Äthiopien zu übernehmen. Diese Rolle wurde später von Kuba und letztendlich von der Sowjetunion selbst übernommen. Die UdSSR lieferte Waffen im Gesamtwert von 7 Milliarden US-Dollar an das äthiopische Regime. Die DDR fokussierte sich auf den Ausbau des Sicherheitsapparats sowie die wirtschaftliche, soziale und kulturelle Unterstützung des Landes. Als Folge des Engagements der Staatssicherheit der DDR in Äthiopien kamen vermutlich in der Zeit des *Roten Terrors* Hunderttausende Oppositionelle ums Leben oder wurden gefoltert. Mit der Auflösung des Ostblocks war auch das Mengistu-Regime am Ende (1993). Doch war in den Jahrzehnten zuvor in ganz Afrika die Verlockung groß, die Kolonialherrschaft abzuschütteln und sich unter neuen Vorzeichen einer kaum weniger problematischen sozialistischen Herrschaftsform zu unterwerfen.

Nach dem Ende des Ost-West-Konflikts verloren die Großmächte nach und nach das Interesse an Afrika und überließen diese Weltgegend – und was sie aus ihr gemacht hatten – sich selbst. Die meisten Diktaturen wurden gestürzt, da es für sie keine Verwendung mehr gab. Der einsetzende Demokratisierungsprozess aber brachte in nur wenigen Fällen stabile politische Verhältnisse hervor, so dass immer wieder neue Konflikte entlang bestehender Bruchlinien in den Gesellschaften – etwa wenn es um die Benachteiligung oder Bevorzugung bestimmter Clans oder Ethnien geht – aufbrechen. Da nun mit China ein neuer *Global Player* Afrika für sich entdeckt hat und mit Macht versucht, den Ressourcenreichtum des Landes für das heimische Wirtschaftswachstum zu nutzen, scheint es, als erinnerten sich die alten Industriemächte des von ihnen im Übrigen abgeschriebenen Kontinents, so dass es wieder zu einem Wettlauf zwischen neuen und alten Konkurrenten kommen könnte.

78. Welche Rolle spielen Kindersoldaten in den heutigen bewaffneten Konflikten in Afrika? Geschichten wie die von Ishmael Beah sind in Afrika keine Seltenheit. In seinem Buch *Rückkehr ins Leben: Das Leben eines Kindersoldaten* verarbeitet Beah seine Erlebnisse als Kindersoldat in dem westafrikanischen Staat Sierra Leone. Sein niederschmetternder Bericht sprang auf Platz eins der *New-York-Times*-Bestsellerliste. Beah war zwölf Jahre alt, als der Bürgerkrieg in Liberia auf Sierra Leone übergriff. Er wurde von der Armee rekrutiert. In seiner Ausbildung wurde er mit Drogen vollgepumpt, um seine Hemmschwelle, Menschen zu töten, zu senken. Schilderungen in seinem Buch über das Niedermetzeln von Zivilisten bieten ein grausiges Bild davon, wie sich die Realität für viele Kindersoldaten gestaltet.

Man nimmt an, dass sich die Zahl von Kindersoldaten weltweit auf etwa 250 000 beläuft und dass Kindersoldaten in rund einem Dutzend Ländern der Welt in bewaffneten Konflikten eingesetzt werden. Dabei ist es wichtig, festzuhalten, dass Kindersoldaten keineswegs nur von nichtstaatlichen Streitkräften rekrutiert werden. Zu den Regierungen, die nachweislich in den letzten Jahren Kindersoldaten eingesetzt haben, zählen Afghanistan, die Demokratische Republik Kongo, der Jemen, Myanmar, Somalia, der Sudan, Südsudan und Syrien. Übrigens setzte auch Großbritannien zwei Jungen unter 18 Jahren im Irakkrieg ein, obwohl das Mindestalter für den Militärdienst international auf 18 Jahre festgesetzt ist. Von 27 Staaten ist bekannt, dass Jugendliche unter 18 Jahren in ihren Streitkräften Dienst tun, darunter – mit steigender Tendenz – auch die Bundeswehr.

Außerdem werden Kindersoldaten von paramilitärischen Gruppen eingesetzt. Afrikanische Staaten, in denen das geschieht, sind die Demokratische Republik Kongo, Mali, Somalia, Sudan, Südsudan und die Zentralafrikanische Republik. Es handelt sich nicht immer um Jungen, die im Kampf eingesetzt werden, wie die englische Bezeichnung für Kindersoldat, «Soldier Boy», suggeriert. Auch viele Mädchen kämpfen und töten in diesen Einheiten. Ihr ohnehin furchtbares Schicksal wird dadurch weiter verdunkelt, dass sie häufig als Sex-Sklavinnen missbraucht und Opfer von Vergewaltigungen werden – wobei festzuhalten ist, dass sich der sexuelle Missbrauch in solchen Kampfeinheiten nicht auf Mädchen beschränkt. Tausende der so eingesetzten Mädchen werden ungewollt schwanger. Diejenigen unter den Kindersoldaten, die ihr Martyrium überleben, sind zumindest psychisch schwerstens traumatisiert; sie sind kaum in eine Gesellschaft zu reintegrieren – ein Problem, das durch die soziale Ausgrenzung, die sie erfahren, weiter verschärft wird.

Der Kampf, den Einsatz von Kindersoldaten weltweit zu ächten, ist in hohem Maße frustrierend. Nach manchen Bemühungen stellen sich jedoch auch erste kleinere Erfolge ein. Wegen der «Anwerbung von Kindern unter 15 Jahren» ist vom Internationalen Strafgerichtshof gegen Mitglieder paramilitärischer Gruppen der Demokratischen Republik Kongo und Ugandas ein Schuldspruch verhängt worden. Ein Meilenstein im Kampf gegen diese Barbarei war der Schuldspruch über vier Personen durch den Sondergerichtshof für Sierra Leone im Jahr 2007, weil sie dort Minderjährige rekrutiert hatten. Mittlerweile haben 167 Nationen das UN-Fakultativprotokoll vom 25. Mai 2000 unterzeichnet, das die rechtliche Durchsetzung des Verbots, Kindersoldaten einzusetzen, eindeutig zum Gegenstand der internationalen Rechtsprechung macht. Zudem wurde mit den UN-Resolutionen 1539 und 1612 die Einrichtung eines Monitoring- und Berichtssystems über den Einsatz von Kindern in Kampfgebieten erreicht. Doch obwohl seit 2004 Zehntausende von Kindersoldaten aus staatlichen wie aus nichtstaatlichen Streitkräften entlassen wurden, ist die Zahl der Kindersoldaten nicht wesentlich gesunken.

79 Was hat es mit dem Begriff «Arabischer Frühling» auf sich?

Der Begriff des Arabischen Frühlings lehnt sich an die Bezeichnung der tschechoslowakischen Demokratisierungsbewegung im Frühjahr 1968 an – dem sogenannten Prager Frühling. Er bezeichnet eine Welle des Protests, die sich seit 2011 ausgehend von Tunesien in vielen arabischen Staaten Nordafrikas sowie des Nahen und Mittleren Ostens ausbreitete. Nährboden der Proteste war die in großen Teilen der jungen, arbeitsfähigen Bevölkerung grassierende Arbeits- und Perspektivlosigkeit sowie die damit einhergehende Armut ganzer Familien. Die für diese Misere verantwortliche wirtschaftliche Stagnation der Länder führte die Bevölkerung hauptsächlich auf ihre Regierungen zurück, die ihre Länder mithilfe einer korrupten und zur Vetternwirtschaft neigenden Verwaltung ausbluten ließen. Der Spalt zwischen Regierung und Bevölkerung wurde durch die repressiven Staatssysteme noch vertieft. Gerade (streng-)religiöse Gruppen bekamen dies zu spüren, da die Regierungen ihre oppositionellen Umtriebe fürchteten.

Die gärende Unzufriedenheit brach sich im Dezember 2010 Bahn, nachdem sich der junge tunesische Gemüsehändler Mohamed Bouazizi in der im strukturschwachen tunesischen Hinterland gelegenen Kleinstadt Sidi Bouzid aus Protest gegen Polizeigewalt selbst angezündet hatte. Schon bald wurden landesweit Demonstrationen gegen die Regierung initiiert. Unter dem Druck der Bevölkerung flüchtete Präsident Zine el-Abidine Ben Ali Mitte Januar 2011 ins Ausland, nachdem er Tunesien fast 25 Jahre lang autokratisch regiert hatte. Die gemäß der neu ausgearbeiteten Verfassung 2014 erstmals frei organisierten Neuwahlen ergaben schließlich eine Regierungszusammenarbeit zwischen der moderaten Islamistenpartei Ennahda und der säkularen Partei Nidaa Tunes unter Präsident Beji Caid Essebsi. Das zur Förderung der Verfassungs- und Regierungsbildung auf Gewerkschaftsinitiative gegründete Quartet du dialogue national erhielt 2015 sogar den Friedensnobelpreis für seine Bemühungen um den demokratischen Übergang unter Wahrung des sozialen Friedens. Die junge Demokratie wird derweil insbesondere durch islamistischen Terror bedroht, der die ohnehin noch immer eher schleppend laufende Wirtschaft des Landes weiter schwächt und die Gräben der Gesellschaft vertieft.

Insbesondere über die sozialen Netzwerke Facebook und Twitter verbreitete sich noch 2011 die Nachricht von dieser als Jasminrevolution bekannt gewordenen tunesischen Bürgerrechtsbewegung auch in vielen anderen Ländern der arabischen Welt. In der ägyptischen Hauptstadt Kairo etwa wurde der Tahrir-Platz zum Symbol des Arabischen Frühlings, wo sich Tausende Menschen zu Demonstrationen gegen den vom Militär gestützten autokratischen Präsidenten Husni Mubarak versammelten. Nach blutigen Konfrontationen mit den Exekutivorganen der Regierung erklärte Mubarak Mitte Februar 2011 seinen Rücktritt. Aus den daraufhin abgehaltenen Neuwahlen gingen die islamistischen Muslimbrüder siegreich hervor, deren neue Regierung unter Präsident Mohammed Mursi allerdings 2013 im Zuge eines von General Abd al-Fattah as-Sisi geführten Militärputsches wieder abgesetzt wurde. Die Rückkehr zur alten Militär-Ordnung war damit besiegelt.

Auch in Libyen begann sich die Bevölkerung im Februar 2011 gegen ihren langjährigen Staatschef Oberst Muammar al-Gadaffi aufzulehnen. Die blutigen Auseinandersetzungen mit den libyschen Ordnungskräften riefen bald die internationale Gemeinschaft auf den Plan, die die Oppositionsmilizen im Rahmen einer NATO-geführten Militäroperation unterstützte. In dem nach dem Tod Gadaffis entstandenen Machtvakuum tragen seither die Truppen der international anerkannten, neugewählten Regierung, das Heer des faktischen Machthabers General Chalifa Haftar und der Islamische Staat in Libyen (ISIL) einen verlustreichen Bürgerkrieg um die Vorherrschaft und die Kontrolle der reichen Ölfelder Libyens aus.

Ebenfalls im Bürgerkrieg zwischen Regierungsstreitkräften, Rebellen und islamistischen Dschihadisten-Milizen endeten die Aufstände und Proteste in den arabischen Ländern Syrien und Jemen. Durch die Parteinahmen und Interventionen internationaler Groß- und Regionalmächte entstand eine unübersichtliche und die ganze Region destabilisierende Gemengelage mit großen Verwerfungen innerhalb der internationalen Gemeinschaft. In anderen Staaten jedoch konnten die Regierungen ihre Macht durch rechtzeitige Reformen und kluges Eingehen auf die Forderungen der Bevölkerung wahren, so etwa die Königshäuser Marokkos und Jordaniens.

Aufgrund des sehr durchwachsenen Erfolgs des Arabischen Frühlings ist die Zuversicht und Hoffnung der arabischen Bevölkerung auf Veränderungen und demokratische Reformen inzwischen weitestgehend Ernüchterung und Frustration gewichen, weshalb vielfach bereits vom Arabischen bzw. Islamistischen Winter gesprochen wird.

80 Worum geht es bei der Diskussion um ein Flüchtlingsabkommen mit Libyen? Libyen war immer ein Einwanderungsland. Seit den 1980er Jahren suchte das nordafrikanische Land seinen Arbeitskräftebedarf im Bildungssektor und der Landwirtschaft durch Migranten aus angrenzenden arabischen Ländern und seit den 1990ern zunehmend aus Subsahara-Afrika zu decken. Als das Land vermehrt als Transitland für Flüchtlinge aus dem Süden genutzt wurde, die nach Europa strebten, stieg die Anzahl rassistischer Übergriffe der libyschen Bevölkerung auf die schwarzafrikanischen Ankömmlinge. Auf diese Umstände reagierte die autokratische Regierung unter Oberst Muammar al-Gaddafi mit Befestigungsanlagen entlang der

Staatsgrenzen sowie mit Inhaftierung und Deportation der Flüchtlinge in ihre Heimatländer – ja sogar mit Folterung. Trotz ihrer Kritik an den ständigen Menschenrechtsverletzungen Libyens begrüßten und unterstützten die europäischen Staaten die Errichtung von Grenzbefestigungen, da man sich der strategischen Bedeutung des nordafrikanischen Landes für die Grenzsicherung Europas gegenüber illegaler Einwanderung zunehmend bewusst wurde. Der italienische Ministerpräsident Silvio Berlusconi schloss bereits 2008 einen Freundschafts- und Kooperationsvertrag mit Gaddafi. Dieser sah die Zahlung von 5 Mrd. US-Dollar zur Förderung von Infrastrukturprojekten durch italienische Firmen im ölreichen Libyen vor. Berlusconi verband mit diesem Abkommen zudem die Hoffnung auf «mehr Öl und weniger Migranten» und verpflichtete sich zur technischen und finanziellen Unterstützung der Rückführung illegaler Einwanderer in ihre Heimatländer sowie zur Befestigung der libyschen Grenzen.

Auf Grundlage dieses Vertrags und unter verstärktem Einsatz der viel kritisierten europäischen Grenzsicherungsorganisation FRONTEX im Mittelmeer gelang es im folgenden Jahr, die Zahl der Flüchtlinge nach Europa drastisch zu reduzieren, allerdings nur um den Preis mitunter massiver Menschenrechtsverstöße.

Als Gaddafis Regime im Rahmen des Arabischen Frühlings zunehmend unter Druck geriet und er selbst im Sommer 2011 vermutlich von NATO-gestützten Rebellen ermordet wurde, versank Libyen in einem blutigen Bürgerkrieg zwischen Militärjunta, Islamisten und den Truppen der international anerkannten neuen Regierung. Das Machtvakuum nutzen seither kriminelle Schlepperbanden, um abertausende Flüchtlinge aus dem Nahen Osten, dem Maghreb und Subsahara-Afrika auf lebensgefährlichen Schiffspassagen nach Europa zu schleusen. Die auf diesem Wege in die EU gelangten Flüchtlinge führten in Europa zur sogenannten Flüchtlingskrise. Seit der Schließung der zweiten Fluchtroute über den Balkan im Rahmen des europäischen Flüchtlingsabkommens mit der Türkei im Jahr 2015 werden spätestens seit 2017 immer öfter Stimmen laut, die nach einem ähnlichen Vertrag mit Libyen verlangen, um der Schlepperplage und damit auch dem steten Flüchtlingsstrom aus Afrika Einhalt zu gebieten. Kritiker der Idee eines solchen Abkommens vertreten, dass es in Libyen aufgrund des herrschenden Bürgerkriegs keine stabile oder gar vertrauenswürdige Regierung gebe, mit der man verhandeln könne und die im Stande wäre, eine menschenwürdige Behandlung der Flüchtlinge zu garantieren. Menschenrechtsorganisationen werfen der EU zudem vor, eine Doppelmoral zu pflegen, wonach man sich trotz der gegenüber anderen Staaten stets eingeforderten Wahrung von Menschenrechten aus der eigenen humanitären Verpflichtung durch Geldzahlungen herauskaufen wolle. Nicht zuletzt seien die Europäer aufgrund ihrer Militärintervention in Libyen selbst an der Entstehung des Chaos in dem nordafrikanischen Land beteiligt gewesen und tragen durch ihre rücksichtslose Wirtschafts- und Umweltpolitik eine Mitverantwortung an der Misere vieler armer Länder Afrikas, aus denen die Flüchtlinge nach Europa kämen.

81. Wie ist es um die Menschenrechte in Afrika bestellt? Die Ereignisse der jüngsten Geschichte lassen keine positiven Rückschlüsse auf die Menschenrechtslage in den meisten afrikanischen Staaten zu – wenn man etwa an die Massaker in Ruanda und Uganda, die Situation in Biafra und an die zahllosen noch immer wütenden Bürgerkriege in verschiedenen afrikanischen Staaten während der letzten siebzig Jahre denkt. Und doch darf man nicht schwarz in schwarz malen: Die Lage der Menschenrechte in Afrika hat sich seit Anfang der neunziger Jahre mit dem Niedergang der meisten autoritären Regimes und der einsetzenden Demokratisierung deutlich verbessert. So können beispielsweise in Ländern wie Südafrika, Nigeria oder Swasiland Gewerkschaften gut oder doch einigermaßen frei arbeiten und ihr Streikrecht wahrnehmen. In Simbabwe war von 2009 bis 2013 mit Morgan Tsvangirai sogar ein ehemaliger Gewerkschafter Mitglied der Regierung.

Trotz des Wirtschaftswachstums vieler afrikanischer Staaten in den letzten Jahren kommt das Geld aus diesem Aufschwung nicht bei der Bevölkerung an, sondern verschwindet in den Taschen der Eliten. Fällt es den einfachen Leuten angesichts steigender Lebensmittelpreise schwer, die eigene Existenz zu sichern, so fällt Regierungen wie etwa jener in Simbabwe wenig mehr ein, als mit Repressionen statt mit Lebensmittellieferungen oder strukturellen Verbesserungen zu antworten. So aber lassen sich Aufstände und Demonstrationen gegen Armut, steigende Lebensmittelpreise und die zunehmende Privatisierung in Ländern wie Benin, Burkina Faso, der Elfenbeinküste, Guinea, Kamerun, Mali, Mosambik, Senegal, Somalia und Simbabwe nicht verhindern. Entsprechenden Protesten begegneten die Regimes mit äußerster Härte – in Kamerun starben hundert Menschen während der Proteste, einige von ihnen wurden mit Kopfschüssen aus nächster Nähe regelrecht hingerichtet. In Burkina Faso wurden bei Protesten mehrere Hundert Menschen inhaftiert, von denen mindestens achtzig, ohne jemals einen Anwalt gesehen zu haben, zu langen Haftstrafen verurteilt wurden.

Die massive Urbanisierung der letzten Jahrzehnte gestaltet sich als wachsendes Problem bei der Armutsbekämpfung: Städte wie Lagos platzen aus allen Nähten; der massive Zuwachs der Bevölkerung lässt jedoch eine vernünftige urbane Entwicklungsstrategie nicht zu. Die Zuwanderer siedeln sich meist in Slums an, wo ihnen elementare Rechte – auf sauberes Wasser, auf Sicherheit, Bildung und gesundheitliche Versorgung – verwehrt bleiben. Diese illegalen Siedlungen werden von den Regierungen von Nigeria, Tschad und Kamerun unter reinen Opportunitätserwägungen mal zugelassen, mal geräumt – dann aber, ohne die Menschen zu entschädigen. Dieses Schicksal, das natürlich in keiner Weise mit der Vorstellung allgemeingültiger Menschenrechte vereinbar ist, bestimmt den Alltag in den Großstädten Afrikas. Auch die Unfähigkeit mancher Staaten, Recht und Ordnung auf ihrem Territorium zu schaffen, durchzusetzen und aufrechtzuerhalten, steht der Durchsetzung der Menschenrechte entgegen. So ist die Bevölkerung häufig bewaffneten Konflikten rivalisierender örtlicher Milizen ausgesetzt. Kommt es zu Konflikten zwischen Regierungs- und Rebellentruppen wie etwa gegen Ende des Regimes von Charles Taylor in Liberia (2003) oder im Osten des Kongos, so gelten Menschlichkeit, Menschenrechte und Menschenleben nichts. Die Bevölkerung wird Opfer gezielter Angriffe. Vergewaltigungen, die Rekrutierung von Kindersoldaten und Massaker sind Teil gezielter Kampfstrategien. Was sich auf den Flüchtlingszügen – dem Resultat aller Kriege – und in den Flüchtlingslagern Afrikas abspielt, spricht jedem Gedanken an Menschenrechte Hohn.

Traumatisierte Kriegsopfer, ehemalige Kindersoldaten und an HIV erkrankte Menschen bilden eine bedrückend große Minderheit, die in ihrem Alltag unter gesellschaftlicher Ausgrenzung leidet. Allein in Südafrika leben rund 7,1 Millionen AIDS-infizierte Menschen –

die meisten von ihnen Frauen, deren Rechtsstatus ohnehin prekär ist.

Darüber hinaus genügt es oft, anders auszusehen, um ermordet zu werden – dieses Schicksal trifft beispielsweise häufig Albinos in Tansania. In Kamerun, Gambia, Nigeria, Uganda und dem Senegal werden Menschen wegen ihrer sexuellen Orientierung verfolgt. Um ihren Rechten zur Durchsetzung zu verhelfen, fehlen entsprechende juristische Institutionen oder aber die erforderliche finanzielle Ausstattung oder die nötige Unabhängigkeit der Gerichte.

Die Verbesserung der Lage der Menschenrechte geht verstörend langsam voran; Medienzensur und Todesstrafe sind in Afrika weit verbreitet. Und doch sind alle afrikanischen Staaten Mitglieder der Vereinten Nationen und bekennen sich somit zu den Menschenrechten, ohne dass es indes zu substanziellen Verbesserungen kommt. 1981 wurde sogar eine Afrikanische Charta der Menschenrechte und der Rechte der Völker in Nairobi verabschiedet, aber es dauerte bis 1985, bis 26 der damaligen 50 Mitglieder der Organisation für Afrikanische Einheit das Dokument unterzeichneten und es somit in Kraft treten konnte. Heute haben alle afrikanischen Staaten die Charta ratifiziert. Damit ist sie das weltweit größte regionale Menschenrechtsschutzregime. Zur Überwachung der Menschenrechtslage und zur Durchsetzung der Menschenrechte in Afrika wurden die *African Commission on Human and Peoples' Rights* und der *African Court on Human and Peoples' Rights* eingerichtet. Die Charta enthält im Wesentlichen alle Elemente der auch im Westen als unverbrüchlich angesehenen Menschenrechte. Doch wird darin auch besonders auf die Pflichten des Einzelnen gegenüber der Gemeinschaft verwiesen. Der Gemeinschaftssinn soll als besonderes afrikanisches Element dem westlichen Individualismus entgegengesetzt werden. Die Unterordnung des Einzelnen unter die staatliche Gemeinschaft steht allerdings im Widerspruch zu anderen Teilen der Charta. Außerdem wird besonderes Gewicht auf die Nichteinmischung in die nationalen Belange anderer afrikanischer Staaten gelegt.

Es bedarf jedoch mithin eines großen Optimismus, aus den lobenswerten Ansätzen zur Durchsetzung der Menschenrechte in Afrika eine echte Perspektive auf einen Erfolg dieser Bemühungen ableiten zu wollen. Umso wichtiger ist es, dass die Welt alle entsprechenden Bemühungen in Afrika wahrnimmt, diese verstärkt und nachhaltig unterstützt – und ebenso konsequent gegen solche Regimes vorgeht, die sich immer wieder Verstöße gegen die Menschenrechte zuschulden kommen lassen.

82. Welchen Einfluss haben die ehemaligen Kolonialmächte heute in Afrika? Frankreich ist wohl *die* ehemalige Kolonialmacht, die noch den größten Einfluss in Afrika ausübt. Die Franzosen haben in ihrer Afrikapolitik in den letzten Jahrzehnten immer wieder einen Sonderweg gewählt. Nach der Unabhängigkeit der meisten französischen Kolonien wollte Frankreich weiterhin seinen Einfluss in der frankophonen Welt aufrechterhalten. Dies drückte sich vor allem während des Kalten Krieges in der Haltung Frankreichs aus, eine Alternative zu den USA und der Sowjetunion bieten zu wollen. Seine Außenpolitik war maßgeblich darauf ausgerichtet, gerade in den ressourcenreichen Ländern Frankreichs Einfluss auszubauen. Frankreich hat weit über dreißig Mal verdeckt oder ganz offen in Afrika militärisch interveniert. Diese Strategie weicht jedoch seit Mitte der neunziger Jahre allmählich der Strategie einer Demokratieförderung. Bis heute reklamiert Frankreich für sich eine *Zone prioritärer Solidarität*, über die ein Ausschuss befindet. Gegenwärtig umfasst diese ‹Solidaritätszone› über vierzig afrikanische Staaten. Des Weiteren pflegt Frankreich mit acht afrikanischen Staaten Verteidigungsabkommen und weitere 16 Militärhilfeabkommen. In Afrika sind heute noch in Ländern wie der Elfenbeinküste, Djibuti, Gabun, dem Senegal und dem Tschad rund 9000 französische Soldaten stationiert.

Im Jahr 2011 haben Frankreich, Großbritannien und die USA unter sehr weiter Auslegung eines UN-Mandats in Kämpfe in Libyen interveniert, die dort im Zuge des «Arabischen Frühlings» ausgebrochen waren, und so den Sturz des Diktators Gaddafi herbeigeführt. Wie Wikileaks-Dokumente nahelegen, ging es dabei auch darum, sich über die neuen Landesherren Zugang zu den reichen Ölquellen des Landes sowie Gaddafis Gold- und Silbervorräten zu verschaffen. Angesichts des seitdem herrschenden Chaos im Land gilt diese Intervention allgemein als verfehlt. Frankreich unterstützt außerdem, wie erwähnt, seit 2013 die Regierung Malis in ihrem Kampf gegen Tuareg-Rebellen und Islamisten im Norden des Landes.

Frankreichs militärische Interventionen auf afrikanischem Terrain haben sich jedoch insgesamt gesehen seit dem Ruandakrieg

1994 drastisch reduziert. Während des Ruandakriegs erntete Frankreich für seine Interventionspolitik, die damals an ihre Grenzen stieß, viel Kritik. Bis heute wird Frankreich vorgeworfen, sich falsch in diesem Konflikt positioniert zu haben. Die ruandische Regierung beschuldigt Frankreich, den Völkermord der Hutu an den Tutsi militärisch, politisch und logistisch unterstützt zu haben. Insgesamt werden über dreißig französische Politiker und Militärs beschuldigt, in diese schändlichen Aktivitäten involviert gewesen zu sein – darunter politische Schwergewichte wie der mittlerweile verstorbene Staatspräsident François Mitterrand und der ehemalige französische Premierminister Dominique de Villepin. Als Resultat dieser ruhmlosen Aktivitäten der Grande Nation folgte eine leichte Angleichung der französischen an die europäische Afrikapolitik. Vor allem die Afrikapolitik unter Präsident Emmanuel Macron lässt auf eine weitere Annäherung hoffen.

Auch die britische Afrikapolitik hat sich während der letzten Jahrzehnte verändert. Im Gegensatz zu Frankreich gab Großbritannien nach dem Verlust seiner Kolonien so gut wie jegliches Interesse an Afrika auf. Dies änderte sich jedoch nach dem Ende des Ost-West-Konflikts. Großbritannien setzte sich aktiv für den Demokratisierungsprozess in Afrika ein. So stellten die Briten große Kontingente an Friedens- und Sicherheitstruppen und engagierten sich, wenn in Afrika Wahlen abzuhalten waren. Traditionelle Handelspartner der Briten sind Südafrika, Nigeria und Kenia. Fast ein Drittel aller britischen Direktinvestitionen in Afrika sind allein in Südafrika investiert.

Die portugiesische wie auch die deutsche Afrikapolitik spielen nur eine marginale Rolle. Afrikanische Staaten figurieren in der deutschen Außenhandelsbilanz mit nur knapp 2 Prozent des Gesamtvolumens.

Deutschland und weitere Nationen der Europäischen Union würden jedoch eine stärkere Europäisierung der Afrikapolitik begrüßen; dies steht allerdings den nationalen Interessen Großbritanniens und Frankreichs entgegen, so dass eine entsprechende Harmonisierung der europäischen Bemühungen um Afrika noch auf sich warten lassen wird. Das Konzept der europäischen Entwicklungspolitik der Kommission folgt dem Leitgedanken, Frieden und *good governance* in Afrika zu erreichen. Wie die Implementierung dieser Ziele erfolgen soll, ist aber unklar, und außerdem scheint es innerhalb der Europäischen Union auch noch keine Übereinstimmung der Mitgliedsstaaten über so zentrale Themen wie die gemeinsame Sicherheitspolitik zu geben, die natürlich auch im Verhältnis zu Afrika von Belang ist.

83. Aus welchen Krisengebieten kommen die meisten afrikanischen Flüchtlinge? Wenn man an afrikanische Flüchtlinge denkt, steigen sofort die furchtbaren Bilder von Menschen in kleinen, kaum seetüchtigen Booten auf, die zusammengepfercht auf wenigen Quadratmetern und unter höchster Lebensgefahr versuchen, das Mittelmeer zu überqueren – in der Hoffnung, ihr «gelobtes Land», den Kontinent Europa, zu erreichen. Die Zahl der Todesopfer, die diese Überfahrten fordern, kann nur geschätzt werden. Meist stecken menschenverachtende Schlepperbanden hinter solch todbringenden Unternehmungen. Die italienische Regierung hat bekannt gegeben, dass knapp 120 000 Menschen allein im Jahr 2017 über das Mittelmeer nach Italien flüchteten. Für den gesamten Mittelmeerraum geht die *Internationale Organisation für Migration* (IOM) von über 170 000 Flüchtlingen im Jahr 2017 aus. Viele der Verzweifelten entschließen sich zu diesem Schritt, da sie in ihren eigenen Ländern aus politischen oder anderen Gründen verfolgt werden oder weil sie Krieg und Armut entkommen wollen oder auch einfach, weil es bisher fast unmöglich ist, legal aus Afrika nach Europa einzuwandern.

Weniger im Fokus der europäischen Wahrnehmung stehen die innerafrikanischen Flüchtlingsströme. Zuverlässige Zahlen für Flüchtlingsbewegungen lassen sich angesichts der prekären Verhältnisse in vielen Ländern Afrikas oft kaum sichern. Natürlich ist die Zahl von Flüchtlingen immer stark von der Anzahl der Konflikte abhängig, die auf dem afrikanischen Kontinent toben. Statistische Analysen haben gezeigt, dass sich viele Flüchtlinge aus Kriegs- und Krisenregionen in ihren Nachbarstaaten niederlassen. Während die meisten der schiere Wille zu überleben antreibt, hegen andere die Hoffnung, in wirtschaftlich bessere Verhältnisse zu gelangen. Doch stets muss man sich davor hüten, angesichts der großen Zahlen und der sich täglich wiederholenden Bilder gedanklich in die Abstraktion zu flüchten – die Einzelschicksale sind alle konkret und für die Betroffenen furchtbar.

Der UNHCR meldete für 2016 weltweit knapp 66 Millionen

Flüchtlinge; 16,3 Millionen davon sind in Afrika auf der Flucht. Von den Flüchtlingen in Afrika haben 5,1 Millionen ihr Heimatland verlassen, die große Mehrheit von ihnen, 11,2 Millionen, aber sind Binnenflüchtlinge. Die Binnenflüchtlinge finden sich vor allem in fünf Ländern, die allesamt von innerstaatlichen Konflikten betroffen sind: Sudan (3,3 Millionen), Demokratische Republik Kongo (2,2 Millionen), Südsudan (1,8 Millionen), Nigeria (1,9 Millionen) und Somalia (1,1 Millionen).

Wirtschaft

84. Wie versucht Afrika, das Hungerproblem zu lösen? Laut FAO – der Ernährungs- und Landwirtschaftsorganisation der Vereinten Nationen – erreichte 2016 die Zahl der hungernden Menschen weltweit die Marke von 815 Millionen; allein 28 der 55 Länder Afrikas stecken in einer Ernährungskrise. Fast alle afrikanischen Staaten sind von Getreideimporten abhängig. In Ägypten, Marokko, Südafrika und Kenia kam es zu Protesten gegen die steigenden Lebensmittelpreise, in deren Verlauf sogar Tote zu beklagen waren.

Die Europäische Union muss sich den Vorwurf gefallen lassen, mit knapp 55 Milliarden Euro jährlich ihren eigenen Landwirtschaftssektor zu subventionieren. Damit verbilligt sie künstlich die Lebensmittel in ihren Staaten, zerstört aber zugleich die Lebensgrundlage zahlloser Bauern in der Dritten Welt und manövriert viele Länder in eine Abhängigkeit von Grundnahrungsmittelimporten, weil der Anbau entsprechender Produkte von den einstigen Erzeugern mangels Absatzchancen aufgegeben wird.

In afrikanischen Ländern, in denen gewalttätige Konflikte herrschen, hat sich die Hungersituation verschärft – besonders in der Zentralafrikanischen Republik, wo laut Welthungerindex 58,6 Prozent der Menschen hungern. Weitere Länder, in denen der Hunger dramatisch verbreitet ist, sind der Tschad, Liberia, Madagaskar und Ruanda. Hinzu kommen Dürreperioden wie etwa in der Sahelzone oder in Somalia. Auch die Zerstörung von fruchtbaren Böden durch die Ausbreitung der Wüste infolge des Klimawandels nimmt zu. Die derzeit in Somalia grassierende Hungersnot wurde von den UN als die schlimmste humanitäre Katastrophe seit dem Zweiten Weltkrieg bezeichnet. Es sind vor allem Kinder, die an Unter- bzw. Mangelernährung leiden und in großer Zahl sterben

Die Vereinten Nationen haben errechnet, dass 37 Milliarden Dollar im Jahr benötigt werden, um den Hunger in Afrika zu stoppen. Die UN-Vollversammlung hatte bereits 1972 vereinbart, 0,7 Prozent des Bruttoinlandsprodukts der jeweiligen Geberländer bereitzustellen, um dieses Ziel zu erreichen. Allerdings hat selbst Deutschland, eines der wichtigsten Geberländer, dieses Ziel erst 2016 erreicht- allerdings auch dann nur, weil es die Kosten für die Bewältigung der Flüchtlingskrise in die Bilanz miteinberechnen durfte. Reichste Industrienationen – wie die Vereinigten Staaten und Japan – finden sich beschämenderweise nur unter den Schlusslichtern der Helfenden, wenngleich die USA in absoluten Zahlen das meiste Geld im OECD-Vergleich für Entwicklungshilfe ausgibt.

Abgesehen von dem Drängen auf Soforthilfen ist es an den afrikanischen Staaten, ihre Landwirtschaft nachhaltig zu fördern. Dazu gehören unter anderem die effiziente Nutzung der vorhandenen und die Erschließung neuer Anbaugebiete. So werden etwa in Äthiopien nur 36,3 Prozent der potenziell einsetzbaren Fläche auch wirklich für die Landwirtschaft genutzt. Auch müssen die Staaten selbst die Versorgung mit Düngemitteln und Saatgut in ausreichender Menge gewährleisten. Dass vielfach die Bauern nicht auch die Eigentümer des von ihnen bewirtschafteten Landes sind, muss durch Bodenreformen geändert werden. Das Land muss dem gehören, der es bewirtschaftet. Landeigentum könnte für die Bauern einen wichtigen Anreiz schaffen, nicht nur für die Eigenversorgung, sondern auch für den nationalen oder internationalen Markt zu produzieren. Fällt in der westlichen Welt der Protektionismus für Agrarprodukte aus eigener Produktion, erhalten afrikanische Bauern eine realistische Chance, ihre Existenz durch Agrarexporte zu sichern.

85. Welche Rolle spielt die Kernenergie in Afrika? Südafrika ist das einzige Land in Afrika, das Strom aus Kernenergie gewinnt. Der erste von zwei Reaktoren ging 1984 ans Netz. Zusammen produzieren die beiden Reaktoren rund 5 Prozent des Energiebedarfs Südafrikas. Der restliche Energiebedarf wird durch Kohle gedeckt. Die Atomreaktoren wie auch die meisten Kohlekraftwerke werden von der Firma *Eskom* betrieben, die zu 94 Prozent den südafrikanischen Energiemarkt versorgt. Da der Energiebedarf in Südafrika wie auch insgesamt in Afrika ständig steigt, sind enorme Investitionen in den Aus- und Neubau von Kohle- wie auch Gaskraftwerken geplant. Ein Großteil der Technologie, die für den Betrieb der Reaktoren nötig ist, stammt aus Deutschland.

Ist auch der Einsatz von Kernenergie in Afrika selbst gering, so ist doch die Bedeutung dieses Kontinents als Lieferant von Kernbrennstoff hoch. Namibia ist der größte Uranproduzent Afrikas mit 3654 Tonnen Uran im Jahr 2016, gefolgt von Niger mit 3477 Tonnen und Südafrika mit 490 Tonnen. Was sich als «Uranabbau» so beiläufig liest und statistisch so unauffällig scheint, bedeutet aber im konkreten Einzelfall katastrophale soziale und ökologische Folgen für ein Land, wie am Beispiel Nigers kurz ausgeführt werden soll. Niger gehört zwar nach den Angaben des Internationalen Währungsfonds mit einem Bruttoinlandsprodukt von nur 421 US-Dollar pro Kopf (Stand 2017) zu den ärmsten Ländern der Welt (Rang 179), aber es ist der größte Uranexporteur der Erde. Das französische Institut CRIIRAD (*Commission de Recherche et d'Information Indépendantes sur la Radioactivité*) stellte dort bei seinen Untersuchungen unter anderem überhöhte Strahlenbelastung im Trinkwasser, hohe Belastung der Minenarbeiter und der Bevölkerung der Region, keinerlei Abschirmung der Lagerstätten gegenüber der Luft und mangelhafte Entsorgung radioaktiv belasteten Metalls fest – Letzteres kann man allenthalben auf den Märkten in der Umgebung der Förderstätten kaufen. Im Jahr 2007 kam es in Niger wegen der beschriebenen Umweltprobleme zu bewaffneten Konflikten mit Tuareg aus der Umgebung, in deren Verlauf zahlreiche Menschen getötet wurden oder in Gefangenschaft gerieten. Auch an diese Fragen darf man denken, wenn man an heimischen Atommeilern vorbeifährt: Deutschland bezieht zwar einen Großteil seines angereicherten Urans aus Frankreich, doch Frankreich selbst besitzt keine eigenen Uranminen, so dass mit Sicherheit auch von Frankreich importiertes Uran aus Niger, wo es keinen wirksamen gesetzlichen Umweltschutz gibt, nach Deutschland verkauft wird.

Wenig erfreuliche Nachrichten gibt es auch, wenn es um die nukleare Endlagerung in Afrika geht. So wird vermutet, dass seit 35 Jahren europäische und asiatische Firmen ihre radioaktiven – und weitere giftige – Abfälle vor der Küste Somalias im Meer verklappen. Beweise dafür ließen sich nach der Tsunamikatastrophe von 2004 finden, als Fässer mit radioaktivem Müll an die Küste gespült wurden.

Wie könnte eine zukunftsweisende Energieversorgung in Afrika aussehen – einem Kontinent, auf dem 68 Prozent der Stadtbewohner, aber nur 26 Prozent der Landbewohner an der Stromversorgung teilhaben? Nur 15 Prozent der Energieerzeugung in Afrika stammen derzeit aus Wasserenergie; hier liegt noch großes Potenzial ungenutzt. Die bekanntesten und größten Staudämme in Afrika sind unter anderem der Cabora-Bassa-Staudamm in Mosambik, der Inga-Damm im Kongo, der Manantali-Damm in Mali, der Volta-Damm in Ghana, das Lesotho-Highland-System und der Assuan-Staudamm; sie dienen der Stromerzeugung, sind aber umweltpolitisch gleichfalls nicht unbedenklich. Eines der interessantesten und größten Projekte weltweit – mit einem Investitionsvolumen von 555 Milliarden US-Dollar – zur Gewinnung regenerativer Energie war bis vor einigen Jahren in der Sahara geplant: *Desertec*. Geplant war, riesige Solarkraftwerke in den Wüsten entlang des Mittelmeers in Afrika und dem Nahen Osten zu errichten. Unterzeichner einer Absichtserklärung zur Umsetzung von Desertec waren unter anderem auch deutsche Unternehmen wie Siemens, die Münchner Rück, RWE und E.ON. 2014 wurde dieses vielversprechende Projekt jedoch als gescheitert betrachtet und die meisten großen Partner stiegen aus. In sehr kleinem Maßstab wird es von einigen wenigen Investoren fortgesetzt, doch der einstige Traum vom klimaneutralen Strom aus der Wüste für Afrika und Europa ist ausgeträumt.

86. Welche Bedeutung haben die Bodenschätze in Afrika? Erdöl ist einer der wichtigsten Rohstoffe des insgesamt überaus ressourcenreichen Afrika. Afrikas Anteil an der weltweiten Ölproduktion umfasst 10,4 Prozent. Die afrikanischen Erdölreserven betragen etwa 7,5 Prozent der Weltreserven. Dabei verfügt Libyen über 37,3 Prozent aller afrikanischen Reserven, Nigeria über 29,3 Prozent, Algerien und Angola jeweils über 9,3 Prozent.

Andere wichtige Rohstoffe in Afrika sind Gold und Diamanten, wobei Südafrika einen Anteil von etwa 6,5 Prozent zur Weltförderung von Diamanten und etwa 4,6 Prozent des Goldes beisteuert. Der Anteil Algeriens, Marokkos und Tunesiens zusammen an der globalen Phosphatproduktion liegt bei 11,8 Prozent. Der Anteil der Mangan- und Chromproduktion Südafrikas und Simbabwes ist für die Weltwirtschaft systemrelevant. Eisenerz, Kupfer und Bauxit sind weitere wichtige Rohstoffe im afrikanischen Exportgeschäft. Auch die für die boomende Elektroindustrie so wichtigen seltenen Erden wie Cobalt, Lanthan, Scandium, Neodym oder Gadolinium dürften für die afrikanische Wirtschaft langfristig eine wichtigere Rolle spielen. Während noch 2011 97 Prozent der begehrten Stoffe aus chinesischen Böden stammten, hat inzwischen ein regelrechter Wettlauf um die afrikanischen Vorkommen begonnen. Die Förderung dieser Ressourcen selbst ist dabei oft problematisch: So schuften in vielen Gegenden Afrikas Kinderhände in nur unzureichend gesicherten, engen Stollen dubioser Minenbetreiber für einen Hungerlohn, um jene Rohstoffe zutage zu fördern, die der reiche Norden des Planeten für seine Lifestyle-Handys benötigt oder in seine Elektroautos, Windräder und Photovoltaikanlagen einbaut, um seine schlechte Ökobilanz aufzupolieren.

Somit bedeutet der Rohstoffreichtum des afrikanischen Kontinents Fluch und Segen zugleich: Seit der Erschließung Afrikas durch die europäischen Kolonialmächte dient der Kontinent als Rohstofflieferant. In der Zeit des transatlantischen Handels war das Interesse vor allem an Gold, Elfenbein, Gewürzen und nicht zuletzt an Sklaven besonders groß. Im Austausch dafür wurden meist bereits verarbeitete Produkte wie Waffen und Alkohol eingeführt. Die Kolonialmächte bauten die Infrastruktur Afrikas nach ihren eigenen, exportorientierten Bedürfnissen auf: Siedlungsbau sowie Ziele und Streckenverlauf des Schienenverkehrs orientierten sich zumeist an den Bergbauzentren und den riesigen Monokulturplantagen des Kontinents – Kaffee, Kakao, Kautschuk –, was noch bis heute nachzuverfolgen ist.

Die Abhängigkeit der afrikanischen Staaten von ihrer überwiegend rohstoffbasierten Exportwirtschaft birgt enorme Gefahren. Zum einen sind die entsprechenden Weltmarktpreise starken Schwankungen unterworfen. Zum anderen erwächst Afrika aus dieser Präferenz für den Export von Rohstoffen ein gravierendes Entwicklungsproblem: Da die Rohstoffe nicht in ausreichender Menge auf dem eigenen Kontinent verarbeitet werden, fehlt es allenthalben an der Verbreitung leistungs- und international konkurrenzfähiger Industrien, die hochwertige Produkte und zugleich Arbeitsplätze schaffen würden – verbunden mit höherem Steueraufkommen, besseren Sozialleistungen, steigenden Bildungschancen usw. Tatsächlich hat sich diese für die Entwicklung des Kontinents unvorteilhafte Wirtschaftssituation seit der Kolonialzeit kaum verändert.

Profiteure des Ressourcenreichtums Afrikas sind und bleiben die Industriestaaten in anderen Weltteilen, nicht zuletzt im Westen. Dessen Vormachtstellung wird allerdings seit dem letzten Jahrzehnt zunehmend von China herausgefordert, das seine eigene Wirtschaftsmacht und seinen politischen Einfluss in Afrika massiv zu steigern versteht.

Doch wer auch immer im Rennen um die begehrten Rohstoffe die Nase vorn behält – die afrikanische Bevölkerung bleibt meist auf der Strecke. Einnahmen aus Nutzungsrechten und Beteiligungen gelangen über staatlich vergebene Konzessionen in die Hände der Politiker und ihrer jeweiligen Klientel. Im schlimmsten Fall wird die eigene Bevölkerung – wie im Süden des Sudan wegen des Erdöls – von den Machthabern brutal geknechtet und verfolgt, damit sie selbst freie Verfügung über die Bodenschätze erlangen.

Auch an manchen funkelnden Diamanten, welche die Abendroben der Industriegesellschaft schmücken, klebt Blut; ja, sogenannte Blutdiamanten sind geradezu sprichwörtlich und zu einem technischen Begriff geworden, mit dem man solche Edelsteine bezeichnet, aus deren Erlösen kriegerische Konflikte finanziert werden. Charles Taylor – Bürgerkriegsgeneral, nachmaliger liberianischer Präsident (1997–2003) und inzwischen Angeklagter vor dem Internationalen Strafgerichtshof in Den Haag – nutzte beispielsweise die Erträge aus dem Eisenerz-, Gold- und Diamantenhandel Liberias, um damit seine Truppen zu finanzieren und sich im Bürgerkrieg an die Macht zu bringen bzw. dort zu halten, während im Land bittere Not und Entbehrung herrschten.

87. Wie hoch ist der technische Entwicklungsstand Afrikas?

Nimmt man die modernen Kommunikationsmedien als Maßstab, so ist festzustellen, dass nur 18 Prozent der afrikanischen Bevölkerung Zugang zum Internet haben. Dabei verteilt sich die Mehrzahl der Nutzer auf die Staaten von Nordafrika und Südafrika. In Deutschland sind im Jahr 2017 laut Angaben der ARD/ZDF-Onlinestudie

89,8 Prozent aller Deutschen Internetanwender. Große Bedeutung hat der Mobilfunk in Afrika – nicht zuletzt deswegen, weil das Festnetz in vielen Ländern erhebliche Schwächen aufweist. Bislang nutzen etwa 600 Millionen Afrikaner den Mobilfunk; es wird erwartet, dass bis zum Jahr 2020 720 Millionen Afrikaner sogar Smartphones nutzen werden.

Die Europäische Kommission investiert einen dreistelligen Millionenbetrag in den Ausbau des Internets und des Straßennetzes in Afrika. Beide Maßnahmen sind für Afrika zukunftswichtig, denn bis heute stammt ein Großteil der Infrastruktur in Afrika immer noch aus kolonialer Zeit. Viele afrikanische Staaten haben verantwortungslos wenig in ihre eigene Infrastruktur investiert, was gravierende Auswirkungen auf die Wirtschaftsentwicklung hat.

Eines der ehrgeizigsten Projekte in der regionalen Zusammenarbeit zum Aufbau der Infrastruktur entsteht in der Subsahara, das *North South Corridor Project*. Durch seine Umsetzung soll eine verlässliche und effiziente Transportinfrastruktur auf Schiene und Straße entlang der wichtigsten Handelsrouten im südlichen Afrika geschaffen werden. Ziel des Vorhabens ist es, den rohstoffreichen Norden von Sambia und den Süden der Demokratischen Republik Kongo im Innern des Kontinents mit den Häfen in Tansania, Mosambik und Südafrika zu verbinden. Die Initiative wird von drei der wichtigsten regionalen Wirtschaftsvereinigungen, *Common Market for South and East Africa*, *Southern African Development Community* und *East African Community*, getragen. Daran beteiligt sind neben Südafrika auch Simbabwe, Sambia, Tansania, Kongo, Malawi, Botswana und Mosambik. Das Gesamtprojekt entspringt der *Aid-for-Trade*-Initiative der Welthandelsorganisation.

Natürlich gibt es weitere positive Ansätze, die technische Entwicklung Afrikas zu stärken – etwa durch Kooperationen mit europäischen Partnern im Bereich der medizinischen Forschung, der Wassernutzung und Lebensmittelerzeugung, ja sogar der Raumfahrt, bei der die Europäische Union und die Afrikanische Union eine Zusammenarbeit in der Wissenschafts- und Technologiepolitik vereinbart haben. Aber noch ist auf diesen Feldern – nimmt man den gesamten Kontinent in den Blick – die Rückständigkeit Afrikas bei den Zukunftstechnologien zu konstatieren.

Südafrika hat sich in den letzten Jahren immerhin zum Motor der

Automobilindustrie in Afrika entwickelt. Das Land bietet unschlagbare Kostenstabilität, wettbewerbsfähige Montagekosten und ein Höchstmaß an Flexibilität in der Produktion. Zudem hat man von Südafrika aus Zugang zu den Ländern der südlichen Hemisphäre.

Südafrika bietet Produktionsstätten von Fahrzeugen für Rechtslenker; zudem sind günstige Rohmaterialien, außerdem Energie und eine stabile Infrastruktur für Transport und Kommunikation vorhanden. Wichtig sind ferner das *Automotive Industry Development Centre* und *Gerotec* – zwei Forschungszentren auf Weltniveau. Auch im Bereich der Zulieferindustrie hat Südafrika seine Qualität bewiesen: General Motors, Toyota, Ford, Mercedes-Benz und Volkswagen engagieren sich in Südafrika mit dem Ergebnis, dass derzeit in der Region jährlich über eine halbe Million Fahrzeuge hergestellt werden. Auch Freihandelsabkommen mit der Europäischen Union und den USA haben dem Land in seiner wirtschaftlichen Entwicklung weitergeholfen.

Ist also Südafrika ein Paradebeispiel für eine positive Wirtschaftsentwicklung in Afrika, so bleibt festzustellen, dass der Fortschritt in Afrika ungleich verteilt ist. Er beschränkt sich im Wesentlichen auf die Länder Nordafrikas, Nigeria, Angola und Südafrika. Bis heute aber leben 36 Prozent in Nordafrika, 62 Prozent südlich der Sahara; rund 70 Prozent der Afrikaner leben von der Landwirtschaft und haben kaum Anteil am weltweiten technischen Fortschritt.

88. Welche Rolle spielt der Tourismus für Afrika? Gerade einmal 5 Prozent aller internationalen Reisen gehen nach Afrika, was Afrika einen Anteil von nur 3 Prozent an den weltweiten Gewinnen der Tourismusbranche einträgt. Beklagenswert ist vor allem die Rolle der westafrikanischen Länder und der Staaten der Sahelzone im Fremdenverkehr, während Ost- und Südafrika mit ihren Nationalparks immer mehr Touristen anlocken. Politische Instabilität und Unruhen in den afrikanischen Staaten bilden häufig die Ursache für zeitweilige Beeinträchtigungen oder gar den Zusammenbruch der jeweiligen Tourismusbranche. So hat infolge des Arabischen Frühlings von 2010 oder der Ebola-Epidemie von 2014 der Tourismus in den betroffenen Regionen stark gelitten. Dabei darf man jedoch nicht die positiven Entwicklungen auf diesem Sektor der afrikanischen Wirtschaft während der letzten Jahre übersehen: Beim Zuwachs der Besucherzahlen rangiert der Kontinent mittlerweile weltweit ganz vorne. Es sind gerade Staaten wie Algerien, gefolgt von Botswana, Äthiopien, Mali, Nigeria und Senegal, die in dieser Entwicklung zu den Gewinnern zählen. Aber auch die traditionellen Reiseziele im Süden des Kontinents sorgen für positive Schlagzeilen: In Südafrika macht der Tourismus mittlerweile 9,3 Prozent des Bruttoinlandsprodukts aus und hat so wichtigen Wirtschaftszweigen wie der Goldgewinnung mittlerweile den Rang abgelaufen. Im Grenzgebiet des Dreiländerecks von Südafrika, Simbabwe und Mosambik entsteht durch die Zusammenlegung des Gaza-Wildparks in Mosambik, des Gonarezhou-Nationalparks in Simbabwe und des südafrikanischen Krügerparks derzeit der größte Nationalpark der Welt. Der durch die Zusammenlegung entstehende neue Limpopo-Nationalpark, der vom IWF (*Internationaler Währungsfonds*) und Deutschland mitfinanziert wird, wird mit einer Fläche von 100 000 Quadratkilometern die Größe Islands haben. Inwiefern die Strategie des Naturtourismus in der Fremdenverkehrsbranche im Süden des Kontinents von ökonomischem Erfolg gekrönt sein wird, bleibt abzuwarten..

Bis zum Anfang des neuen Jahrtausends nahmen die drei beliebtesten afrikanischen Reiseziele – Südafrika, Ägypten und Tunesien – 60 Prozent aller ankommenden Besucher in Afrika auf. Gerade die nordafrikanischen Länder, allen voran Ägypten, Tunesien und Marokko sind dabei ganz wesentlich vom Tourismus als Finanzquelle und Arbeitssektor abhängig, was durch die Einführung von Billigfliegern und Charterflügen sowie neue Tourismuskonzepte noch begünstigt wurde. Umso empfindlicher wurde die ohnehin noch von den Wirren des Arabischen Frühlings geschwächte Wirtschaft der Region von den terroristischen Anschlägen der letzten Jahre getroffen. Allein im vom Terror stark gebeutelten Jahr 2015 sank die Übernachtungszahl innerhalb weniger Wochen auf einen historischen Niedrigwert. Flüge wurden storniert und Hotelbuchungen zurückgezogen, Rückrufaktionen für Touristen wurden von den Regierungen westlicher Länder ausgesprochen. Die Hotels, Souk-Verkäufer und kulturellen Stätten der Länder leiden sehr unter dem Fortbleiben der Touristen und dem dadurch entstehenden Geldmangel: Das Musée du Bardo in Tunis beispielsweise konnte einige Zeit keine Pantoffeln mehr für die begehbaren antiken Mosaiken des Museums an die wenigen Touristen verteilen, die seither mit ihren sandigen

Schuhen die jahrtausendealten Motive abschmirgeln. Die Staaten haben es derweil schwer, das durch die Terroranschläge verloren gegangene Vertrauen der Touristen zurückzugewinnen: In einem geradezu unmoralischen Preiskampf versuchen sie die Menschen wieder zurück ins Land zu holen. Doch die existenzielle Not der direkt oder indirekt vom Tourismus lebenden Bevölkerung wird dadurch kaum gemindert, sondern eher noch verschärft.

89. Wie sieht die wirtschaftliche Zusammenarbeit in Afrika aus? Der wirtschaftliche Austausch zwischen dem südlichen und nördlichen Mittelmeerraum hat eine lange Geschichte. Ende 1995 unterschrieben die Außenminister der europäischen, vorderasiatischen und nordafrikanischen Anrainerstaaten des Mittelmeers ein Dokument, das bis 2010 die Errichtung einer mediterranen Freihandelszone vorsah. Handelsbarrieren wie Einfuhrbeschränkungen wurden schrittweise reduziert. Neben der wirtschaftlichen Zusammenarbeit waren auch sicherheits- und kulturpolitische Kooperationen vorgesehen. Beide Seiten sind stark daran interessiert, durch diese Zusammenarbeit das Wachstum ihrer eigenen Volkswirtschaften zu befördern. Kritiker bemängeln allerdings, dass das Mächteverhältnis deutlich zugunsten der Europäer erhalten bleibt. Zu nennen sind hier zum Beispiel nach wie vor bestehende europäische Exportsubventionen auf der einen und Zollschranken für Produkte aus der Levante und Nordafrika auf der anderen Seite. Auch die Zuwanderung aus Afrika in die EU ist nach wie vor mit erheblichen Hürden verbunden.

Ein anderes Konzept, auf das man bei der Entwicklung Afrikas setzt, ist regionale Integration; so wurde in Afrika eine Reihe von regionalen Organisationen gegründet, die sich der wirtschaftlichen Zusammenarbeit verschrieben haben. Regionale Integration verfolgt zumeist zwei Ziele: die Zusammenführung von afrikanischen Ethnien, die durch nationalstaatliche Grenzen getrennt wurden, und das Ende der Abhängigkeit afrikanischer von westlichen Staaten. Die afrikanischen Ökonomien sollen durch regionale Integration gestärkt und in der globalisierten Wirtschaft konkurrenzfähig werden bzw. bleiben. Zentrale Elemente dieser Zusammenarbeit sind beispielsweise die Senkung von Zolltarifen, die Harmonisierung nationaler Wirtschaftspolitiken, volkswirtschaftliche Deregulierung –

Der weltweite Markt, Graphik

also die Zurückdrängung staatlicher Einflussnahme auf die Wirtschaft mit dem Ziel der Wettbewerbs- und Investitionssteigerung –, die Standardisierung von Normen und Verfahren sowie die Liberalisierung der Banken- und anderer Dienstleistungssektoren. Zu den regionalen Organisationen, die an der Erreichung dieser Ziele arbeiten, gehören die *South African Development Community*, die *East African Community*, die *Economic Community of West African States* und beispielsweise die *Communauté Économique de l'Afrique Centrale* – die Zentralafrikanische Wirtschafts- und Währungsunion, der Kamerun, Kongo, Gabun, Äquatorial-Guinea, die Zentralafrikanische Republik und der Tschad angehören – oder die *Communauté des États du Sahel et du Sahara*. Letztere wurde 1998 in Tripolis gegründet und umfasst inzwischen 29 Mitgliedsstaaten; ihr Fernziel ist die Errichtung einer afrikanischen Wirtschaftsgemeinschaft, doch vorerst scheitern sie noch daran, auch nur intern eine Freihandelszone zu schaffen.

90. Was bedeutet die Arbeit des Internationalen Währungsfonds für Afrika? Um die Problematik und die Auswirkungen der Arbeit des *Internationalen Währungsfonds* (IWF) zu verstehen, lohnt sich ein Blick auf seine Funktionsweise. Der Internationale Währungsfonds wie auch die Weltbank sind beide Institutionen, die auf der Grundlage des Bretton-Woods-Vertrages (1944) gegründet wurden und jeweils eine Sonderorganisation der Vereinten Nationen darstellen.

Der IWF umfasst 189 Mitgliedsstaaten. Die Arbeit des IWF zielt auf die Unterstützung seiner Mitglieder auf den Gebieten der Währungspolitik, denen er zu einem ausgewogenen Wirtschaftswachstum und einem hohen Beschäftigungsgrad verhelfen will. Die Vergabe kurzfristiger Kredite an Mitgliedsstaaten wird häufig an Auflagen zur Sanierung der Wirtschaft des jeweiligen Empfängerlandes geknüpft. Diese Kredite finanziert der IWF aus den Kapitaleinlagen seiner Mitglieder. Die Stimmrechte im IWF richten sich nach der jeweiligen Finanzkraft der Länder. Daher haben die Industrieländer meist die Stimmenmehrheit im *IWF*. Die USA halten 17,5 Prozent des Kapitals, Japan 6,5 Prozent, Deutschland 5,6 Prozent, Frankreich und Großbritannien je 4,2 Prozent.

Einer der geistigen Väter des Internationalen Währungsfonds war der Ökonom John Maynard Keynes; diese neue Institution sollte helfen, fortan Krisen wie die große Weltwirtschaftskrise vom Ende der zwanziger Jahre des letzten Jahrhunderts (1929-1933) zu vermeiden, indem der Internationale Währungsfonds Druck auf solche Staaten ausübt, die ihre Wirtschaftsprobleme nicht lösen. So werden die Kredite zumeist an die Verpflichtung der Kreditnehmer gekoppelt, Strukturanpassungen in ihrer Wirtschaftspolitik vorzunehmen (z. B. Haushaltskonsolidierung, Privatisierung von Staatseigentum, Liberalisierung des Bankwesens). Und genau daraus erwachsen wirtschaftlich schwachen Staaten in der Zusammenarbeit mit dem IWF nicht selten Probleme. Wendet sich solch ein Staat, der als Kreditnehmer nicht in der Lage ist, seinen Zahlungsverpflichtungen nachzukommen – etwa weil Kleinunternehmer im eigenen Land, denen er mit dem geliehenen Geld geholfen hat, ihrerseits noch nicht rückzahlungsfähig sind –, vom IWF ab, weil er sonst immer tiefer in die Schuldenfalle gerät, ohne den Vorgaben des Kreditgebers genügen zu können, so gefährdet dies seine Reputation in der Weltwirtschaft, und es ist ihm fast unmöglich, neue Kredite auf dem privaten Markt zu beschaffen. Auf diese Weise haben also der IWF und die Banken der Weltbank, die alle zu den Bretton-Woods-Institutionen zählen, ein Kreditmonopol, während die Staaten, die mit dieser Wirtschaftsweise nicht zurechtkommen, ohne Alternativen zurückbleiben.

In Tansania bietet sich beispielsweise folgendes Bild: Dort wird die

Wirtschaft seit 1985 von den Bretton-Woods-Institutionen kontrolliert. Auf Anraten dieser Institutionen schaffte Tansania Handelsbarrieren ab, privatisierte Staatskonzerne und verringerte seine Subventionen – jedoch mit dem fraglichen Erfolg, dass das Bruttoinlandsprodukt des Landes pro Kopf noch immer nicht mehr als 867 US-Dollar beträgt. In dem gleichen Zeitraum sank die Alphabetisierungsquote im Land – über 20 Prozent der Einwohner sind Analphabeten, und im Bildungsländervergleich liegt Tansania im hinteren Viertel von 201 Ländern –, während die Armutsquote auf 51 Prozent der Bevölkerung anstieg. Bis zum Jahr 2000 machten IWF und Weltbank Tansania insgesamt 157 Reformvorschläge, deren Umsetzung Bedingung für die Gewährung finanzieller Leistungen war. Die tansanische Regierung hatte nur zwei Möglichkeiten: entweder die Reformen umzusetzen und dafür Gelder zu erhalten oder seine Bevölkerung verhungern zu lassen. Heute sind 4,7 Prozent der tansanischen Bevölkerung mit HIV infiziert. Doch anstatt den Zugang zur medizinischen Versorgung zu erleichtern, forderten die Bretton-Woods-Institutionen Tansania auf, Gebühren für die gesundheitliche Versorgung zu erheben, die bis dahin kostenlos war. Das Resultat war, dass die Zahl medizinischer Patienten um 53 Prozent zurückging. Ebenso heillos war die Forderung von IWF und Weltbank, Schulgebühren einzuführen, was in Tansania die Einschulungsquote zeitweise von 80 Prozent auf 66 Prozent sinken ließ – heute liegt sie wieder bei rund 80 Prozent.

Doch soll bei aller Kritik an IWF und Weltbank nicht unerwähnt bleiben, dass die Bretton-Woods-Institutionen die größte finanzielle Quelle internationaler Entwicklungshilfe sind. Bis zum Jahr 2007 haben sie 570 Milliarden US-Dollar für die Förderung von Infrastruktur, Privatwirtschaft und Umweltprojekten sowie für den Kampf gegen Armut, Korruption und Krankheiten ausgegeben. Insgesamt ist die Weltbank in mehr als 1800 Projekten in fast allen Staaten aktiv. Allein für den Kampf gegen HIV/AIDS stellte die Weltbank 4,6 Milliarden Dollar zur Verfügung. Und immerhin hat – wenn auch erst vor einigen Jahren – die stetig wachsende Kritik an bestimmten Leitlinien ihrer Wirtschaftspolitik zu einem Umdenken an der Spitze der Weltbank geführt. So hat sich dort die Einsicht durchgesetzt, künftig die umstrittenen Strukturanpassungskredite durch «Entwicklungsdarlehen» zu ersetzen, weil es keinen Königsweg in der Entwicklungspolitik gebe, der sich auf alle armen Länder gleichermaßen anwenden ließe; auch will man künftig vermehrt darauf achten, dass die betroffenen Regierungen und die Bevölkerungen den entwicklungspolitischen Kurs mitbestimmen sollen.

91. Welchen Einfluss hat China auf die afrikanische Wirtschaft?
China ist der neue Star im Ensemble der Großmächte. In den neunziger Jahren steigerte sich das Handelsvolumen zwischen Afrika und China um fast 700 Prozent. Im neuen Jahrtausend hält dieser Trend an. Im Zeitraum zwischen 2002 und 2005 steigerte sich das Handelsvolumen weiter von 9 Milliarden US-Dollar auf rund 35 Milliarden, und 2014 sogar auf über 220 Milliarden US-Dollar. China ist damit zum größten Handelspartner Afrikas aufgestiegen und hat Großbritannien, die ehemalige Kolonialmacht, sowie Frankreich und die USA längst hinter sich gelassen. 1,4 Millionen Barrel Öl pro Tag gehen mittlerweile nach Fernost, vor allem aus Angola, der Demokratischen Republik Kongo und dem Südsudan. Darin ist auch das zentrale Motiv der chinesischen wirtschaftlichen Expansion auf dem afrikanischen Kontinent zu erkennen. Neben dem Streben nach wirtschaftlicher Dominanz geht es vor allem um die Sicherung der Rohstoffe: Chinas Ölimporte aus Afrika machen 22 Prozent aller chinesischen Ölimporte aus. Der Aufschwung der chinesisch-afrikanischen Beziehung kann anhand der Intensivierung von Investitionen, Handel, Entwicklungshilfe und Einwanderung nachverfolgt werden. Praktisch bedeutet dies, dass sich China seinen Zugang zu den Ressourcen in Afrika sichern und seine Wirtschaftsinteressen in nahezu allen Wirtschaftsbranchen durchsetzen will. Neben dem Import von afrikanischen Produkten wird auch sehr auf den Export chinesischer Artikel und deren Absatz auf dem afrikanischen Markt geachtet. Gefahren dieser Praxis für die afrikanische Wirtschaft lassen sich beispielsweise im Bausektor beobachten: Chinesische Bauunternehmen wurden meist in zwischenstaatlichen Projekten eingesetzt und trugen so zur erheblichen Verbesserung der afrikanischen Infrastruktur bei. Jedoch führte die Ansiedlung chinesischer Bauunternehmen bereits zur Verdrängung lokaler afrikanischer Bauunternehmen. Hält dieser Trend an, kann er zur Stagnation des Know-how-Transfers führen und die afrikanische Bevölkerung vor Ort vom Arbeitsmarkt in diesem Gewerbe ausschließen. Diese Sorge ist in der Tat berechtigt: Im Jahr 2014 arbeiteten 252 000 chinesi-

sche Arbeitskräfte in Afrika. Ein positiver Effekt der chinesischen Investitionen auf den afrikanischen Arbeitsmarkt bleibt aus.

Bei der Etablierung in anderen Wirtschaftsbranchen gehen zumeist chinesische Staatskonzerne den ersten Schritt, um so den Weg für Privatunternehmen und -investoren zu ebnen. Dies ist meist mit riesigen Direktinvestitionen verbunden. Zudem pumpt die chinesische Regierung gewaltige Summen an Entwicklungshilfe nach Afrika, wobei die Grenzen zum Wirtschaftskredit fließend sind: China gewährte Angola einen Kredit in Höhe von 2 Milliarden US-Dollar, nachdem dieser dem Land von der Weltbank und dem IWF aufgrund der Korruption innerhalb der Regierungsriege verweigert worden war. Angola aber benötigte dringend 2,2 Milliarden US-Dollar zur Wiederherstellung seiner Infrastruktur nach 30 Jahren Bürgerkrieg. China stellte natürlich Bedingungen für die Gewährung des Kredits – zum einen sollten Teile des Kredits in Form von Öllieferungen getilgt werden, zum anderen sollten 70 Prozent der Aufträge zur Wiederherstellung der Infrastruktur an chinesische Firmen gehen. Ein ähnliches Vorgehen der chinesischen Regierung ließ sich auch in Tansania, Gabun, Äthiopien, der Elfenbeinküste, Togo und Mali beobachten.

China wird vom Westen die Verletzung von Antikorruptions-, Umwelt-, Arbeits- und Sozialstandards in Afrika vorgeworfen. Eine weitere häufig geäußerte Kritik lautet, dass China universale außen- und entwicklungspolitische Prinzipien wie die Einhaltung von Menschenrechten, Demokratie, Transparenz und *good governance* unterläuft. So sicherte sich China Beteiligungen am sudanesischen Energiesektor, nachdem die USA und Kanada aufgrund von schwersten Menschenrechtsverletzungen im Sudan die Beziehungen zu dem Land einstellten. Es gibt auch erwiesenermaßen Fälle, in denen chinesische Holzhandelsfirmen illegal weite Gebiete des unter Schutz stehenden Regenwaldes abholzten. Aber was wäre auch von einem Staat zu erwarten, zu dessen alltäglicher Regierungspraxis die Missachtung von Menschenrechten gehört.

Trotz allen Unmuts, den die Aktivitäten chinesischer Unternehmen in Afrika erregen, ist allerdings anzumerken, dass sich die Politik der Nichteinmischung in den letzten Jahren deutlich aufgeweicht hat – aufgrund der Proteste vor Ort, aber ebenso aufgrund des internationalen Drucks, der auf China ausgeübt wird. Die Wahrnehmung der chinesischen Wirtschaftsaktivität unter den Afrikanern ändert sich allmählich. So empfanden 2016 63 Prozent der in einer Afrobarometer-Studie Befragten diese als positiv. Wie sich Chinas Position auf dem Weltmarkt und damit auch sein Verhältnis zu seinen afrikanischen Partnern entwickeln wird, bleibt abzuwarten.

92. Profitiert Afrika von der Globalisierung? Afrikas Anteil am Welthandel hat während der letzten fünfzig Jahre nicht zugenommen und entwickelte sich – wenn überhaupt – rückläufig. Afrika droht im Wettlauf der Weltwirtschaft immer weiter an den Rand gedrängt zu werden. Ein wichtiger Grund dafür sind fehlgeschlagene Wirtschaftsinitiativen. So stammen bis heute die Hauptexporte afrikanischer Staaten aus dem Primärsektor; d. h., es werden vorrangig Rohstoffe billig an den Weltmarkt – vor allem an westliche Industriestaaten und an China – abgegeben, während es nicht gelingt, effiziente und profitable Weiterverarbeitungsindustrien in größerem Maßstab aufzubauen. Daran trifft auch die europäische Entwicklungshilfe eine Mitverantwortung: Die Eckpunkte der Lomé-Abkommen, wie die Einrichtung eines Fonds zur Stabilisierung der Exporterlöse bei Ernteeinbußen oder sinkenden Weltmarktpreisen für Rohstoffe, waren kein Ansporn für die afrikanischen Partnerländer, ihren Exporthandel zu diversifizieren. So ist Afrika zwar einer der reichsten Kontinente, was seine Ressourcen betrifft, doch zugleich der wirtschaftlich ärmste. Das Nord-Süd-Gefälle nimmt im Zuge der Globalisierung bislang noch weiter zu. Während beispielsweise die Telekommunikationsbranche weltweit boomt, gehört der Kongo, der Hauptexporteur von Coltan – des insbesondere für den Mobilfunk unverzichtbaren Minerals –, zu den ärmsten Ländern Afrikas.

Afrikanische Staaten versuchen, durch regionale Zusammenschlüsse ihre ökonomischen Möglichkeiten zu bündeln und im Wege von Kooperationen der Globalisierung entgegenzuwirken. Darüber hinaus wird es wichtig sein, zum Schutz der Identität eigene Traditionen und kulturelle Errungenschaften zu pflegen – so wie man es beispielsweise in Indien mit Ayurveda getan hat, das nachgerade zu einem kulturellen Exportartikel geworden ist.

Doch der Schutz des kulturellen Wissens allein reicht nicht aus. Fachwissen in allen Sparten wie beispielsweise der Ingenieurskunst und den Heilberufen ist gefragt. Da aber leidet Afrika unter dem schon häufiger beschriebenen Phänomen des *brain drain*: Akademiker und Facharbeiter verlassen zumeist aus wirtschaftlichen oder politischen Gründen den Kontinent und suchen im Zuge der Globalisierung vermehrt in den westlichen Industriestaaten ihr Glück. Das führt zu solch absurden Tatsachen wie jener, dass es allein in der englischen Stadt Manchester mehr malawische Ärzte gibt als in ganz Malawi.

Erfolge im Zuge der beginnenden Globalisierung haben Länder wie Botswana, Mauritius, Lesotho und Swasiland zu verzeichnen, die immerhin mit einem deutlichen Anstieg des Bruttoinlandsproduktes in den letzten Jahrzehnten aufwarten können. Darüber hinaus haben selbstverständlich Vertreter der politischen Oligarchien Afrikas an der Globalisierung verdient, indem sie öffentliche Gelder inklusive Entwicklungshilfe veruntreuen und damit international investieren und spekulieren. Andere verfügen über Eigentumsrechte an Rohstoffquellen und verscherbeln die auf dem Weltmarkt dringend benötigten Ressourcen, deren Erträge in ihre Taschen wandern. Auch sie haben natürlich ein lebhaftes Interesse am Fortgang der Globalisierung.

Wie nun die ohnehin vielfach geschwächten afrikanischen Staaten – mangels gesunder Ökonomie oder infolge von Korruption, schlimmstenfalls infolge von militärischen Konflikten –, die ohnehin nur mit Mühe, wenn überhaupt, ihren Pflichten als Souveräne nachkommen und nur elementare Daseinsvorsorge für ihre Bürger zu leisten vermögen, dem Globalisierungsprozess standhalten sollen, scheint völlig unklar. Es ist zu befürchten, dass sie weder die ökonomischen noch die sozialen und damit letztlich auch nicht die der Kultur drohenden Gefahren der Globalisierung von ihren Bürgern fernhalten können. So wird Afrika seine Ressourcen, die Leistungsträger der Gesellschaft und im schlimmsten Fall seine ethnischen Identitäten verlieren.

Geographie und Natur

93. Warum war es so schwer, die Quellen des Nils zu entdecken? Im Sudan, genauer noch bei Khartoum, fließen der Blaue und der Weiße Nil zusammen und bilden im Weiteren den Nil. Von dort aus braucht der Strom, der dieser Region das Leben spendet, noch weitere 2000 Kilometer, bis er schließlich ins Mittelmeer mündet. Letztendlich schlängelt sich der Nil auf einer Länge von vermuteten 6671 Kilometern durch die unterschiedlichsten Klimazonen. ‹Vermutet› deswegen, da man sich bis heute nicht sicher über die genaue Lage seines Quellgebietes ist. Berühmte Köpfe der Antike wie Herodot und Aristoteles machten sich bereits Gedanken über den Ursprung des längsten Flusses der Welt. Dabei kam niemand der Wahrheit so nahe wie Claudius Ptolemäus im 2. Jahrhundert n. Chr. Ptolemäus vermutete, dass die Schmelzwasser aus den «Bergen des Mondes» die Seen der Umgebung speisen, aus denen der Nil entspringt. Diese Behauptung hielt sich hartnäckig über viele Jahrhunderte.

Der Blaue Nil, der im Arabischen auch *Bahr al Azraq* und in Äthiopien *Abbai* genannt wird, war der erste der beiden Nilzuflüsse, dessen Quellgebiet erforscht wurde. Bereits 1618 beschrieb der Jesuitenprediger Pedro Paez in seinem Buch «Die Geschichte Äthiopiens» das Quellgebiet des Blauen Nils. Unglücklicherweise wurde sein Buch erst in den zwanziger Jahren des letzten Jahrhunderts veröffentlicht. Mehr als ein Jahrhundert nach der Entdeckung des Gebiets durch Paez machte sich der schottische Forscher James Bruce auf die Suche nach den Quellen des Nils. Sein Werk «Travels to Discover the Sources of the Nile, in the Years 1768–1773» war wegweisend für die Äthiopienkunde und hob Äthiopien wieder ins Bewusstsein der Menschheit. Bruce beschreibt in seinem Werk das abessinische Hochland, seine Kultur, das Christentum, das in dieser Region schon seit dem 4. Jahrhundert praktiziert wurde, seine Begegnung mit dem Herrscher Tekle Heimanot II., seine Ernennung zum Kommandanten von Heimanots Reitertruppen, seinen Einsatz gegen Rebellen im Süden und letztendlich auch die Entdeckung der Quellen des Blauen Nils, den er freilich für den Hauptstrom des Flusses hielt – ein Irrtum, wie sich noch herausstellen sollte.

Der Blaue Nil entspringt in etwa 1830 Metern Höhe im äthiopischen Hochland und fließt anschließend durch den Tana-See. Er erstreckt sich über 1370 Kilometer, bevor er bei Khartoum mit dem Weißen Nil zusammenfließt. Heute weiß man, dass der Weiße Nil aufgrund seiner Länge der Hauptarm des Nils ist. Bis zur Veröffentlichung von Paez' Buch im Jahr 1905 galt James Bruce als Entdecker der Quellen des Blauen Nils.

Geographie und Natur

Die Entdeckung der Quellen des *Bahr al Abiad*, wie der Weiße Nil im Arabischen heißt, gestaltete sich längst nicht so einfach. Der Streit um den Ursprung des Nils hält bis heute an. Von den meisten wird der Viktoriasee als Hauptquelle des Stroms angesehen. Zahllose Versuche der britischen *Royal Geographic Society*, das Quellgebiet des Weißen Nils ausfindig zu machen, verliefen ergebnislos. Als Entdecker des Viktoriasees gilt heute John Hanning Speke. 1858 fand er den See und berichtete der Royal Geographic Society von ihm und seiner Mutmaßung, dass dieser See die Quelle des Nils sei. Er kehrte vier Jahre später an den Viktoriasee zurück, um den Beweis für seine Behauptung anzutreten. 1862 entdeckte er die heute durch den Bau des Owen-Falls-Damm überfluteten Ripon-Fälle. Speke veröffentlichte nach seiner Rückkehr das «Journal of the Discovery of the Source of the Nile» (1863) und «What Led to the Discovery of the Source of the Nile» (1864). Seine Behauptung, dass der Viktoriasee der Ursprung des Nils sein soll, wurde jedoch immer wieder angefochten.

Vom Viktoriasee aus fließt der Nil in den Albertsee, von wo er seine Reise als Albert-Nil fortsetzt. Im Sudan, wo der Fluss *Bahr Al-Dschabal* heißt, was übersetzt so viel wie ‹Fluss des Berges› bedeutet, fließt er durch das Sumpfgebiet *Sudd*, wo er die Hälfte seines Wassers durch Verdunstung verliert. Der Sudd bildete in der Antike eine Art Demarkationslinie zwischen der bekannten und der unbekannten Welt, da seine Sumpfgebiete als unüberwindbar galten. Erst ab dem Sudd heißt der Weiße Nil wirklich Weißer Nil.

Selbst heute noch sorgen die Nilquellen für Aufsehen. Obwohl der Nyungwe-Wald mittlerweile als Quellgebiet des Nils anerkannt ist, hat ein Forscherteam um den Briten Neil McGrigor zuletzt noch 2006 für Aufsehen gesorgt, als Teilnehmer der Expedition meldeten, eine neue Quelle des Nils rund 100 Kilometer oberhalb der bisherigen Quelle entdeckt zu haben.

94. Warum darf die Serengeti nicht sterben? Beim Serengeti-Nationalpark handelt es sich wohl um einen der bekanntesten Nationalparks der Welt. Entdeckt wurde das Gebiet der Serengeti – eine Hochfläche in Nordtansania – 1913 vom amerikanischen Forscher Stewart Edward White. Innerhalb des 30 000 Quadratkilometer großen Areals wurden 1981 zwei Bereiche zum Weltnaturerbe erklärt. Die Artenvielfalt in der Serengeti ist atemberaubend. Es leben dort mehr als 1 Million Weißbartgnus, etwa 200 000 Zebras, rund 3000 Löwen, 7000 Masai-Giraffen, bis zu 150 000 Thomson-Gazellen und mehr als 1000 Afrikanische Elefanten. Man trifft auf Mangusten, Leoparden, Geparden, Tüpfelhyänen, Goldschakale, Servale, Zibetkatzen und auf über 500 Vogelarten. Bekannt ist die Serengeti für die *big migration* – die große Wanderung –, während derer sich Jahr für Jahr zahllose Tiere auf ihre alljährlichen Wanderungen zu Wasserstellen und Weidegründen begeben.

Die Serengeti hat Schriftsteller von Ernest Hemingway bis Peter Mattheissen inspiriert, doch Weltruhm erlangte sie durch das Werk von Bernhard und Michael Grzimek. Der ehemalige Zoodirektor von Frankfurt und sein Sohn drehten die Dokumentation «Serengeti darf nicht sterben». Ihre Arbeit aus dem Jahr 1959 war der erste deutsche Beitrag, der nach dem Zweiten Weltkrieg mit einem Oscar ausgezeichnet wurde. Auch als Buch war «Serengeti darf nicht sterben» ein immenser Erfolg und wurde in 23 Sprachen übersetzt.

Zum ersten Mal reiste Bernhard Grzimek im Auftrag des Frankfurter Zoos in die Serengeti, um dort die Lebensgewohnheiten der Tiere in freier Wildbahn zu studieren. Bei seiner Ankunft bot sich ihm ein Bild des Schreckens: Amerikanische Großwildjäger hatten die Wildbestände in der Serengeti dezimiert, obwohl die tansanische Regierung schon 1951 ein Schutzgebiet in der Serengeti errichtet hatte. Um die tansanische Regierung zu durchgreifenden Maßnahmen zum Schutz der Tiere zu bewegen, wollte Grzimek die Tiere in der Serengeti zählen. Mit seinem Sohn und dem berühmten, mit Zebrastreifen bemalten Flugzeug «Ente» sollten die Zähl- und Dreharbeiten durchgeführt werden. Diese in ihrer Bedeutung nicht hoch genug zu veranschlagende Aktion nahm eine tragische Wendung, als Sohn Michael mit dem Flugzeug während der Dreharbeiten abstürzte und starb. Obwohl Bernhard Grzimek diesen Verlust niemals überwinden konnte, setzte er seine Arbeit fort.

Grzimek beeinflusste mit seinem Werk das Bewusstsein einer ganzen Generation. Er trug wesentlich zum Schutz der Artenvielfalt in der Serengeti und in anderen Naturreservaten bei. Unglücklicherweise konnte Grzimek, trotz all seiner Bemühungen, der Wilderei im Serengeti-Nationalpark kein Ende setzen.

Zebras im Etosha-Nationalpark, Namibia

95. Wie sind die Nationalparks in Afrika entstanden? In Afrika stehen heute mehr als 2,8 Millionen Quadratkilometer unter Naturschutz. Dies entspricht 23,3 Prozent der Gesamtfläche des Kontinents. Die insgesamt 1166 Naturreservate umfassen auch 338 Nationalparks, wo der Erhalt der Ökosysteme und ihrer Artenvielfalt mit Erlebnistourismus verbunden wird. Der Großteil dieser Parks befindet sich in Südafrika, Kenia, Sambia und Madagaskar. Die uns bekanntesten Naturschutzgebiete Afrikas sind die touristisch gut erschlossenen Nationalparks wie der Kruger-Nationalpark in Südafrika oder die Serengeti in Tansania, zu deren Schutz nicht zuletzt der deutsche Naturfilmer Grzimek beigetragen hat. Aber es gibt auch eine Vielzahl von kleineren Parks wie den Virunga-Nationalpark, welcher der erste Nationalpark in Afrika war, der 1925 – damals unter dem Namen: Albert-Nationalpark – auf dem Gebiet der heutigen Republik Kongo gegründet wurde.

Die verschiedenen Parks haben sich meist dem Schutz spezieller Tierarten verschrieben. So hat der Virunga-Nationalpark nicht zuletzt durch die Zoologin und Verhaltensforscherin Dian Fossey (1932–1985) Berühmtheit erlangt. Sie widmete sich bis zu ihrer Ermordung der Arterhaltung der Berggorillas – einem Ziel, dem sich der Park bis heute verschrieben hat.

Drei der größten und ältesten Naturparks in Uganda haben ihre Entstehung makabererweise ausgerechnet einer Seuche – der Schlafkrankheit – zu verdanken: Anfang des 20. Jahrhunderts waren riesige Flächen Ugandas von der Tsetsefliege befallen, die die Krankheit überträgt, was zur Evakuierung riesiger Landstriche führte. Da diese Gebiete über Jahrzehnte hinweg unberührt blieben, konnte sich die Natur dort besonders gut erholen, und in den fünfziger Jahren des letzten Jahrhunderts zog man den Schluss, diese Gebiete zu Naturparks zu erklären. So entstanden der Murchinson-Falls-Nationalpark, der Queen-Elizabeth-Nationalpark und der Kidepo-Valley-Nationalpark.

Fürchtete man in den achtziger Jahren des letzten Jahrhunderts, dass die großen Naturreservate anderen Interessen – etwa ökonomischer oder politischer Natur – geopfert würden, so hat sich die Tendenz umgekehrt: Die Staaten Afrikas haben vermehrt das ökonomische und welt- und klimapolitische Potenzial der Schutzgebiete erkannt, und viele von ihnen erzielen hohe Einnahmen dank des Ökotourismus; infolgedessen erfreuen sich Nationalparks neuer Beliebtheit. Dies ist einer der Gründe, weshalb etwa der Kruger-Nationalpark 2003 nach Simbabwe und Mosambik hin ausgebaut und noch weitere Naturschutzgebiete eingebunden wurden, so dass letztlich daraus das Megaprojekt des Limpopo-Nationalparks entstand. Nicht unproblematisch bleibt allerdings weiterhin die Finanzierung der Nationalparks. Diese stützt sich zum einen zwar auf die durch den Tourismus erwirtschafteten Eintrittsgelder sowie staatliche und gemeinnützige Förderer, jedoch auch auf die durch den Jagdtourismus erzielten Gewinne. Während die lokale Bevölkerung vielerorts von den Entscheidungen über die geschützten Gebiete völlig ausgeschlossen wird, zum Teil ohne Entschädigung ihres Landes enteignet wurde, erhalten ausländische Jäger gegen genug Geld die Lizenz zum Töten. Hinzu kommt die Korruption bei Parkbetreibern und in den Behörden, die in vielen Fällen Wilderei und Trophäenschmuggel Tür und Tor öffnet – vor allem auf dem asiatischen Markt finden Amulette und vermeintliche Allheilmittel aus den Körperteilen der vom Aussterben bedrohten Arten nach wie vor reißenden Absatz.

96. Welche Klimazonen hat Afrika? Die Beschreibung der verschiedenen Klimazonen Afrikas erfolgt an dieser Stelle von Norden nach Süden. Die Küstengebiete Nordafrikas weisen ein Mittelmeer-

Geographie und Natur

klima auf, auch Winterregenklima der Westseiten genannt, das sich vor allem durch hohe Temperaturen im Sommer und kräftige Niederschläge im Winter auszeichnet: Die Temperaturen können im Winter bis auf 0°C zurückgehen, im Sommer auf 25 bis 30°C ansteigen; im Jahr fallen durchschnittlich ca. 500 ml Niederschlag, und Dürreperioden treten eher selten bis nie auf.

Landeinwärts folgt eine Zone mit trockenem Passatklima, das von jahreszeitlich stark schwankenden Temperaturen und geringen Regenfällen geprägt ist. Die Lage am nördlichen Wendekreis bedingt die starken Schwankungen der Sonneneinstrahlung – und damit der Temperatur. Der beständig wehende Passatwind ist trocken, da er über große Landmassen streicht, und bringt auch aufgrund der besonderen Luftschichtung der Region keinen Regen: In einer schmalen Luftschicht nimmt die Temperatur mit der Höhe zu statt ab (Passatinversion). Da die höheren Luftschichten hier wärmer sind als die vom Land aufsteigenden, können diese nicht die nötige Höhe erreichen, um sich zu Wolken zu formieren. Daher ist diese Klimazone landschaftlich von Wüsten geprägt. Im Winter können die Temperaturen auf 10 bis 15°C zurückgehen, im Sommer auf über 35°C ansteigen, im Jahr fallen durchschnittlich nur ca. 20 bis 250 ml Regen; Dürreperioden treten sehr häufig bis ständig auf.

Die nächste Zone wird von tropischem Wechselklima bestimmt, das nördlich und südlich des Äquatorialgürtels herrscht und in der bei ganzjährig hohen Temperaturen Trocken- und Regenzeit miteinander abwechseln. Im Sommer herrscht Regenzeit, im Winter bestimmen trockene Passatwinde das Klima. Je mehr man sich dem Äquator nähert, desto länger ist die Regenzeit, da in Äquatornähe die innertropische Konvergenzzone verläuft, in der die von Norden und Süden kommenden Passatwinde aufeinandertreffen. Hier kommt es ständig zu starken Luftbewegungen und Quellbewölkung, die kräftige Niederschläge und Gewitter bringen. Diese Regionen sind im Wesentlichen von Savannen geprägt. Im Winter gehen die Temperaturen auf ca. 20 bis 25°C zurück, im Sommer steigen sie auf 25 bis 30°C an, es fallen im Durchschnitt 1000 bis 2500 ml Regen; gebietsweise können aber durchaus Dürreperioden auftreten.

In der äquatorialen Klimazone unterliegen die Temperaturen geringen Schwankungen. Sie sind ganzjährig hoch, genauso wie die Niederschlagsraten. In diesen Regionen findet man vor allem tropi-

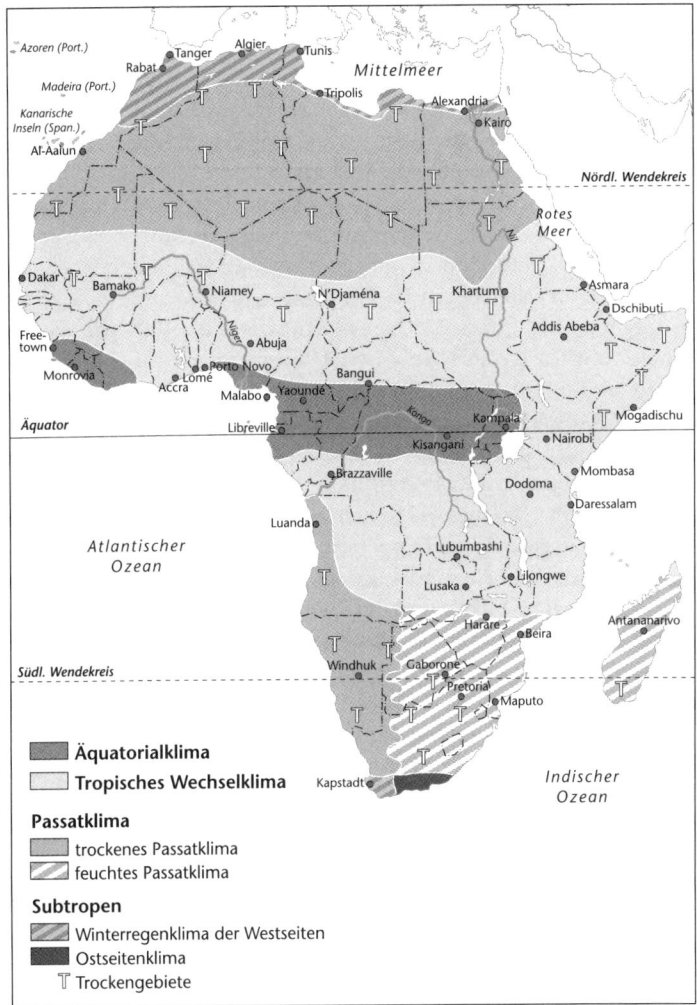

schen Regenwald. Die Temperaturen bleiben eher bei 25 bis 30°C, es fallen 2000 bis 3000 ml Regen, gebietsweise kommt es zu zwei Regenzeiten im Jahr (Frühjahr und Herbst), Dürreperioden treten nicht auf.

Im südlichen Passatklima lässt sich der Kontinent in West und Ost unterteilen. Im Westen herrscht wie auf der Nordhalbkugel trockenes Passatklima. Der Osten zeichnet sich jedoch durch subtropische Temperaturen und hohe Niederschlagswerte aus, da die Passatwinde, die hier von Osten her wehen, viel Feuchtigkeit vom Meer aufnehmen, die dann über dem Land als Regen niedergeht. In den Regionen, die direkt am Meer liegen, fällt mehr Regen als im Inland, und so prägen Feucht- und Tropenwälder die Küstenlandschaft, während das Landesinnere von Feuchtsavannen und Steppen bestimmt ist. Im Osten liegen die Temperaturen im Winter bei ca. 25 °C, im Sommer bei 15 bis 25 °C; es fallen ca. 500 bis 1000 ml Niederschlag, und es treten eher selten Dürreperioden auf. Im Westen liegen die Temperaturen im Winter in etwa bei 25 bis 30 °C, im Sommer bei 10 bis 15 °C. Es fallen zwischen 20 und max. 500 ml Regen; Dürreperioden sind häufig.

Im Gegensatz zum Winterregenklima der Westseiten herrschen im Ostseitenklima, welches die Küstenregion Südafrikas bestimmt, im Sommer nur gemäßigte Temperaturen. Die Temperaturen an sich sind zwar relativ hoch, werden jedoch von kühlen Winden begleitet. In dieser Region fällt ganzjährig Niederschlag, verstärkt aber im Sommer. Die Region um Kapstadt gehört interessanterweise in eine eigene Klimazone mit Westseitenklima.

97. Welche Bedeutung hat der Umweltschutz in Afrika? Das anhaltende Bevölkerungswachstum im urbanen und ländlichen Bereich geht mit großen Umweltbelastungen einher. Hohe Besiedlungsdichte im städtischen Bereich führt zu einer dramatischen Luft- und Bodenverschmutzung. Ein Grund dafür ist die mangelhafte Abfallentsorgung – in weiten Teilen Afrikas wird der Hausmüll einfach in einer Ecke des Gartens verbrannt, weil die Kommunen mit der Entsorgung überfordert sind oder die Menschen sie sich schlicht nicht leisten können. 70 Prozent der Menschen heizen und kochen noch immer mit offenen Holzfeuern. Angaben der *African Development Bank* (AfDB) zufolge sterben jährlich 600 000 Afrikaner – vor allem Frauen und Kinder – an den Folgen der häuslichen Feinstaubbelastung. 84 Prozent der Energie werden in Afrika nach wie vor aus fossilen Energieträgern wie Braunkohle gewonnen. Erst seit Kurzem gibt es Bemühungen, dies zu ändern. So hat sich die AfDB im Rahmen des

Projekts *The New Deal on Energy for Africa* das Ziel gesteckt, bis 2025 den ganzen Kontinent ans Stromnetz anzuschließen – 75 Millionen Haushalte möchte die Bank mit Strom aus erneuerbaren Energien versorgen. 6 Milliarden US-Dollar hat sie bereits in das Projekt investiert, weitere 12 Milliarden hat sie bis 2020 zugesagt. Darüber hinaus sollen 50 Milliarden US-Dollar von öffentlichen und privaten Investoren kommen. Zusätzliche 5 Milliarden US-Dollar will die Bank jährlich für den Klimaschutz aufwenden.

Jedoch verdienen die Aktivitäten der AfDB eine gewisse Skepsis. So engagiert sie sich in dem Projekt PIDA *(Programme for Infrastructure Development in Africa)*, das zu seinen Sponsoren auch die Afrikanische Union und die Vereinten Nationen zählt. Vordergründig ein Erschließungsprogramm für strukturschwache Regionen, handelt es sich hierbei um ein Projekt zur Förderung der Interessen internationaler Investoren, denen an komfortablen Handelsnetzen zwischen Rohstoffabbaugebieten und Löschplätzen gelegen ist. So wird der umweltpolitisch höchst problematische Abbau von Mineralien weiter vorangetrieben. Im Dienste dieses Projekts hat die UNESCO zugestimmt, die Grenzen des Virunga-Nationalparks neu zu ziehen, so dass Firmen auf diesem Gebiet nach Öl suchen können. Ölförderung in dieser Region hätte nicht nur fatale Folgen für den Berggorilla, vielmehr wäre der Zusammenbruch dieses Ökosystems für zehntausende Menschen existenzbedrohend.

Eine weitere Herausforderung für den Umweltschutz stellen die Entwicklungen am Viktoriasee dar. Mit seinen rund 68 800 Quadratkilometern Fläche ist er das zweitgrößte Süßwasserreservoir der Welt und bildet die Lebensgrundlage für rund 35 000 000 Menschen. Jedoch ist er Belastungen ausgesetzt, denen er nicht unbegrenzt standhalten kann. Überfischung und andere Eingriffe in die Tierwelt gefährden die endemischen Fischbestände. Zudem droht der See aufgrund der ebenso dramatischen wie gedankenlosen Verschmutzung zu veralgen. Zahlreiche Umweltinitiativen haben sich dem Kampf gegen das Sterben des Viktoriasees verschrieben. Von ihrem Erfolg hängt das Fortbestehen dieses Lebensraums maßgeblich ab. Seit Jahrzehnten wird Afrika als Müllkippe der industrialisierten Welt missbraucht. Pro Jahr und Kopf werden beispielsweise allein in Deutschland jährlich 21,7 Kilogramm Elektroschrott produziert, doch nur etwa 14 Prozent davon werden sachgerecht entsorgt. Der Rest gelangt häufig auf Containerschiffen in afrikanische Häfen. Ein Teil der alten Computer, Handys und Kühlschränke wird dort weiterverkauft, alles andere wird auf gigantischen Müllkippen ausgeschlachtet. Oft sind es Kinder und Jugendliche, die ohne Atemschutz wertvolle Metalle wie Kupfer, Aluminium und Gold aus den Altgeräten herausbrennen. Von dem entsetzlichen Gesundheitsrisiko einmal abgesehen, gelangen so Schwermetalle in die Luft, den Boden und die Gewässer und reichern sich in Nahrungsmitteln wie Fisch oder Gemüse an. Zwar gibt es Bemühungen, die Verhältnisse in den Slums um diese Müllkippen zu verbessern, doch Lösungsansätze für die verheerenden Umweltprobleme lassen auf sich warten.

98. Welche Auswirkung hat die Klimaveränderung auf Afrika?

Afrika ist mehr als die meisten anderen Regionen dieser Welt vom Klimawandel bedroht. Schon heute hat die Klimaerwärmung dafür gesorgt, dass die Gletscher am Kilimandscharo beinahe völlig verschwunden sind. Die Sahelzone wird seit den siebziger Jahren von verheerenden Dürren geplagt; in derselben Region sorgen regelmäßig extreme Starkregenfälle für Überschwemmungen und vernichten ganze Ernten. Auch die Ausbreitung der Wüsten – Desertifikation genannt – schreitet in Afrika ungebremst voran und bedroht unzählige Existenzen.

Die Ursachen dieser deprimierenden Entwicklung sind nicht alle hausgemacht. Afrika leidet vorrangig unter den Folgen der Umweltverschmutzung und des Klimawandels, deren Verursacher in Europa, den USA und im Fernen Osten sitzen. Für viele der großen Umweltsünden auf dem afrikanischen Kontinent sind westliche und asiatische Großkonzerne verantwortlich – immerhin beträgt der Anteil Afrikas an den weltweiten Treibgasemissionen gerade einmal 3 Prozent. Natürlich kann sich Afrika nicht völlig aus der Verantwortung stehlen und sich von Schuld freisprechen. Und dennoch ist die schwere strukturelle Armut eine der Hauptursachen für die Abholzung der Regenwälder und die ungebremste Ausbeutung der natürlichen Ressourcen, wodurch Umwelt und Klima beeinträchtigt werden – Verschwendung und Zerstörung aus Kenntnislosigkeit und Not.

Die Klimaerwärmung in Afrika hat bereits jetzt einen massiven nachteiligen Effekt auf die Landwirtschaft, der sich in den nächsten

Jahren noch drastisch verschlimmern wird. Kürzere Vegetationsperioden werden weniger Ernten zulassen. Komplette Arten von Kulturpflanzen werden verschwinden – wenn es so weitergeht, wird dieses Schicksal den Weizen als eine der ersten Arten ereilen. Steigende Temperaturen werden gravierende schädigende Auswirkungen auf den Teeanbau in Kenia und die Kaffee-Ernte in Ruanda zeitigen. Die Temperaturen des Viktoriasees sind bereits so stark angestiegen, dass manche Fischpopulationen vom Aussterben bedroht sind.

Anhand von Computermodellen haben Forscher versucht, die Auswirkungen des Klimawandels in Afrika zu simulieren. Das *Potsdamer Institut für Klimaforschung* hat in Kooperation mit dem belgischen *Catholique de Louvain* und dem *American National Center for Atmospheric Research* die Auswirkung der Klimaerwärmung und die damit verbundene Verschiebung der Klimazonen in der Sahara und der Tundra untersucht. Der Anstieg der Kohlendioxidkonzentration führt zur Erwärmung der Atmosphäre und wird die Niederschlagsmenge in diesen Regionen erhöhen. Das könnte zur Folge haben, dass sich die Savanne in den Wüstenregionen ausbreitet. Zugleich führen vermehrte Niederschläge schon heute zu Bodenerosion im äthiopischen Hochland, so dass dort die Menschen ihre Existenzgrundlage verlieren. Gleichzeitig hat im Westen und Süden des Kontinents die Abholzung des Regenwaldes bereits dafür gesorgt, dass in dieser Gegend die Niederschlagsmenge sinkt. So schreitet die Schädigung des noch vorhandenen Regenwalds in einem fatalen Automatismus fort. Allein in den Jahren 2000 bis 2015 hat der afrikanische Kontinent 2,8 Millionen Hektar Waldfläche pro Jahr verloren. Flora, Fauna und letztlich der Mensch leiden unter diesen Veränderungen. Die Wasserknappheit wird sich auch auf die Landwirtschaft auswirken und somit auch auf die Versorgung der Menschen mit Lebensmitteln. Die Folge wird eine unabsehbare Klimamigration in die städtischen Ballungszentren sein, wo sich soziale Probleme auftun werden, für die niemand eine Lösung parat hat. Auch die Massenmigration in Industrieländer ist ein Phänomen, das wir bereits heute beobachten.

Auch ist nicht zu übersehen, dass die Zahl der Naturkatastrophen steigt: Vermehrt treten Stürme auf den vorgelagerten Inseln im Indischen Ozean auf.

Die afrikanischen Staaten müssen jetzt handeln. Der letzte Weltklimabericht geht davon aus, dass unsere Staaten bis 2030 rund 2 bis

4 Prozent des weltweiten Bruttosozialproduktes aufwenden müssen, um den Klimawandel noch wirksam beeinflussen zu können. Aufklärung in Afrika muss ein wesentlicher Bestandteil im Kampf gegen Umweltverschmutzung und Klimawandel werden. Schon jetzt tragen Filmemacher wie der Franzose Yann Arthus-Bertrand – der einen Schwerpunkt seiner Arbeit auf Afrika gelegt hat – mit ihren Werken dazu bei, die Aufmerksamkeit breiter Bevölkerungsgruppen auf diese Problematik zu lenken. Seine Dokumentation «HOME» hat der weltberühmte Fotograf 2009 für jeden frei zugänglich ins Internet gestellt.

99. Welche Probleme hat Afrika mit dem Artenschutzabkommen? Die größte Herausforderung des Artenschutzes ist es, das Zusammenleben zwischen Menschen und Wildtieren zu gewährleisten, indem die Existenzgrundlagen beider Seiten gesichert werden. In diesem Interessenausgleich ist vor allem die Politik gefordert, die den Umweltschutz, die Belange der ländlichen Bevölkerung und die privat- und volkswirtschaftlichen Erfordernisse eines Landes in Einklang bringen muss. Hat der Safari-Jagdtourismus als Devisenbringer in der Vergangenheit dafür gesorgt, dass viele Tierarten verschwunden sind, so satteln viele afrikanischen Staaten heutzutage, um ihre Wirtschaftsdaten zu verbessern, auf einen sanften Ökotourismus um. So gewinnen sie zahlungskräftige Gäste, schaffen Arbeitsplätze und schonen ihre natürlichen Ressourcen. Das wurde auch Zeit – denn auf der Liste der bedrohten Tierarten in Afrika befinden sich inzwischen weit über einhundert. Die Liste reicht vom Spitznashorn über das Krokodil, Dutzende von Amphibienarten, Lemuren und Menschenaffen bis hin zu Großkatzen, Elefanten, Gazellen, Büffeln, Fledermäusen, Vögeln und Pflanzen – und sie ließe sich noch lange fortsetzen.

Kurzfristige kommerzielle Interessen und wirtschaftliche Nöte sind zumeist die größten Hindernisse bei der Durchsetzung des Artenschutzes. So hat der Handel mit Elfenbein und Fellen dazu geführt, dass Elefanten, Löwen und Nashörner vom Aussterben bedroht sind. Die Errichtung von Nationalparks hat wiederum dazu geführt, dass der örtlichen Bevölkerung Anbauflächen genommen oder traditionelle Jagdgebiete entzogen wurden. Ein anderes sinnfälliges Beispiel für die Vielschichtigkeit von Artenschutzproblemen zeigt die Karriere des Nilbarsches. Er wurde in den sechziger Jahren gezielt als fremde Art im Viktoriasee ausgesetzt, um in dieser Region einen kommerziell verwendbaren Speisefisch anzusiedeln. Der Nilbarsch brachte anfangs in den Anrainerstaaten Uganda, Kenia, Tansania, Burundi auch den erhofften Erfolg, und die lokale Fischwirtschaft blühte auf. Dann aber verdrängte der Nilbarsch den im Viktoriasee heimischen Buntbarsch, was die örtliche Trockenfisch-Industrie zum Erliegen brachte. Die konsequente kommerzielle Fischerei des Nilbarsches hat inzwischen den vom Aussterben bedrohten Arten wieder die Möglichkeit zur Erholung ihrer Bestände verschafft. Ähnlich dramatisch verläuft die Geschichte der Wasserhyazinthe – gleichfalls eine fremde Art, die aber mittlerweile 90 Prozent des ruandischen Viktoriaseeufers überwuchert.

Wieder anders stellen sich jene Artenschutzprobleme dar, die infolge der Wanderung der Wildtiere auftreten, wenn sie saisonal zu neuen Wasserstellen und Weidegründen ziehen und dabei die Anbaugebiete der Bevölkerung beeinträchtigen. Man hat versucht, diesem Problem durch «Migrationskorridore» beizukommen. Doch selbst die Umzäunung von Parks, die eigentlich zum Schutz der Tiere auf der einen Seite und der Menschen auf der anderen gedacht war, hat zur Übernutzung von Anbauflächen und zum ökologischen Niedergang in den Wildreservaten geführt. Deshalb hat man inzwischen Projekte zur Umsiedlung der in den Reservaten lebenden Menschen größtenteils eingestellt, die immerhin bis in die achtziger Jahre hinein üblich war; sie waren letztlich humanitär, kulturell und ökonomisch nicht zu verantworten. Die Kalahari-Buschleute in Botswana waren 1999 das letzte Volk, das umgesiedelt wurde.

Entscheidend ist die ökologische Nachhaltigkeit aller umweltpolitischen Maßnahmen. Immerhin gibt es inzwischen in Afrika eine Vielzahl von Artenschutzabkommen. Auf staatlicher Ebene verabschiedete man die Biodiversitätskonvention, um den Artenreichtum zu sichern. Auch viele nichtstaatliche Organisationen setzen sich für den Artenschutz ein – eine der bekanntesten Organisationen dürfte der *World Wildlife Fund* (WWF) sein. Auch Kooperationen zwischen staatlichen und nichtstaatlichen Naturschutzorganisationen sind üblich geworden. So kooperieren in der *World Conservation Union* Regierungen mit öffentlichen und privaten Umweltverbänden aus über 140 Ländern.

Ausblick

100. Welche Probleme muss Afrika vordringlich lösen? Afrika muss von den heillosen inneren Konflikten ablassen und mit äußerster Konsequenz gegen Korruption und Machtmissbrauch vorgehen. Gelingt es Afrika nicht aus eigener Kraft, zu einer guten Regierungspraxis – *good governance* – zu kommen, so ist ihm auch von außen nicht mehr zu helfen.

Die Bekämpfung des Hungers in Afrika verdient die oberste Priorität. Hunger ist die herausragende Ursache von mangelnder Produktivität, Krankheit, Flucht und Tod in Afrika. Um bei der Bekämpfung von Hunger erfolgreich zu sein, bedarf es – wie in Malawi geschehen – der Austeilung von Saatgut und Dünger, der Erschließung neuer Anbauflächen und der Umverteilung der Grundbesitzrechte durch den Staat zugunsten der Bauern. Mangelhafte Gesundheitsvorsorge und medizinische Versorgung ist das zweite große Problemfeld, an dem Afrika arbeiten muss. Die Lösungen sind komplizierter als bei der Hungerbekämpfung: Die drei großen Plagen Afrikas sind HIV/AIDS, Tuberkulose und Malaria. Aber infolge der überwiegend maroden Gesundheitssysteme sterben viele Menschen auch an Krankheiten wie Diphtherie, Durchfallerkrankungen und anderen Seuchen, die in Europa als ausgestorben gelten oder einfach zu behandeln sind. Wichtig sind in diesem Kontext präventive Maßnahmen wie Aufklärung und gezielte Aktionen wie die Verteilung von Moskitonetzen und vor allem die Sicherung des Zugangs zu sauberem Wasser in ausreichender Menge für alle Afrikaner.

Wie für unsere ganze Welt, so ist auch für Afrika der Kampf gegen Umweltzerstörung von höchster Bedeutung. Auch wenn der Kontinent selbst gewiss nicht zu den führenden Umweltverschmutzern gehört, so sind viele Regionen von den Folgen des Klimawandels betroffen: Wüsten breiten sich aus, Niederschläge gehen zurück, der Regenwald schrumpft. Zudem schlummern vor Afrikas Küsten ökologische Zeitbomben – Container mit radioaktivem Müll aus den großen Industriestaaten –, die ihre tödliche Strahlung erst in einigen Jahrzehnten, Jahrhunderten oder Jahrtausenden entladen werden. Doch unabhängig von der Zeitspanne werden die Bergung und Sicherung dieser heillosen Fracht Unsummen verschlingen und die Volkswirtschaft belasten. Das in weiten Teilen erst schwach industrialisierte Afrika hat allerdings auch eine Chance aus seiner Schwäche heraus – und zwar von Anfang an auf Entwicklung und Einsatz regenerativer Energien zu setzen. Damit würde Afrika in seiner Entwicklung einen sauberen Weg gehen und den Reichtum seiner Natur schützen. Unter diesem Gesichtspunkt wurden große Hoffnungen in das Desertec-Projekt gesetzt, das wir leider als gescheitert betrachten müssen. Neue Bemühungen um den Ausbau der erneuerbaren Energien gehen allerdings von der *African Development Bank* aus, die im Rahmen des Projekts *The New Deal on Energy for Africa* Milliardensummen investiert und zahlreiche öffentliche und private Investoren mobilisiert, um bis 2025 die Stromversorgung des gesamten Kontinents aus größtenteils sauberer Energie möglich zu machen.

Der natürliche Reichtum Afrikas besteht aber nicht nur in der Schönheit des Kontinents, in dem einst der Mensch entstanden ist, er besteht nicht nur in den unvorstellbaren Bodenschätzen, nicht nur in seinen Pflanzenarten und ihrem Genpool, der zur Entwicklung von Heilmitteln einen unschätzbaren Beitrag zu leisten in der Lage ist – er besteht vor allem in der Kreativität seiner Menschen, die in den bildenden Künsten, in der Literatur und der Musik zum allgemeinen Welterbe beitragen. Wenn es gelingt, diese Fähigkeiten nicht länger unter Hunger, Armut, Krankheit, Korruption und Gewalt zu begraben, muss uns um die Zukunft Afrikas nicht bang sein.

101. Was verdanken wir Afrika? In Afrika steht die Wiege der Menschheit. Nach Erkenntnissen von Genforschern und Paläoanthropologen stammen alle Menschen von einer einzigen Frau ab. Unser aller Urmutter lebte vor etwa 150 000 Jahren in Ostafrika. Mit Hilfe von Analysen der mitochondrialen DNS hat man herausgefunden, dass jeder Mensch auf diesem Planeten genetisch in verwandtschaftlicher Linie zu dieser Afrikanerin steht. Von Ostafrika aus brach vor ungefähr 80 000 Jahren eine Gruppe von Menschen in Richtung des heutigen Jemen auf. Dies war der erste Schritt zur Besiedlung des Erdballs durch den modernen Menschen.

Angesichts dieser urmenschheitsgeschichtlichen Tradition verwundert es letztlich auch nicht, dass man wiederum in Afrika – wenn auch in riesigem zeitlichen Abstand – die älteste Hochkultur antrifft, nämlich jene der Alten Ägypter. Sie schufen die erste sesshafte Kultur, die gleichermaßen eine Schrift hervorbrachte, auf hohem Niveau

Landwirtschaft und Viehzucht betrieb und eine Großarchitektur hervorbrachte. Doch neben dem staunenswerten Erbe der Alten Ägypter seien auch andere frühe Zivilisationen Afrikas wie das axumitische Reich in Äthiopien oder die Nubier – das Reich Kusch im Süden Ägyptens – nicht vergessen.

Afrika stand seit den Anfängen der Menschheit im Austausch mit benachbarten Regionen und schließlich mit benachbarten Kulturen. Im Wege von Besetzung und Besiedlung waren es zunächst die Kulturen des Nahen Ostens, dann des nördlichen Mittelmeerraums, die ihre Fußspuren in Afrika hinterließen. So blieb die kulturelle Blüte im Norden Afrikas nicht auf Ägypten beschränkt. Einige Jahrhunderte später entstanden in Nordafrika gleich zwei der ältesten Universitäten der Welt, wo auch heute noch studiert wird: 895 n. Chr. wurde in Fez in Marokko die Universität Al-Karaouine gegründet, während in Kairo 975 n. Chr. die Al-Azhar-Universität entstand, die bis heute ein Zentrum sunnitischer Gelehrter ist.

Gelehrte Afrikaner nahmen sich auch der christlichen Theologie an, so dass in Karthago früh lateinische Werke der neuen Religion entstanden. Der wohl bedeutendste lateinische Kirchenlehrer des christlichen Altertums war der heilige Augustinus, der im numidischen Tagaste geboren wurde (354), auf seinen Reisen in Italien das Christentum annahm, dann Mönch und schließlich Bischof des nordafrikanischen Hippo Regius wurde. Seine Werke zu Bibeltheologie und Exegese und vor allem sein Werk über den Gottesstaat durchstrahlen die gesamte mittelalterliche Theologie und Philosophie – insbesondere Thomas von Aquin setzte sich intensiv mit seinem geistigen Erbe auseinander.

Doch geht der afrikanische Anteil am Welterbe nicht auf in den Leistungen der nordafrikanisch-mediterranen Kulturgemeinschaft der Antike und des Frühmittelalters: Als Sklaven in Afrika gefangen und in alle Welt verkauft wurden, schufen sie beispielsweise in der Gefangenschaft nordamerikanischer Sklavenhalter Agrargüter in kaum zu ermessendem Wert, die – wie die Baumwolle – allenthalben verkauft wurden. Mit den Sklaven gelangte auch ein Teil afrikanischer Kultur in die Welt und gewann in der Folge Einfluss auf die europäische Kunst, Musik und Literatur. Befreit aus der Sklaverei, wurden Afrikaner und ihre Nachfahren zu Stützen der nordamerikanischen Gesellschaft und Wirtschaft. Aus Europa aber kehrten die

Junger Mann mit Handy in den Elendsvierteln von Johannesburg, Südafrika, 1996

einstigen Sklavenjäger zurück nach Afrika, um ihre Ausbeutung des Kontinents im Wege des Kolonialismus zu intensivieren. Sie schleppten Reichtümer und Rohstoffe aus dem Kontinent, mit denen sie ihre Volkswirtschaften mästeten. Wer sich gegen sie stellte, wurde misshandelt oder getötet. Aus dieser Erfahrung entstanden eigene künstlerische Ausdrucksformen der Unterworfenen, die gleichfalls nach Europa und Amerika gelangten und dort auf die moralisch besten Köpfe der Eliten einwirkten und sie das Regime der Väter überdenken ließen. Zwar haben die wirtschaftlich Mächtigen in der Folge ihre Konzepte im Umgang mit Afrika nur modifiziert, um weiter ihre Interessen verfolgen zu können, doch tun sie es seither nicht mehr so ungebrochen und ungeniert wie in der Kolonialzeit. Diese Ansätze einer Humanisierung des Kapitalismus sind also auch mit dem Leid der afrikanischen Völker erkauft. Es bleibt zu hoffen, dass die Afrikaner selbst erkennen, was sie der Welt gegeben haben, und in ihrer Leidensfähigkeit eines Tages auch die Früchte ihres Beitrags genießen dürfen.

Nachwort

«Ex Africa semper aliquid novi», wusste schon Plinius der Ältere vor knapp 2000 Jahren: Aus Afrika kommt immer etwas Neues. Viele Menschen in Europa sehen Afrika als homogenen Kontinent, im Grunde überall gleich. Ich hoffe, dass dieser Band, der nun in neuer Auflage erschienen ist, den Blick dafür schärft, dass dies nicht stimmt. Es gibt nicht nur ein Afrika. Afrika ist Vielfalt. Auf dem Kontinent leben derzeit 1,2 Milliarden Menschen, mehr als doppelt so viele wie in der gesamten Europäischen Union. Afrika, das sind hunderte großer Völker und tausende kleinerer Ethnien. Afrika, das sind mehr als zweitausend verschiedene Sprachen, unterschiedliche Kulturen und verschiedene Religionen. Afrika, das sind auf der einen Seite explodierende Millionenstädte und andererseits riesige ländliche Regionen, in denen sich die traditionelle Lebensweise seit Jahrhunderten kaum verändert hat.

Seit 2010, als die erste Ausgabe dieses Buches erschienen ist, konnte man in Afrika erstaunliche Fortschritte und Errungenschaften beobachten, vor allem in der Wirtschaft, aber auch in der Politik, ebenso wie gravierende Versäumnisse und Fehlleistungen. Wir sind Zeugen enormer Herausforderungen, die Afrika zu meistern hat. Chancen, Entwicklung und Euphorie begegnen uns auf diesem Kontinent zur gleichen Zeit wie Stagnation, Verzweiflung und Hoffnungslosigkeit. Afrika mit seinen unterschiedlichen Ländern und Kulturen bietet kein einheitliches Bild.

Auf der einen Seite erlebt der Kontinent eine geostrategische Renaissance, dank seiner gigantischen Rohstoffvorkommen und dem wachsenden Rohstoffhunger der Industrienationen. Das Auftreten Chinas und anderer Schwellenländer hat aus afrikanischer Sicht viele positive Seiten. Die Konkurrenz belebt das Geschäft. Die Preise für Rohstoffe steigen. Und nicht nur das: Die Entwicklungsländer emanzipieren sich von den alten Kolonialmächten, indem sie auf einmal die Möglichkeit erhalten, auch mit anderen Ländern zu verhandeln. Andererseits waren bis vor Kurzem die meisten Afrikaner überzeugt, dass Demokratisierung nach westlichem Vorbild auch der Schlüssel für wirtschaftlichen Erfolg ist. Heute beginnen mehr und mehr afrikanische Politiker mit dem Staatsmodell Chinas zu liebäugeln. Dessen wirtschaftlicher Aufstieg, vom armen Entwicklungsland zu einer führenden Wirtschaftsmacht mit totalitären politischen Strukturen, ist ein verlockendes Vorbild für manche Staatschefs in Afrika. Doch die Chinesen kommen nicht als Wohltäter nach Afrika. Sie präsentieren ihre Rechnung in Form von langfristigen Verträgen für die Ausbeutung von Rohstoffen. Nach dem Prinzip ‹keine Einmischung in die inneren Angelegenheiten eines anderen Staates› buhlen Sie dabei sehr erfolgreich um die Ressourcen afrikanischer Diktatoren. Doch die Europäer sollten sich davor hüten, angesichts der Konkurrenz durch China, demokratische Standards in Afrika zu verraten. Sie würden ihre letzte Glaubwürdigkeit verlieren.

Für Europa bleibt Afrika eine riesige Herausforderung. Mit dem Strom der Flüchtlinge im Sommer 2015 veränderte Europa sein Gesicht: Grenzen wurden wieder hochgezogen. Man setzt auf Abschreckung statt auf Menschlichkeit, oft im Widerspruch zu den eigenen Werten. Doch wenn man die Migration nachhaltig eindämmen will, muss man die Lebensverhältnisse der Menschen vor Ort verbessern. Die Menschen müssen in ihrer Heimat die Aussicht auf ein menschenwürdiges Leben finden. Über allem steht die Schaffung von Arbeitsplätzen für die junge Bevölkerung. Etwa 85 Prozent der 1,2 Milliarden Menschen in Afrika sind jünger als 20 Jahre. Viele dieser Jugendlichen sehen in ihren Heimatländern keine Zukunft: Die Jugendarbeitslosigkeit liegt bei 60 Prozent. Um die Fluchtursachen in Afrika zu bekämpfen, müssen wir mithelfen, dass die perspektivlose afrikanische Jugend in ihrer Heimat in Brot und Arbeit kommt.

Die größte Bewährungsprobe dabei wird sein, ob Afrika die Dynamik seiner Bevölkerungsentwicklung in den Griff bekommt. Nach Prognosen der UN soll sich die Zahl der Menschen in Afrika bis 2050 nochmals mehr als verdoppeln. Europas Geschichte zeigt: mit einer besseren Gesundheitsversorgung und sozialer Absicherung sinkt die Geburtenrate drastisch– so wie einst auch in Deutschland nach der Einführung von Bismarcks Sozialgesetzen.

Afrika braucht Hilfe zur Entwicklung, die nachhaltig ist und auf Eigeninitiative sowie gute Regierungsführung der afrikanischen Staaten setzt. Die beste Entwicklungshilfe ist dabei der faire Handel zwischen den Nationen.

Aufbau: *Ländername:* Hauptstadt – Bevölkerungszahl – Fläche

Ägypten: Kairo – 97,041 Mio. (Schätzung 2017) – 1 001 450 km² *Äquatorial-Guinea:* Malabo – 778 358 (Schätzung 2017) – 28 051 km² *Äthiopien:* Addis Abeba – 105,350 Mio. (Schätzung 2017) – 1 104 300 km² *Algerien:* Algier – 40 969 Mio. (Schätzung 2017) – 2 381 741 km² *Angola:* Luanda – 29,310 Mio. (Schätzung 2017) – 1 246 700 km² *Benin:* Porto Novo (Regierungssitz: Cotonou) – 11,038 Mio. (Schätzung 2017) – 112 622 km² *Botswana:* Gaborone – 2,214 Mio. (Schätzung 2017) – 581 730 km² *Burkina Faso:* Ouagadougou – 20,107 Mio. (Schätzung 2017) – 274 200 km² *Burundi:* Bujumbura – 11,466 Mio. (Schätzung 2017) – 27 830 km² *Dschibuti:* Dschibuti – 865 267 (Schätzung 2017) – 23 200 km² *Elfenbeinküste:* Yamoussoukro (de facto: Abidjan) – 24,184 Mio. (Schätzung 2017) – 322 463 km² *Eritrea:* Asmara – 5,919 Mio. (Schätzung 2017) – 117 600 km² *Gabun:* Libreville – 1,772 Mio. (Schätzung 2017) – 267 667 km² *Gambia:* Banjul – 2,051 Mio. (Schätzung 2017) – 11 300 km² *Ghana:* Accra – 27,500 Mio. (Schätzung 2017) – 238 533 km² *Guinea:* Conakry – 12,414 Mio. (Schätzung 2017) – 245 857 km² *Guinea-Bissau:* Bissau – 1,792 Mio. (Schätzung 2017) – 36 125 km² *Kamerun:* Yaoundé – 24,995 Mio. (2008) – 475 440 km² *Kap Verde:* Praia – 560 899 (Schätzung 2017) – 4033 km² *Kenia:* Nairobi – 47,616 Mio. (Schätzung 2017) – 580 367 km² *Komoren:** Moroni – 752 000 (Schätzung 2017) – 1862 km² * Ohne Mayotte, welches von den Komoren als Teil seines Staatsgebietes beansprucht wird, allerdings als Überseegebiet zu Frankreich gehört. Demokratische Republik *Kongo:* Kinshasa – 83,301 Mio. (Schätzung 2017) – 2 344 858 km² Republik *Kongo/Kongo-Brazzaville:* Brazzaville – 4,955 Mio. (Schätzung 2017) – 342 000 km² *Lesotho:* Maseru – 1,958 Mio. (Schätzung 2017) – 30 355 km² *Liberia:* Monrovia – 4,689 Mio. (Schätzung 2017) – 111 369 km² *Libyen:* Tripolis – 6,653 Mio. (Schätzung 2017) – 1 759 540 km² *Madagaskar:* Antananarivo – 25,045 Mio. (Schätzung 2017) – 587 041 km² *Malawi:* Lilongwe – 19,196 Mio. (Schätzung 2017) – 118 484 km² *Mali:* Bamako – 17,885 Mio. (Schätzung 2017) – 1 240 192 km² *Marokko:** Rabat – 33,987 Mio. (Schätzung 2017) – 446 550 km² * Ohne das von Marokko beanspruchte und größtenteils besetzte Gebiet West-Sahara, dessen endgültiger Status bisher ungeklärt ist. *Mauretanien:* Nouakchott – 3,759 Mio. (Schätzung 2017) – 1 030 700 km² *Mauritius:* Port Louis – 1,356 Mio. (Schätzung 2017) – 2040 km² *Mosambik:* Maputo – 26,574 Mio. (Schätzung 2017) – 799 380 km² *Namibia:* Windhoek – 2,485 Mio. (Schätzung 2017) – 824 292 km² *Niger:* Niamey – 19,245 Mio. (Schätzung 2017) – 1 267 000 km² *Nigeria:* Abuja – 190,632 Mio. (Schätzung 2017) – 923 768 km² *Ruanda:* Kigali – 11,901 Mio. (Schätzung 2017) – 26 338 km² *Sambia:* Lusaka – 15,972 Mio. (Schätzung 2017) – 752 618 km² *São Tomé und Príncipe:* Sao Tomé – 201 025 (Mai 2017) – 964 km² *Senegal:* Dakar – 14,669 Mio. (Schätzung 2017) – 196 722 km² *Seychellen:* Victoria – 93 920 (Schätzung 2017) – 455 km² *Sierra Leone:* Freetown – 6,163 Mio. (Schätzung 2017) – 71 740 km² *Simbabwe:* Harare – 13,805 Mio. (Schätzung 2017) – 390 757 km² *Somalia:* Mogadischu – 11,013 Mio. (Schätzung 2017) – 637 657 km² *Sudan:* Khartoum – 37,349 Mio. (Schätzung 2017) – 1 861 484 km² *Südafrika:* Pretoria – 54,842 Mio. (Schätzung 2017) – 1 219 090 km² *Südsudan:* Juba – 13,026 Mio. (Schätzung 2017) – 644 329 km² *Swasiland:* Mbabane – 1,467 Mio. (Schätzung 2017) – 17 364 km² *Tansania:* Dodoma (de facto Daressalam) – 53,951 Mio. (Schätzung 2017) – 947 300 km² *Togo:* Lomé – 7,965 Mio. (Schätzung 2017) – 56 785 km² *Tschad:* N'Djamena – 12,076 Mio. (Schätzung 2017) – 1 284 000 km² *Tunesien:* Tunis – 11,404 Mio. (Schätzung 2017) – 163 610 km² *Uganda:* Kampala – 39,570 Mio. (Schätzung 2017) – 241 038 km² *Zentralafrikanische Republik:* Bangui – 5,625 Mio. (Schätzung 2017) – 622 984 km²

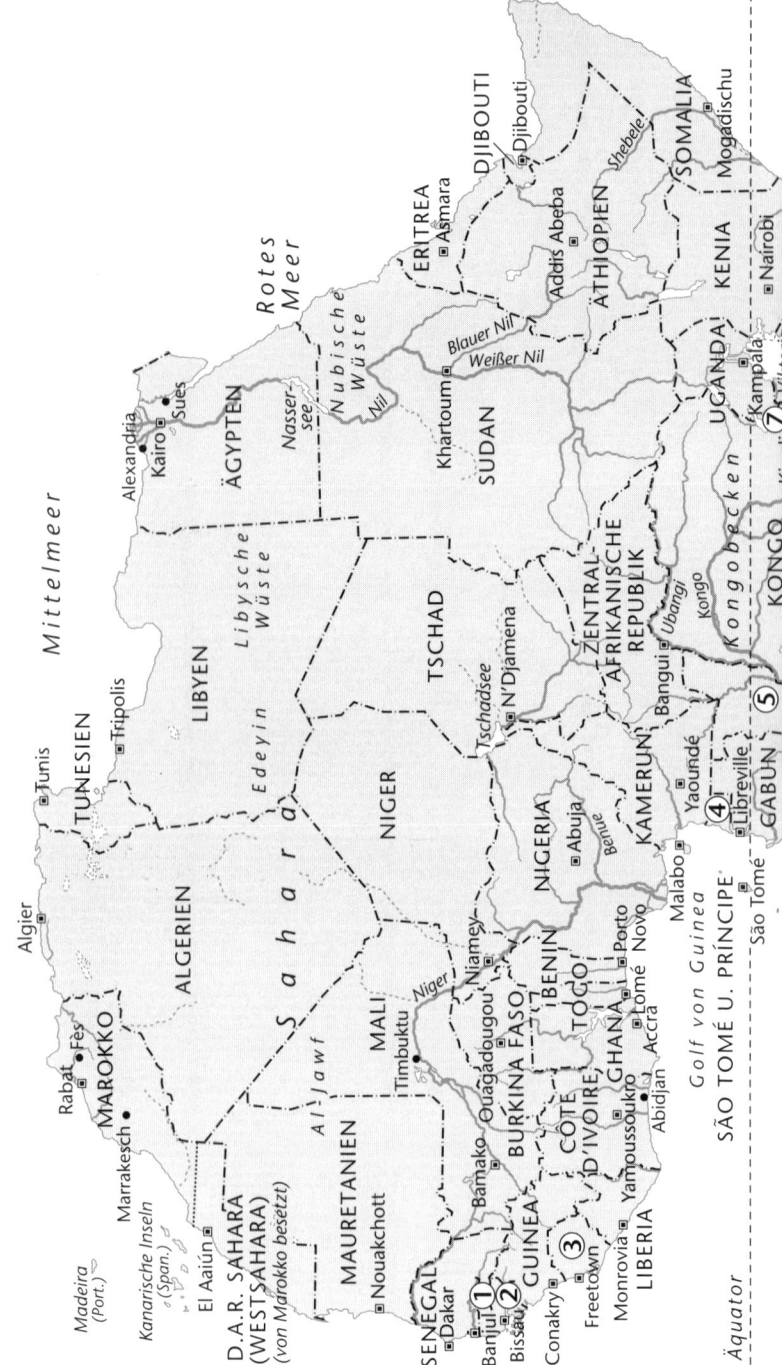